Los Nuyoricans

Los Nuyoricans

Identidad e Impacto en el Baloncesto Nacional Puertorriqueño (1965-1988)

José J. Ruiz Pérez, Ph.D.

SOUL TO
ink
PUBLISHING

Diseños de cubierta por
Nelson Madera

Diseños interior del libro por
Marlin Alicea Fernández

Derechos de publicación en castellano por:
Soul to Ink Publishing,
Hatillo, Puerto Rico

Dedicatoria

A Dios, por permitirme lograr una meta más.

A mi esposa Rosily, por aceptar emprender el camino de la vida conmigo.

A mis padres, José "Papo" Ruiz Galán e Inés "Neca" Pérez Hernández, por ser los mejores. Les debo la vida y los amo.

A mis suegros Manuel Francisco Linares y Alba Vásquez por su ayuda incondicional, siempre se los agradeceré.

A mi hijo Hugo Amir, porque desde que llegaste cambiaste mi vida para bien.

Agradecimientos

Creo firmemente que Dios pone a ciertas personas en nuestras vidas con el propósito de bendecirnos. Además soy una persona agradecida. La realidad es que la publicación de este libro no hubiera sido posible sin ustedes:

A mi Profesora Neysa Rodríguez Deynes por creer en mí. Reflexiono sobre el pasado y me impresiono. Llegué a su oficina a matricularme en el Programa Graduado de Historia en la Pontificia Universidad Católica, en agosto del 2009, aventurándome por un camino desconocido. Me trataste con respeto y observaste en mí un potencial y futuro sin igual que nunca olvidaré. Me enseñaste todo lo que usted ha aprendido con dureza y alteza. Este libro evidencia que el trabajo colaborativo rinde frutos; por ello siempre estaré en deuda. La verdad es que el profesional que soy es el resultado de su ardua labor, dedicación y ejemplo.

A Benjamín Lúgaro, "Paquito" Rodríguez, Iván Igartúa, Ibrahim Pérez, Hetin Reyes y "Fufi" Santori por toda su buena disposición y cordialidad en atenderme. Fueron muchas llamadas para aclarar dudas y consultar datos históricos y a pesar de sus ajetreadas agendas, nunca me dijeron que no. Su amor al deporte y servicio abnegado es evidente. "Hetin" y "Fufi" ya no están pero conviene que aquellos que leen sepan que fueron íconos de nuestro

iii

baloncesto puertorriqueño y mejores seres humanos.

A Nelson Madera, conocido en Instagram como *darealgenius*, por el arte de portada. Excelente trabajo, sencillamente gracias por interesarte en este proyecto.

A Ángel Colón por desprendidamente proveerme fotografías de su colección y brindarme autorización para incluirlas en este libro. Tu conocimiento, desprendimiento y apoyo genuino es singular.

A Carmen Romero y a la Profesora Lizaira Rodríguez de la Escuela de Educación de la Universidad Adventista de las Antillas por su tiempo corrigiendo y sugerencias de edición.

¡Muchísimas gracias a todos!

Prólogo

Primero que todo quiero comenzar señalando que leer un libro de historia es una tarea que viabiliza compartir las reflexiones y provocaciones que dicho trabajo suscita. Ciertamente nutre el intelecto, al tiempo que nos recuerda que una vez el texto sale de la imprenta y se divulga, ya no le pertenece estrictamente a su escritor, sino a todo aquel que lo lee. Pues al leer sus páginas, nos reapropiamos del mismo. De manera que de su lectura surgen interrogantes y provocaciones que pudieron haber sido contempladas o no por el autor. En cualquier caso, ello puede resultar o no halagador para el escritor. Sin embargo, resulta siempre conveniente, pues nos recuerda que el crear o producir en el ámbito intelectual y en todas las dimensiones de producción cultural debe ser un proyecto siempre en curso.

El presente libro es oportuno e interesante. De hecho, aquellos y aquellas que, como yo, gustan de leer, pensar, analizar, discutir y filosofar sobre el deporte o el baloncesto puertorriqueño en particular, tienen en estas páginas escritas por el Dr. José Javier Ruiz una asignatura obligada. Esta obra nació como una tesis doctoral del autor, pero quiso hacerla pública y añadirla a la historiografía del deporte puertorriqueño. El texto trae al debate los conceptos de identidad, de nación y *nuyorican* enmarcados en la historia social y cultural del baloncesto puertorriqueño. Además, comprueba e inmortaliza de manera exquisita el legado impresionante al baloncesto local de atletas puertorriqueños de primera o segunda generación, nacidos o criados en la costa este de Estados Unidos. Es decir, los llamados jugadores *nuyoricans*. A través de sus páginas el lector entenderá cómo la identidad puertorriqueña y la evolución del baloncesto también han marcado la relación colonial de Puerto Rico con los Estados Unidos.

El tema es particularmente fascinante para mí, pues el baloncesto es de mis actividades atléticas favoritas. Desde 1982 sigo el deporte del balón y el aro y lo jugué de niño y adolescente de forma recreacional en Aguada, Puerto Rico. En las canchas de mi pueblo, no sólo jugaba "una cocinita" (hoy llamada guerrilla) con los amigos, sino que hablábamos, discutíamos y hasta imitábamos a los ídolos del baloncesto puertorriqueño. Fue a través de mis visitas a las canchas como fanático y, más que todo, a la influencia de los canales de televisión local lo que me llevó a conocer el estilo de juego de la transición de la primera a la segunda ola de *nuyoricans* en nuestras dos ligas más importantes: el Baloncesto Superior Nacional (BSN) y la desaparecida Liga Puertorriqueña de Baloncesto (1979-2001). Ciertamente pude ver muy poco de la primera ola de *nuyoricans*, aunque tuve el privilegio de ver jugar a Raymond Dalmau y Neftalí Rivera en el ocaso de sus carreras, sin ni siquiera saber que los clasificaban como *nuyoricans*. No obstante, viví con mucha pasión la época de: Rubén Rodríguez, Ángelo Cruz, Georgie Torres, Néstor Cora, Héctor Olivencia, Jefffrey Carrión, Frankie Torruellas, Willie Quiñones, Wes Correa, James Carter, Edwin Pellot, y Orlando Vega, entre otros. Muchos se quedaron y tuvieron hijos en su patria, pero todos tienen en común que son clasificados como *nuyoricans* en su propia tierra a la que varias veces representaron a nivel internacional. Esos, y otros que por falta de espacio o descuidos mentales no pude mencionar, fueron mis ídolos. Cabe destacar que también estoy seguro que fueron héroes para muchos(as) compatriotas. Sin embargo, no recuerdo que en las conversaciones que teníamos en las canchas se hablaran de ellos como *nuyoricans*. Siempre fueron nuestros ¡caballos y héroes puertorriqueños!

Este libro surge en una coyuntura histórica interesante, pues el tema se ha traído a la discusión en el documental *Nuyorican Básquet* y también en el libro de memorias de Raymond Dalmau titulado *Raymond Dalmau: from Harlem a Puerto Rico*. Sin embargo, Ruiz se acerca al argumento de una forma académica desde el enfoque social y cultural de la historia. El autor hizo entrevistas y escudriñó la prensa para analizar las hazañas de los baloncelistas *nuyoricans* y sobretodo su aportación a la cultura del baloncesto puertorriqueño. El escritor señala que fueron los hermanos

Barreras, Joe y Phil en las décadas de 1940 los primeros *nuyoricans* en jugar en nuestro torneo de baloncesto. Luego en la década de 1950 le siguió Martín Anza con los Vaqueros de Bayamón y en 1961 Allán Hernández y Alberto Zamot que debutaron con Quebradillas y Bayamón, respectivamente. No obstante, la revolución *nuyorican* en el BSN llegó con el debut del sensacional Mariano "Tito" Ortiz en 1965. Tito se convirtió en el astro de la liga y después de él llegaron jugadores boricuas desde los barrios de "la Gran Manzana" que aportaron nuevas técnicas y que con su estilo *fancy* le imprimieron al baloncesto local un sello muy particular. Además, calaron profundamente en la memoria de miles de fanáticos puertorriqueños que como yo, vieron sus espectaculares jugadas en las canchas del País. El talento atlético de estos jugadores se dejó sentir en las competencias internacionales de la Federación Internacional de Baloncesto (FIBA) donde sudaron el uniforme nacional con orgullo y responsabilidad patria. Esa primera ola de puertorriqueños criados en Nueva York alimentó y contribuyó al desarrollo de los baloncelistas puertorriqueños del archipiélago puertorriqueño, porque fueron los responsables de que tomaran otro gran impulso a nivel internacional. Es decir, fueron los primeros *nuyoricans* los que motivaron a los jugadores más jóvenes del patio local a que se convirtieran en mejores baloncelistas. Este fue el caso de Mario "Quijote"

Morales, Fico López, Ángel "Cachorro" Santiago, Ramón Rivas, Ramón Ramos, Toñito Colón y el que para mí ha sido el mejor jugador nacido, criado y formado en Puerto Rico, el estelar, José Rafael "Piculín" Ortiz. Estoy seguro, que todos ellos aprendieron e imitaron estilos de la primera ola de baloncelistas *nuyoricans*.

La discusión sobre la identidad, los *nuyoricans* y el "ser puertorriqueño" es uno que está vigente hoy día. De hecho, convivimos con los comentarios del que piensa que puertorriqueño(a) es sólo el que nace y se cría en el archipiélago borincano. También está el que señala que quien no nació ni se crió en Puerto Rico no es puertorriqueño. Lo paradójico es escuchar las acusaciones de traidor a un nacido en otro país y descendiente de puertorriqueño, que después de habérsele solicitado representar a Puerto Rico en alguna competencia se haya negado hacerlo.

En el libro se resucita una época fundamental en el deporte puertorriqueño, porque destapa los altercados y ataques de lo que el historiador puertorriqueño, Walter Bonilla llama puritanismo nacionalista. Ciertamente ese puritanismo se hace sentir cuando se mide el desempeño de hombres y mujeres atletas hijos de la diáspora en base al lugar de nacimiento y al origen familiar, buscándole hasta lo más mínimo de sangre extranjera. Cabe destacar que hoy día hay más puertorriqueños viviendo fuera del País que en todo nuestro territorio nacional. Ciertamente el presente siglo 21 será definido desde la diáspora, como una cultura híbrida y polifónica, en la que sus lazos de patria y de nación tendrán que redefinirse a partir de la conquista deportiva de los mismos que emigraron a raíz de la situación económica puertorriqueña. Cuando nos enfrentamos al éxodo, debido en parte a la crisis económica y aligerada por el paso del huracán María, es importante enfatizar en la identidad como un asunto que se desarrolla en la particularidad de cada animal humano, producto de su educación y su cultura. Además, hay que recordar que varios puertorriqueños(as) que viven en Estados Unidos han asumido luchas como minorías en ese país y en ocasiones no han abandonado batallas sociales, políticas y económicas de Puerto Rico. No obstante, el tema de nuestra identidad nacional sigue siendo uno de análisis para los boricuas que viven allá como los que respiran el aire del terruño borincano y eso es otra de las cosas que el Dr. José Javier Ruiz logra destapar a la discusión pública.

El balance que logra el autor entre la identidad y la evolución del baloncesto, construida por las manos de los baloncelistas *nuyoricans*, hace de esta pieza literaria una herramienta para discutir no sólo en la academia, sino en las canchas de baloncesto de cada rincón de Puerto Rico. Estoy seguro de que el Profesor Ruiz logrará que usted, como lector, se ubique en un contexto histórico en que se desarrolla su trabajo, permitiendo clarificar el valor real de las gestas de los *nuyoricans*. El alcance de la discusión del libro, así como el refrescarnos el pasado del baloncesto puertorriqueño era necesario y urgente, pues hoy día los programas de desarrollo de este deporte dependen del talento de afuera o *nuyorican*.

Mucho tiene que ver el autor en el libro, pues es un ejemplo vivo del tema que escogió, pues aunque nació en Puerto Rico, vivió muchos de sus años de niñez y adolescencia en los Estados Unidos. Por su propia experiencia y realidad se le hizo más fácil pensar, analizar y escribir este trabajo. Además, en el libro se denota que el escritor valora el deporte como expresión social y cultural.

Finalmente, el libro no deja ninguna duda de que los jugadores de baloncesto puertorriqueños nacidos y criados en Estados Unidos le añadieron al juego local una chispa distinta y le imprimieron un sentido de identidad nacional. Ciertamente este texto es una pieza historiográfica del deporte puertorriqueño que invito a que lo leas, para que a través de sus páginas puedas llegar a tus propias conclusiones.

Profesor Carlos Mendoza Acevedo, PhD
Catedrático Asociado, UPR Aguadilla

A días después de que los Santeros de Aguada alcanzaran su primer campeonato en el Baloncesto Superior Nacional de la mano de algunos *nuyoricans*

Lista de Abreviaturas

Abreviatura	Significado	Traducción
ADPR	Asociación Deportiva de Puerto Rico	
AP	*Associated Press*	Prensa Asociada
APB	Asociación Puertorriqueña de Baloncesto	
APRP	Administración de Parques y Recreo Público	
AUPE	Asociación Universitaria Pro Estadidad	
BAA	*Basketball Association of America*	Asociación Americana de Baloncesto
BSN	Baloncesto Superior Nacional	

BSNF	Baloncesto Superior Nacional Femenino	
CIA	*Central Intelligence Agency*	Agencia Central de Inteligencia de Estados Unidos
CBS	Circuito de Baloncesto Superior	
COINTELPRO	*Counterintelligence Program*	Programa Contra Inteligencia
CPRP	Comisión de Parques y Recreo Público	
CRASMO	Comité de Resistencia al Servicio Militar Obligatorio	
DSB	División Superior de Baloncesto	
ELA	Estado Libre Asociado	

FBI	*Federal Bureau of Investigación*	Brigada de Investigación Federal
FBPUR	Federación de Baloncesto de Puerto Rico	
FPN	Federación Puertorriqueña de Natación	
FIB	Federación Insular de Baloncesto	
FIBA	Federación Internacional de Baloncesto	
FUPI	Federación Universitaria Pro Independencia	
JIU	Juventud Independentista Universitaria	

MLB	*Major League Baseball*	Béisbol de Grandes Ligas
MPI	Movimiento Pro Independencia	
NAACP	*National Association for the Advancement of Colored People*	Asociación Nacional para el Progreso de Personas de Color
NBA	*National Basketball Association*	Asociación Nacional de Baloncesto
NBL	*National Basketball League*	Liga Nacional de Baloncesto
OMO	Operación Manos a la Obra	
ONU	Organización de las Naciones Unidas	*United Nations* (UN)
PNB	Producto Nacional Bruto	
PNP	Partido Nuevo Progresista	

PP	Partido del Pueblo	
PPD	Partido Popular Democrático	
ROTC	*Reserve Officers Training Corps*	Cuerpo de Entrenamiento de Oficiales de Reserva
SBL	*San Juan Basketball League*	Liga de Baloncesto de San Juan
UPR	Universidad de Puerto Rico, Recinto de Río Piedras	
WBC	*World Baseball Classic*	Clásico Mundial de Béisbol
YMCA	*Young Men's Christian Association*	Asociación Cristiana de Jóvenes

Tabla de Contenido

Los atletas de la diáspora enriquecen nuestras formas de representar la nacionalidad. Al otorgarle visibilidad a las geografías diversas que forjaron la crianza y formaron las experiencias de estos atletas, promovemos un Puerto Rico más inclusivo...celebrar los numerosos trasfondos y mezclas culturales de nuestros atletas de la diáspora rompe con las representaciones reduccionistas y excluyentes de lo que identificamos como la nación puertorriqueña.

Rafael Díaz Torres, 2016

Introducción

"¡Una trapo 'e bola!'". Con esa frase, de una madre cuya hija había recibido un balón de baloncesto como dádiva voluntaria y de costumbre del Día de Reyes del año 2013, se revolcaron por doquier los fanáticos del baloncesto puertorriqueño en las redes sociales. Los comentarios, memes y videos fueron abrumadoramente críticos de la actitud malagradecida de una señora que posiblemente nunca había escuchado del refrán "a caballo regalado no se le mira el colmillo". El problema es que no vio valor alguno en un instrumento que le ha permitido a miles de atletas en el mundo ganarse la vida jugando con "una trapo 'e bola". Posiblemente para ella una bola de baloncesto era inútil y esperaba algún dispositivo electrónico para sus hijos. Error craso, porque para una isla cuyo deporte nacional es el baloncesto, no pasaría desapercibido. Ni la prensa ni los fanáticos le dejarían pasar tal ingratitud.

Este tema sobre baloncesto e identidad nacional es particularmente interesante para mí porque me identifico con ambos términos, *nuyorican* y boricua. ¿Cómo? Sí, cuando se entiende plenamente las palabras queda claro que ¡se puede ser ambos! Nací en Arecibo en diciembre de 1982 de padres camuyanos. A las pocas semanas mi padre emigró a Nueva Jersey en búsqueda de nuevos horizontes. Buscaba empleo

1

para poder mantener a su familia, algo más estable y prometedor para su futuro. A los tres meses mi madre y yo le hicimos compañía. Luego de unos meses en Nueva Jersey pasamos a Aurora, Illinois porque otros familiares invitaron a papá. Allí me cuentan los "viejos" que duramos un año y luego nos trasladamos cerca de otros familiares a Fitchburg, Massachusetts. Mi padre consiguió empleo en una fábrica de plástico. Allí se ganaba un sueldo básico pero le daban muchas horas. El costo de vida era razonable lo cual nos permitía vivir sin necesidad de nada. Mi padre siempre fue trabajador de cuello azul. Éramos una familia humilde y feliz. En ese estado del noreste pasaría mi niñez y los próximos trece años de mi vida. Por ende, puedo decir que mi crianza y adolescencia fueron totalmente estadounidenses. Allá me eduqué, aprendí inglés, desarrollé mis facultades intelectuales, idiosincrasia y cultura, entre otras cosas. No obstante, nunca pensé o me sentí por un solo segundo como estadounidense.

Llegué a Puerto Rico a los 14 años de edad y entremedio de dos "mundos" totalmente diferentes. En ese momento yo no era ni estadounidense ni puertorriqueño. ¿O era ambos pero simplemente no lo sabía? Aún recuerdo perfectamente bien cuando cada mañana recitábamos el *Pledge of Alligience* en el salón de Mrs. Lilliquest de la *Crocker*

2

Elementary School: "*I Pledge Alligienace to the flag of the United States of America, and to the Republic for which it stands, one nation under God, indivisible, with liberty and justice for all*". Y también cuando interrumpía en el *intercom* el *Principal* o Director de la escuela para dar anuncios e iniciar el día con las estrofas del *Star Stangled Banner*:

"O'say can you see, by the dawns early light,

What so proudly we hail'd at the twilight's last gleaming

Whose broad stripes and bright stars through the perilous fight

O'er the ramparts we watched were so gallantly streaming?

And the rockets red glare, the bombs bursting in air

Gave proof through the night that our flag was still there,

O say does that star-spangled yet wave

O'er the land of the free and the home of the brave?"

Sí, bajo esa americanización me crie y eduqué parcialmente, pero no me sentía plenamente igual a los que me rodeaban. Claro, a mi alrededor había compañeros de clase blancos, morenitos, latinos como yo y asiáticos. Pero no sé, había algo que en mí, marcaba una diferencia. Y eso que yo hablaba el mismo idioma, jugaba sus juegos, comía su comida, etc. Es que en casa me criaron a lo boricua. Se hablaba español, comíamos arroz con gandules, pasteles, tostones, biftec encebollado y espaguetis con jamonilla de pavo. Para las Navidades nos reuníamos en grande con nuestros primos y tíos para Noche Buena y tomábamos Coquito, aunque también me gustaba acompañarlo de *Egg Nogg*. O sea, éramos unos jíbaros perdidos en una tierra extraña.

Más tarde también entendería que hasta compartía la misma ciudadanía que mis amigos estadounidenses. Fenomenal, pero seguía habiendo diferencias. El hecho de que en casa mami y papi sólo hablaban español marcó un contraste. Así aprendí a hablarlo y entenderlo simultáneamente con el inglés. Años más tarde, en escuela intermedia, tomé varios cursos de español que me ayudaron a utilizarlo correctamente, gramáticamente hablando. Aun así, nunca estuve perdido y mi maestra de español de décimo grado de la Escuela Superior Luis F. Crespo de Camuy estuvo muy sorprendida con mi competencia en el idioma por encima de otros compañeros que habían cursado todos sus años de escolaridad en la isla.

Era muy raro que en nuestro hogar se comieran hamburguesas o pizza. Tal vez lo hacíamos uno que otro fin de semana en algún restaurante pero no en la casa. Era más común una ensalada de papa con cebollitas y hasta pedacitos de manzana, coditos, guineítos en escabeche, frituras como papas rellenas y alcapurrias, viandas con bacalao y dulces como flanes, arroz con dulce, dulce de lechosa y tembleque que mis vecinitos no conocían; ¡pero que les encantaba! Mi amigo John aprovechaba siempre que podía. Pero eso sí, cuando papi cobraba los jueves siempre nos sacaba a comer. Casi siempre nos llevaba a *McDonald's*, *Pizza Hut* o los "Chinos". A mi hermano y a mí nos encantaba esa salida semanal. Y pues, papi era amante del *ketchup* y eso me lo traspasó. Hasta el día de hoy no puedo comerme un pastelito ni antes ni después de Navidad sin gran cantidad de ese famoso *Heinz Ketchup*.

La manera en que celebrábamos también era muy distinta al resto de mis vecinos. Toda la familia extendida se reunía en casa o en la de alguno de mis múltiples tías o tíos. Éramos como unos diez primos y me acuerdo que la comida era abundante y los regalos también. Interesantemente, nuestra familia se reunía el mismo 25, y no el 24, como acostumbran tantas familias boricuas. Había coquito, mucha música navideña y gran felicidad. Me encantaban los días navideños fríos y llenos de nieve, eran perfectos. Al día de hoy no me cuadra la Navidad tropical. Es algo raro, tal vez único de un *nuyorican*.

Todo cambió cuando en 1997 papi nos dijo que ya nuestra casa en el Barrio Abra Honda de Camuy estaba lista. Así que nos mudaríamos a Puerto Rico. Ya había venido anteriormente un año con mami y nos habíamos quedado en casa de abuela Carmen y Tío Pucho, por lo que al menos sabía para dónde íbamos. Era como que un lugar que conocía pero seguía siendo otra tierra, un sentimiento medio extraño.

Estaba tranquilo con la decisión. Sabía que era nuestra tierra nativa aunque era diferente. Había muchos coquíes que cantaban toda la noche. A veces no había luz y en casa de Tío Negro nos duchábamos con litros de leche Tres Monjitas. Hasta se iba al baño en una letrina que había en la parte posterior de la casa.

Cuando me quedaba a dormir en casa de Abuela "Merry" usábamos mosquitero y cada mañana despertaba al son de una guagüita con altoparlante que anunciaba la venta de ñames, batata, pan, queso, quesitos y otros productos más. Abuelita hacía limbers que confeccionaba ella misma y los vendía a 10 chavos y unos más grandes a peseta. Todos los niños del vecindario la conocían. Fue bien triste cuando me llegó la noticia un 4 de junio del 2004 que había sufrido un ataque fulminante al corazón y la encontraron tirada en el suelo esa madrugada mientras esperaba carro público para ir al pueblo. Aún conservo vívidamente recuerdos de mi niñez junto a ella y lo doloroso que fue aquella noticia para mi padre.

Me despedí de mis maestros y amigos en

Massachusetts cuando concluí el octavo grado en el verano de 1997. Arribamos a San Juan en julio y aunque un poco preocupado me calmaba el hecho de que sabía que la gente era bien amigable y mis recuerdos eran buenos. No obstante, el cambio fue bien drástico. Nada de lo que me esperaba. Me matricularon en la Segunda Unidad Antonio Reyes del Barrio Zanjas donde cursaría mi noveno grado. La matrícula estaba llena y mami tuvo que dialogar con el Sr. Sierra, Director, para que me aceptara. Por primera vez utilicé uniforme escolar y libretas *Jeans*. No se me hizo fácil acoplarme. Los estudiantes eran muy diferentes. No había orden en el salón de clase ni interés alguno en aprender por la mayoría de mis compañeros. El maestro de matemáticas faltaba más de lo que iba a clase y sólo recuerdo sus gritos más que otra cosa. Y es que en octavo grado había tomado álgebra avanzada en mi escuela de *Fall Brook* y ahora estaba en matemática básica. No me hacía mucho sentido y realmente era una gran pérdida de tiempo. Al menos, hubo un excelente maestro que hacia todo lo que podía para que aprendiéramos en la clase de Ciencias, el Sr. Quiles.

Los muchachos del salón me conocían como "el gringo". Nunca me había considerado así, de hecho, en Estados Unidos me consideraban hispano, latino y hasta *spik*, aunque eso no me molestaba. Ahora, en la isla, tampoco me consideraban igual, y me sentía atrapado en un estado intermedio de identidad. En mis clases de historia tampoco aprendí nada porque la mayoría de los maestros que tuve sólo llenaban la pizarra de información irrelevante y cuando terminábamos de copiar nos firmaban la libreta y nos podíamos ir.

Mi primer día en la Antonio Reyes faltaron dos maestros y ya al medio día me dijeron que me podía ir a la casa. Fue un gran alivio porque no me sentía bien. Me tardé unos veinte minutos caminando porque no había una guagua amarilla grande que me recogiera; algo inimaginable allá de donde provenía pero no llegué sin antes comprarme un *icee* de coca cola y un *doggie* pizza. Al llegar a casa me acosté. No quería volver a esa escuela.

Me tomó tiempo acoplarme al cambio de vida. Todo era contrario. La manera en que pensaban los puertorriqueños, la manera de hacer las cosas, la educación, el estilo de vida menos organizado y relajado. Pese a todos los contratiempos que sentí y viví ese primer año en Camuy, me gradué de noveno grado con excelentes notas. La graduación me estuvo rara. En Estados Unidos la intermedia era de sexto a octavo grado y no había graduaciones. Pero bueno, entré a la Escuela Superior en décimo grado, que fue más desorganizada aún.

Ese año la isla fue golpeada por el Huracán Georges,

8

dejándonos sin agua y luz por dos meses. Papi se desesperó por la situación y regresamos a Estados Unidos. En esta ocasión nos mudamos a Illinois con mi Tía Mayo. Estuvimos allí seis meses y luego partimos nuevamente para Massachusetts. Allí comencé undécimo grado, pero tres meses después me regresé a Puerto Rico con mi madre. No había terminado once años de educación y ya había estado en diez escuelas distintas. Gracias a Dios nos estabilizamos y pude completar mi cuarto año en Camuy.

Luego de cuatro años ya me había acoplado a Puerto Rico. Me gustaba y me sentía parte de. No quería seguir en un limbo constante así que opté por quedarme en la isla para iniciar mis estudios universitarios. Luego de año y medio regresé a Estados Unidos a trabajar, ahorrar un dinerito *and get my head right*. Lo hice por ocho meses y volví a Puerto Rico. Tenía veinte años y un enorme bagaje de *revolving door*, o migración circular porque en variadas ocasiones iba y regresaba. Era un constante ir y venir entre Puerto Rico y Estados Unidos. Una historia muy parecida a no pocos boricuas. Al reflexionar en torno a mi desenlace juvenil fue que entendí mi identidad.

Este libro es una invaluable publicación sobre historia social puertorriqueña. Trata sobre el deporte del baloncesto, sobre la emigración boricua y sobre los conceptos de

9

identidad, nacionalidad y amor patrio. ¿Por qué jugadores con ascendencia puertorriqueña, nacidos, criados y desarrollados originalmente en Nueva York tuvieron un protagonismo significativo en el baloncesto nacional puertorriqueño a partir de la década de 1960 en adelante? El por qué llevar a cabo esta investigación hace mucho sentido cuando se considera al autor como un *nuyorican* apasionado por la historia, la cultura y el deporte. Nacido en Arecibo, Puerto Rico y criado en Leominster, Massachusetts hasta los 14 años de edad, fusioné dos culturas totalmente distintas. Estas crearon en lo más profundo de mi ser una sed por conocer mis raíces y sus razones de ser, ante una sociedad que me formó pero con la cual no me identificaba enteramente. El ir y venir de y hacia la isla a tan temprana edad me causó cierta incertidumbre e inestabilidad. No obstante, fue a través del deporte que encontré un punto medio, un eslabón entre Estados Unidos y Puerto Rico. En el deporte encontré mi pasatiempo predilecto, una actividad física buena para la salud y para disfrutar plenamente.

Entre mis deportes favoritos está el baloncesto. Recuerdo vívidamente las jugadas excepcionales de *Michael Jordan*[1] y los múltiples campeonatos de los *Chicago Bulls*

---

[1] El mejor jugador de baloncesto de todos los tiempos.

durante la década de los '90. Cabe señalar que mi papá también me hablaba del baloncesto puertorriqueño. Él me contaba anécdotas de jugadores y equipos que nunca había visto jugar pero que de acuerdo a su descripción no me quedaba la menor duda de que eran excelentes. Papi es Pirata[2] de corazón y eso me lo transmitió indirectamente. "Raymond", Neftalí,[3] "Chiqui" Burgos, Néstor Cora, Manny Figueroa, César Fantauzzi y "Hanky" Ortiz eran algunos de los nombres que eran tanto de "aquí y de allá"; "de los nuestros" por representar a Quebradillas, pero también *nuyoricans*, algo que yo conocía muy bien.

Al transcurrir los años fui aprendiendo más sobre el baloncesto puertorriqueño. Ya no era tan solo "Raymond", Neftalí y los Piratas; era mucho más. Entre las franquicias históricas en el baloncesto puertorriqueño también estaban los Atléticos de San German, los Leones de Ponce y los Vaqueros de Bayamón. Los jugadores más destacados del baloncesto nacional, entre muchos otros canasteros excepcionales, eran Arquelio Torres, "Tinajón" Feliciano, Rafael Valle, "Pachín" Vicéns, Teófilo Cruz, Jaime Frontera,

---

[2] En referencia a los Piratas de Quebradillas del Baloncesto Superior Nacional de Puerto Rico (BSN).
[3] Raymond Dalmau y Neftalí Rivera tuvieron una carrera tan sobresaliente en el BSN que son sencillamente conocidos y recordados por su primer nombre.

"Bill" McCadney, "Tito" Ortiz, Rubén Rodríguez, "Georgie" Torres, "Fico" López, Jerome Mincy, Wes Correa, Ángelo Cruz, "Quijote" Morales, "Jimmy" Carter, Orlando Vega, Eddie Casiano, "Piculín" Ortiz, Carlos Arroyo y Larry Ayuso, entre otros.

La hipótesis central de esta publicación se centra en la integración de los *nuyoricans* en la historia de Puerto Rico en todos sus aspectos, no meramente como un aparte, como hasta la fecha se ha tratado el tema de la diáspora. Los *nuyoricans* constituyen un componente singular que no solo transformó y convirtió al baloncesto en el deporte nacional del país sino que contribuyó al desarrollo económico, político y social de Puerto Rico. Ellos cambiaron por completo la manera en la cual se jugaba baloncesto en la isla hasta ese momento. Ellos se convirtieron en símbolos de orgullo patrio. Ellos pusieron en alto el nombre de Puerto Rico a nivel mundial. Los *nuyoricans* se convirtieron en los principales canasteros del equipo nacional de baloncesto de Puerto Rico, desbordando alegría al pueblo. Se convirtieron en héroes.[4]

Este libro sobre el baloncesto *nuyorican* en Puerto Rico sirve de lectura para relacionar deporte y sociedad, para

---

[4] En el sentido de que los *nuyos* se tornaron famosos y en querendones del pueblo por su destaque baloncelístico.

estudiar la relación de Puerto Rico con Estados Unidos, para reflexionar sobre identidad y nacionalismo, para entender las razones de emigración de miles de puertorriqueños desde la década de 1940 e ilustrar como tal emigración creó una diáspora que eventualmente sería raíz principal detrás del impulso del *nuyorican* básquet. Demostraré por medio de esta publicación el impacto revolucionario que tuvieron los jugadores *nuyoricans* en el baloncesto nacional puertorriqueño de 1965 a 1988.

De igual manera, en éste libro abarco los incidentes primordiales por los cuales los *nuyoricans* optaron por venir a Puerto Rico y el impacto que tuvieron posteriormente en la isla. Mediante el análisis de extensos reportajes en los medios de comunicación, por medio de entrevistas personales y escudriñando la documentación primaria del tema se arroja luz sobre las motivaciones que tuvieron los jugadores *nuyoricans* para venir a jugar en Puerto Rico, sus contactos, sus dificultades y logros, y se aborda el significado que ha tenido para los jugadores *nuyoricans* la experiencia transcultural de la diáspora y la reconexión con sus raíces patrias.

Si bien alguien pudiese pensar que ya el tema del baloncesto es uno sin mucha salida, el impacto y legado de los *nuyoricans* en Puerto Rico derrocaría ese planteamiento.

Y es que hasta el presente no se ha contado la historia de éstos jugadores ni existe escrito académico alguno que exponga o resalte su impacto o legado en el baloncesto nacional puertorriqueño.[5] Son innumerables los puertorriqueños que han experimentado la diáspora de primera mano. Una gran parte de la población boricua o ha vivido en Estados Unidos o tiene familia establecida allá. Precisamente por ello es necesario entender el rol que jugaron los *nuyoricans* durante las décadas de 1960 y 1970 para así poder esclarecer toda duda sobre su importancia. Puerto Rico les presentó una oportunidad dorada para jugar el juego que amaban. A unos les fue tan bien que nunca se fueron de la isla porque la hicieron su patria.

No es debatible el hecho de que el baloncesto puertorriqueño cambió dramáticamente con la incorporación de los *nuyoricans*. La liga del Baloncesto Superior Nacional (BSN) se tornó en una más llamativa, vertiginosa y atlética.

---

[5] Raymond Dalmau publicó su autobiografía *Raymond Dalmau: From Harlem a Puerto Rico* en diciembre del 2018 donde narra su vida e interesantísimas memorias. Inclusive, su trayectoria como jugador y dirigente *nuyorican*. Dalmau menciona los muchos otros canasteros *nuyoricans* estelares que llegaron a jugar baloncesto en Puerto Rico y comparte relatos personales muy interesantes y valiosos. No obstante, su obra es una autobiográfica. Este libro es diferente porque es una publicación académica donde se demuestra con datos, estadísticas, razonamiento crítico, entrevistas y fuentes primarias el impacto y legado de los *nuyoricans* en Puerto Rico.

Los *nuyoricans* le añadieron al baloncesto una chispa, un carisma adicional al ya notable sentido de orgullo por el deporte. Y no es que el baloncesto puertorriqueño previo a 1965 fuese pobre o inestable; es que los *nuyoricans* lo vigorizaron con su estilo estadounidense característico de las calles de Nueva York, lo que para nada era algo común en Puerto Rico.

Esta investigación también pone de manifiesto la transición e incorporación social de los *nuyoricans* en Puerto Rico. Previo a su fichaje y arribo, muchos *nuyos* nunca habían venido a la isla. Era su primera experiencia fuera de los estados continentales. Y aunque conocían sobre la cultura boricua, el cambio fue drástico. Comparado al Nueva York dónde se habían criado, Puerto Rico era como "otro mundo". Atrás quedaba el jugar baloncesto en escuelas techadas, grandes canchas urbanas y las calles del Bronx o de Harlem. En la isla se jugaba al aire libre, en estadios de béisbol y en pueblos bien rurales. No debe sorprender que les costó bastante adaptarse. Era un estilo de vida más lento, pasivo y menos desarrollado que el que conocían.

A través de este libro busco provocar un nuevo análisis en la construcción de la identidad nacional puertorriqueña. Muchos de los *nuyoricans* tampoco siquiera hablaban ni entendían bien el español. El desconocer el idioma principal hablado en el lugar donde resides ciertamente trae complicaciones. Aun así, los *nuyoricans* se consideraban enteramente puertorriqueños y, en conjunto con su copiosa habilidad para jugar al baloncesto, perseveraron. Ellos se sintieron bienvenidos y apreciados. Desde pequeños sus padres les hablaban en castellano e inculcaron la cultura típica y conocida de Boriquén. Comían arroz con gandules y lechón asado. Celebraban la Navidad con pasteles y coquito. Conocían del Día de los Reyes Magos. Al menos, no estaban totalmente ajenos a la forma de ser puertorriqueña. Con el pasar del tiempo, su orgullo y sentimiento patriótico solo crecería. Y el hecho de que fueron aclamados por el pueblo, por el gozo que le brindaban al ganar partidos, hizo de toda su estadía una mayormente placentera.

El apoyo que los *nuyoricans* recibieron del pueblo puertorriqueño contribuyó a un bien recíproco. Esto es una parte importante de la historia del tema de la diáspora que debe ser estudiada y entendida. No solo fue cuestión de baloncesto; fue mucho más allá. Esta investigación ayuda a entender por qué hubo *nuyoricans* que permanecieron en Puerto Rico luego de concluir sus jornadas baloncelísticas y continuaron aportando al país en muchas otras facetas. Después de una carrera de diez o quince años, se habían inmiscuido totalmente al país. ¿Eran de la isla o no lo eran?

Para el destacado *nuyorican* de la dinastía Pirata de los '70 Hiram "Hanky" Ortiz, "fue más lo que Puerto Rico le dio a él que lo que él le pudo dar a Puerto Rico".[6] Por medio del baloncesto obtuvo su educación, desarrolló una carrera profesional, conoció a quien sería su esposa, formó una familia, un hogar y toda una vida. Siempre estará agradecido. Para los *nuyoricans*, el sentimiento de afecto a la patria era naturalmente positivo, por lo que permanecer en la isla era una oportunidad para devolverle al país tan gratas bendiciones recibidas. El pueblo les confirmó su puertorriqueñidad.

Esta publicación es importante porque contempla ser una invaluable contribución a la historiografía puertorriqueña de las últimas décadas del siglo XX, principalmente en su enfoque de historia social. El baloncesto es el deporte más popular en Puerto Rico. Los *nuyoricans* forman un ente puertorriqueño con una idiosincrasia distinta y una historia muy particular que debe ser comprendida. Al conocerse a fondo ayuda a comprender mejor la historia de Puerto Rico en sus aspectos principales que son la económica, política y social. Es significativo para

---

[6] Entrevista de José J Ruiz Pérez a Hiram "Hanky" Ortiz, ex jugador *nuyorican* de los Piratas de Quebradillas. Realizada en Quebradillas, Puerto Rico el 13 de julio de 2018.

entender cuan valioso y disfrutado es el deporte en Puerto Rico. Es importante para comprender la relación fidedigna entre *nuyorican*, identidad y nacionalidad.

Existe un vacío historiográfico en cuanto al impacto de los *nuyoricans* en el baloncesto puertorriqueño. La realidad es que la historiografía puertorriqueña no cuenta con una investigación académica sobre esta temática. Por medio de este riguroso estudio, elaborado por medio de una metodología estructurada sobre documentación primaria, prensa, entrevistas y fuentes secundarias contribuyo de forma valiosa a la historiografía puertorriqueña e igualmente proveo una beneficiosa aportación a los amantes de la historia deportiva de Puerto Rico. Dada la importancia del baloncesto en la isla, ésta investigación busca demostrar el valor socio-cultural del deporte.

Mucho se ha discutido popularmente entre el pueblo puertorriqueño sobre la identidad de los canasteros de ascendencia puertorriqueña que comenzaron a llegar masivamente a la isla a partir de la década de 1960. ¿Quiénes fueron? ¿Será que realmente impactaron a la liga? ¿Tuvieron un impacto en la identidad de la idiosincrasia nacional? ¿Dejaron legado alguno entre la sociedad puertorriqueña? A través de esta publicación abordaré las raíces borincanas de estos canasteros, demostraré que realmente impactaron al país por medio del deporte, plantearé la particularidad del rol que jugó su identidad dentro del nacionalismo puertorriqueño y evidenciaré su legado en el Puerto Rico del siglo XXI.

El impacto que los *nuyoricans* lograron en el país es algo que debe analizarse, entenderse y enmarcarse plenamente dentro del estudio del deporte y la historia social puertorriqueña; por lo que esta investigación no pretende armar cualquier historia. El nacionalismo y la identidad puertorriqueña afloran a través del deporte, de principio a fin. En consecuencia, esta investigación está centrada en un grupo de jugadores de baloncesto con ascendencia puertorriqueña que por medio de sus extraordinarias habilidades para maniobrar un balón "enamoraron" a multitudes de entre el aficionado pueblo puertorriqueño. Por ende, resulta que es tanto por su protagonismo, como por su inexistente historia e impresionante legado, que figura necesaria y significativa esta investigación

En Puerto Rico no es mucho lo que se ha escrito académicamente sobre el deporte. Entre las publicaciones más destacadas, Emilio Huyke documentó la variedad de juegos y deportes en la isla con un breve trasfondo particular en su obra *Los deportes en Puerto Rico*[7]. Debido a sus escritos, investigaciones y gran dedicación se le recuerda a Huyke como padre del baloncesto puertorriqueño. El ponceño Carlos Uriarte González ha aportado significativamente a través de sus valiosas estadísticas y anécdotas de las delegaciones puertorriqueñas y sus respectivas participaciones en los juegos regionales e internacionales, Juegos Centroamericanos y del Caribe, los Juegos Panamericanos y las Olimpiadas. Uriarte ha recogido la participación de atletas puertorriqueños en estos juegos en sus publicaciones *De Londres a Londres*[8], *80 años de acción y pasión, Puerto Rico en los Juegos Centroamericanos y del Caribe, 1930 al 2010*[9] y *Puerto Rico en el Continente 1951-2011: 60 años de los Juegos Panamericanos*[10].

Joaquín Martínez-Rousset detalló las etapas políticas y coloniales del olimpismo puertorriqueño y como un proyecto colonial de construcción de nación en *50 años de*

---

[7] Emilio Huyke, E. *Los deportes en Puerto Rico*. (Sharon, Connecticut:
Troutman Press, 1968).
[8] Carlos Uriarte González, *De Londres a Londres*, (San Juan: PR, Editorial Deportiva Caín, 2012).
[9] Carlos Uriarte González, *80 años de acción y pasión, Puerto Rico en los Juegos Centroamericanos y del Caribe, 1930 al 2010,* (Bogotá: N.p: Nomos Impresores, 2009).
[10] Carlos Uriarte González, *Puerto Rico en el Continente 1951-2011: 60 años de los Juegos Panamericanos*, (Bogotá: N.p: Nomos Impresores, 2011).

20

Olimpismo[11]. El baloncesto en San Germán[12] y El baloncesto en Mayagüez[13], del periodista e historiador deportivo Raymond Stewart, son otras dos aportaciones sobre el baloncesto moderno. El Director de Prensa y Comunicaciones de la Liga Atlética Interuniversitaria (LAI) publicó su primera obra en el 1994 basándose principalmente en recopilaciones de estadísticas de los resúmenes de partidos que se encuentran en los periódicos. Adicionalmente, añade historia sobre los orígenes del baloncesto en la ciudad y su equipo, reseñas de algunos partidos y algunas selecciones periodísticas. En el 2014 hizo lo propio pero enfocándose en la historia baloncelística de Mayagüez.

Desde luego, en la década del 2,000 se publicaron las siguientes obras: *La guarida del Pirata: 1823-1970[14] y La guarida del Pirata: 1971-2013[15]* del Profesor Iván Igartúa. Estos son dos tomos sobre la historia general del equipo

---

[11] Joaquín Martínez-Rousset, *50 años de Olimpismo*, (San Juan: Editorial Edil, 2003).
[12] Raymond Stewart, *El baloncesto en San Germán* (Santo Domingo: Talleres Gráficos Sócrates Durán Genao, 1994).
[13] Raymond Stewart, *El baloncesto en Mayagüez* (Santo Domingo: Talleres Gráficos Sócrates Durán Genao, 2014).
[14] Iván G. Igartúa Muñoz, *La guarida del Pirata: 1823-1970* (San Juan: BiblioGráficas, 2006).
[15] Iván G. Igartúa Muñoz, *La guarida del Pirata: 1971-2013* (San Juan: BiblioGráficas, 2014).

municipal Piratas de Quebradillas en el baloncesto superior nacional. El primer tomo se escribió en el 2006 y luego el segundo se culminó en el 2014 con motivo a la celebración del 5to campeonato de los Piratas de Quebradillas en la temporada del 2013. Los libros contienen estadísticas, datos interesantes, historias particulares, resúmenes de periódicos y fotos; sin embargo, no son investigaciones académicas.

Los héroes del tiempo: un recuento histórico del desarrollo y evolución de nuestro baloncesto, nuestros torneos nacionales, nuestras participaciones internacionales y los héroes que trazaron el camino entre 1930 y 1966[16] del Dr. Ibrahim es un recuento histórico de nuestro baloncesto desde que los soldados estadounidenses lo comenzaron a jugar hasta la era moderna. Su redacción es muy similar a la obra periodística de Stewart e Igartúa como trabajo más bien de aproximación descriptiva.

El Dr. Félix Huertas abordó la relación entre deporte, nacionalismo e identidad con su moderno estudio académico *Deporte e identidad: Puerto Rico y su presencia deportiva internacional (1930-1950).*[17] Esta obra del 2006 es una

---

[16] Ibrahim Pérez, *Los héroes del tiempo: un recuento histórico del desarrollo y evolución de nuestro baloncesto, nuestros torneos nacionales, nuestras participaciones internacionales y los héroes que trazaron el camino entre 1930 y 1966* (San Juan: Editorial Deportiva Caín, 2011).
[17] Félix Rey Huertas González, *Deporte e identidad: Puerto Rico y*

totalmente distinta a la narración periodística del baloncesto. Huertas conceptualiza el deporte con identidad y nacionalismo. Es una publicación esencialmente basada en una investigación histórica de primera con una sólida metodología deportiva-cultural y una base de fuentes muy académica. El autor entrelaza la participación olímpica de Puerto Rico con política y cultura resaltándose sobremanera la identidad nacional.

The Sovereign Colony: Olympic Sport, National Identity and International Politics in Puerto Rico del Profesor de la Universidad de Illinois Antonio Sotomayor es una fuente muy importante de Puerto Rico y su participación deportiva internacional. Contribuye a la historiografía de política olímpica al presentar como la trayectoria olímpica puertorriqueña ha contribuido al prolongamiento de vida de la última colonia de América Latina. Para el autor el estudio histórico del deporte no es uno en el cual simplemente se catalogue al deporte como representativo de la sociedad sino como uno que forma *parte integral* de ella. Así lo expresa: "*Sport in modern societies has become an inescapable variable in the study of the human experience in all its complexities. Leaving it aside as a mundane activity of*

---

su presencia deportiva internacional (1930-1950) (San Juan: Terranova Editores, 2006).

entertainment means leaving our comprehension of our past and present incomplete". Sotomayor postula fundamentalmente que la idealización de nación puertorriqueña es una construcción y creación alcanzada a través del deporte siguiendo las posturas de Joaquín Martínez-Rousset y John MacAloon, el deporte como proyecto colonial de construcción de nación.[18]

Sotomayor es una fuente principal del estudio académico del deporte y olimpismo puertorriqueño. En su artículo "Un parque para cada pueblo": Julio Enrique Monagas and the Politics of Sport and Recreation in Puerto Rico During the 1940s" Sotomayor narra los orígenes del proyecto revolucionario en la isla por Julio Enrique Monagas como Director de la Comisión de Deportes y Recreo Público. El plan de Monagas consistió en la construcción en masa de facilidades deportivas y recreativas bajo una ideología de justicia social tanto en ciudades urbanas como en pueblos rurales. Es importante porque con el proyecto "Un parque para cada pueblo" se relacionaron el Partido Popular Democrático, la ciudadanía estadounidense y el colonialismo prevalente en la nación puertorriqueña. El proyecto sirvió de gran estímulo para la propagación del deporte a través de

---

[18] Sotomayor, 29.

toda la isla y específicamente debido a la construcción de parques de béisbol, canchas de baloncesto, voleibol y tenis y pistas de campo para el atletismo. El análisis de Sotomayor presenta cómo el deporte puede ser visto como ventana político-cultural para observación del gobierno de Puerto Rico y como el mismo sirvió de impulso para el deporte.

El destacado ex canastero de los Piratas de Quebradillas, Raymond Dalmau, publicó su autobiografía *Raymond Dalmau: From Harlem a Puerto Rico* en diciembre del 2018. En su libro narra su vida y relata emotivas experiencias y recuerdos tanto sobre su vida como baloncelista cómo muchísimas anécdotas fuera de las cancha. Inclusive, cuenta su trayectoria como jugador y dirigente *nuyorican*. Dalmau menciona los muchos otros canasteros *nuyoricans* estelares que llegaron a jugar baloncesto en Puerto Rico y comparte relatos personales muy interesantes y valiosos. No obstante, su obra es una autobiográfica.

Al este libro ser uno sobre historia, deporte, sociedad e impacto nacional realicé una ardua labor revisando aportaciones recientes al tema con el propósito de enmarcar el estudio adecuadamente. Afortunadamente, durante las últimas décadas se ha investigado académicamente al deporte con buen detenimiento y enfoque. Las fuentes son abundantes y han incrementado tanto en Estados Unidos como en América Latina, Europa y hasta Asia. Muchísimos historiadores han hecho evidente la relación entre sociedad y deporte y han escrito sobre su importancia, logrando contribuir a la creciente historiografía de deporte, destacándose aspectos de nacionalismo, identidad, naciones-estados, política, olimpismo, impacto económico, cultura y estudios antropológicos, entre otros. El deporte como estudio académico es muy amplio, una ventana a una multiplicidad de temáticas reveladores y relevantes. Sobre ello escribió Amy Bass en su artículo "State of the Field: Sports History and the 'Cultural Turn'":

The possibilities are vast, and much is demanded of the sports historian. Sport is a commercial industry that deals with concepts of labor and capitalism, often within the landscape of urban studies; a cultural realm that takes in the politics of media and spectacle, constructing and consenting identities such as gender, race, and sexuality, class, religion, ethnicity, and nationality (and their multiple combinations); a scientific domain with focal points on the psyche of both athlete and spectator, as well as the physical achievements of humans on any given playing field; and an arena for foreign policy and cultural diplomacy.[19]

Añadiéndole al profundo sentimiento del deporte en

---

[19] Amy Bass, "State of the Field: Sports History and the 'Cultural Turn'", *The Journal of American History*, Volume 101, Issue 1, 1 June 2014, 150. https://doi.org/10.1093/jahist/jau177.

la sociedad el historiador del deporte James Anthony Mangan escribió que el deporte puede producir un éxtasis como cualquier religión, un escape tan real como cualquier cinema y entretenimiento tan intenso como cualquier carnaval.[20] Sobre ello también escribió Mike Cronin en "Sport and Nationalism in Ireland: Gaelic Games Soccer and Irish identity since 1884".[21] El autor analiza el rol que ha jugado el deporte en la sociedad irlandesa al estar asociado el deporte con identidad nacional desde finales del siglo XIX. Cronin determina que por medio del deporte se le provee al público la oportunidad de expresar sus valores nacionales, orgullo e identidad.

En Latinoamérica también se han llevado a cabo investigaciones deportivas muy relevantes sobre la importancia del juego entre la sociedad. Sobre la popularidad del fútbol en el país suramericano el escritor uruguayo Eduardo Galeano comentó en su libro *El fútbol a sol y sombra y otros escritos* sobre la existencia de la nación uruguaya precisamente por medio de la participación y

---

[20] James Anthony Mangan, "Prologue: Guarantees of Global Goodwill: Post- Olympic Legacies- Too Many Limping White Elephants?", *International Journal of the History of Sport*, 25:14, 1869-1883, December 2008, 1, DOI: 10.1080/09523360802496148.

[21] Mike Cronin, "Sport and Nationalism in Ireland: Gaelic Games Soccer and Irish identity since 1884". *The American Historical Review*, December 2000. 105 (5) DOI: 10.2307/2652168.

existencia de su equipo nacional, de sus 11 jugadores nacionales. Toda la nación reflejada a través de la participación de un equipo en un partido deportivo. El fanático se hace parte de; el hincha[22] es parte del equipo al rara vez decir: "hoy juega mi equipo" sino "hoy jugamos".[23] El deporte permite esta particularidad de identidad y nacionalismo. La obra de Galeano presenta un panorama completo de la importancia del fútbol como deporte nacional de Uruguay y retratado también dentro del deleite y la euforia sentida por toda Sur América. La popularidad del deporte es evidente por medio de su desenfrenada devoción. Por medio del estudio del destacado autor son evidentes las complejidades económicas, políticas, sociales y nacionales que el deporte proyecta por toda la región. Para Galeano el futbol y la patria están siempre atados y con frecuencia la identidad del pueblo está marcadamente presente.[24]

Por medio de un atletismo competitivo y la implementación de una cultura de actividad física, el mundo puede obtener un reflejo de cómo los gobiernos utilizan el deporte. Paula J. Pettavino y Geralyn Pye lo demuestran en su valiosa aportación a la historiografía deportiva de América

---

[22] Un fanático o seguidor de equipo del fútbol.
[23] Eduardo Galeano, *El fútbol a sol y sombra y otros escritos* (Madrid: Siglo XXI de España Editores S.A., 1995). 13.
[24] Galeano, 8.

Latina en *Sport in Cuba: The Diamond in the Rough.*[25] Las autoras llevaron a cabo un riguroso estudio sobre el sistema deportivo cubano y el rol del gobierno promoviéndoles a sus ciudadanos una cultura de actividad física. Así lograron múltiples atletas cubanos, grandes resultados en los Juegos Olímpicos de 1972 en Múnich, Alemania, los Juegos Panamericanos de 1991 en La Habana, Cuba y los Juegos Olimpicos de 1992 en Barcelona, España. Pettavino y Pye analizan como el deporte fue priorizado bajo el régimen comunista y el fuerte impacto que el béisbol ha tenido en la sociedad cubana. El gobierno cubano situó muchísimo énfasis en la utilización del deporte hacia la construcción de una positiva imagen nacional.

En *Between Baseball and Bullfighting: The Quest for Nationality in Cuba, 1868-1898*[26] el historiador Louis A. Pérez, Jr., dictamina que el béisbol cautivó la imaginación cubana desde los meros inicios del deporte en el país *"as a sport, as a state of mind and as a statement"*. Es importante porque la Revolución Cubana obtuvo muy pocas logros tan significativos, de tan gran fuente de identidad nacional o

---

[25] Paula J. Pettavino and Geralyn Pye, *Sport in Cuba: The Diamond in the Rough* (Pittsburgh: University of Pittsburgh Press, 1994).
[26] Louis A. Pérez, "Between Baseball and Bullfighting: The Quest for Nationality in Cuba, 1868-1898", *The Journal of American History* 81, no. 2, 1994: 493-517. DOI: 10.2307/2081169.

factor tan potente en integración social como el éxito logrado por medio del deporte; y en este caso del béisbol en específico. Esta perspectiva es de utilidad al abordar el impacto de los *nuyoricans* en el baloncesto nacional puertorriqueño.

Es evidente que el deporte es un fenómeno cultural y este estudio es indicativo de ello. Sobre legado patriótico e impacto nacional escribió Donald Mrozak en su libro *Sport and American Mentality 1880-1910.*[27] El autor señala que los deportes en Estados Unidos fueron utilizados con agenda social y el béisbol en específico sirvió como reflejo de patriotismo y mentalidad nacional. Tanto así que Mrozek establece que el deporte se tornó tan americanamente estándar *"as fried chicken and church on Sunday".*[28]

En *Mapping an Empire of American Sport: Expansion, Assimilation, Adaptation and Resistance,*[29] los editores Mark Dyreson, J.A. Mangan y Roberta J. Park ostentan que el deporte fue utilizado por Estados Unidos como herramienta de esparcimiento de influencia a través del mundo occidental y el Pacífico en su intento de extender su

---

[27] Donald J. Mrozek, *Sport and American Mentality 1880-1910,* (Knoxville, Tennessee, 1983).
[28] Mrozek, xiii.
[29] Mark Dyreson, J.A. Mangan and Roberta J. Park, *Mapping an Empire of American Sport: Expansion, Assimilation, Adaptation and Resistance* (London: Routledge, 2012).

poderío y cultura. El béisbol, el baloncesto y el *football*, entre otros, fueron implementados como estrategia de colonización alrededor del mundo. El deporte jugó un rol relevante en el establecimiento de programas culturales, económicos y de expansión política. El libro enmarca el rol del deporte como elemento de expansión y resistencia al poder estadounidense como también en el rol dual del deporte como instrumento de asimilación y adaptación. Precisamente esto ocurrió en el baloncesto de Puerto Rico como resultado de la revolución y trascendencia de los jugadores *nuyoricans* durante la década de 1970.

Sobre como Estados Unidos utilizó el deporte como mecanismo de americanización en Puerto Rico Roberta Park escribió su artículo "From *la bomba* to *béisbol*: Sport and the Americanization of Puerto Rico, 1898-1950".[30] La autora considera la utilidad y rol práctico de juegos y deportes en el fomento de la cultura puertorriqueña para el esparcimiento de ideales estadounidenses al ser estos más influyentes que la educación tradicional. Así el béisbol, el baloncesto y el voleibol se tornaron muy populares a pocos años de la invasión estadounidense de Puerto Rico de 1898.

---

[30] Roberta J. Park, "From *la bomba* to *béisbol:* sport and the Americanisation of Puerto Rico, 1898–1950", *The International Journal of the History of Sport*, Dec 11, 2011. 28:17, 2575-2593, DOI: 10.1080/09523367.2011. 627199.

Sobre los vínculos entre deporte y nacionalismo en el Caribe, académicos como Alan M. Klein han examinado el rol cultural e ideológico que juega el béisbol como deporte nacional en la República Dominicana. En su artículo "Culture, Politics, and Baseball in the Dominican Republic"[31], Klein se enfoca en la relación de la nación latinoamericana con Estados Unidos debido al origen estadounidense del deporte, el dominio político que los estadounidenses ejercieron sobre Dominicana en varias ocasiones desde el siglo XIX y a causa de que el presente y futuro del béisbol cada vez depende más de un banco de talento latinoamericano. Klein incluso establece que no es tan sencillo como establecer que el deporte y la sociedad disfrutan una relación funcional simplista sino que el deporte es complejo como campo de estudio, simultáneamente refleja y oscurece un fenómeno socio-cultural. Como continuación de esa relación entre deporte y cultura surge el nacionalismo que en efecto resulta en una manifestación cultural que de paso se expresa políticamente.

El artículo "Yo soy dominicano: Hegemony and Resistance through Baseball, Sport in Society"[32] resalta que

---

[31] Alan M. Klein, "Culture, Politics, and Baseball in the Dominican Republic", *Latin American Perspectives* 22, no. 3, 1995: 111-30. http://www.jstor.org/stable/2634143.
[32] "Yo soy Dominicano: Hegemony and resistance through Baseball",

por medio de la cobertura del deporte del béisbol por los medios de comunicación y la prensa se reflejó un pronunciado sentir de nacionalismo dominicano. Sin duda alguna, la prensa escrita, la radio y la televisión tuvieron un fuerte estímulo en la propagación del deporte en Puerto Rico y particularmente durante la revolución *nuyorican* de las décadas de 1960 y 1970.

La soberanía deportiva le ha permitido a Puerto Rico competir plenamente como nación en eventos regionales e internacionales. Así se ha puesto en perspectiva la nacionalidad puertorriqueña desde los II Juegos Centroamericanos y del Caribe de 1930, celebrados en La Habana, Cuba. Sobre la construcción de nación el historiador Juan Manuel Carrión Morales escribió *Voluntad de Nación: ensayos sobre el nacionalismo en Puerto Rico*[33] y establece que las naciones se hacen por medio de un proyecto nacional y por la voluntad política de consolidar una identidad propia. El académico establece que "de la misma manera que hay naciones que no logran establecerse como estado hay estados que aún no forman naciones y para estos gobiernos, la nación

---

(sin autor) *Sport in Society*, Vol.10, No.6, November 2007. 916-946. DOI: 10.1080/17430430701550355.

[33] Juan Manuel Carrión Morales, *Voluntad de Nación: ensayos sobre el nacionalismo en Puerto Rico* (San Juan: Nueva Aurora, 1996),

es el proyecto del estado".[34] Para Huertas las reacciones de los deportistas al ganar y del pueblo puertorriqueño de saber que ganó representan síntomas de una nación deportiva ya construida.[35] Él añade que "el deporte provee una avenida principal para la expresión de la identidad local, inmigrante, étnica y nacional. En el caso de Puerto Rico no solo ha podido aglutinar los diversos sectores ideológicos, sino qué ha servido como vínculo directo para desarrollar una identidad nacional".[36]

Múltiples otros historiadores y académicos han estudiado el impacto del deporte alrededor del mundo. Peter C. Alegi investigó el impacto del fútbol en Sur África durante la primera mitad del siglo XX en su publicación "Playing to the Gallery? Sport, Cultural Performance, and Social Identity in South Africa, 1920's- 1945".[37] La investigación de Alegi está centrada en un periodo surafricano de racismo y *apartheid* y ello es determinante para entender como el deporte amplió su influencia más allá de los campos de juego y creó conexiones y alianzas entre la población de la sociedad

---

[34] Ibid, 41.
[35] Huertas, 46.
[36] Huertas, 26.
[37] Peter C. Alegi, "Playing to the Gallery? Sport, Cultural Performance, and Social Identity in South Africa, 1920s-1945", *The International Journal of African Historical Studies* 35, no. 1, 2002: 17-38. DOI:10.2307/ 3097364.

industrial del país. El fútbol desplegó una habilidad impresionante para penetrar entre los más pobres y explotados de la sociedad. *"The game humanized daily life by providing an arena for excitement, sociability, and integration in pre-apartheid South Africa"*.[38]

En "Palestinian Nationalism has left the field: A Shortened History of Arab Soccer in Israel",[39] Tamir Sorek estudió la relación entre deporte y nacionalismo en el medio oriente. El autor cuestiona la noción de que conflictos regionales entre sociedades que comparten una pasión por el deporte se manifestaran por medio de una cultura deportiva nacional. Sorek señala lo contrario, que el deporte en general puede ser utilizado por el estado para inhibir la consciencia nacional de una minoría. El fútbol árabe en Israel no ha demostrado fuertes ramificaciones de nacionalismo al utilizarse el deporte para mejorar la relaciones regionales. En vez de la enfatización de tensión de conflictos que podrían surgir por medio de manifestaciones nacionalistas; la comunidad árabe ha optado alternamente por esconder su identidad en el estadio.

---

[38] Ibid, 18.

[39] Tamir Sorek, "Palestinian Nationalism Has Left the Field: A Shortened History of Arab Soccer in Israel." *International Journal of Middle East Studies* 35, no. 3, 2003: 417-37. http://www.jstor.org/stable/ 3880202.

En *Sporting Nationalisms: Identity, Ethnicity, Immigration, and Assimilation* Mike Cronin y David Mayall[40] examinan las formas en las cuales el deporte ha influenciado las experiencias de vida inmigrantes y la existente relación entre deporte, identidad étnica y nación. *Sport Across Asia: Politics, Cultures, and Identities*[41] editado por Katrin Bromber, Birgit Krawietz y Joseph Maguire es una excelente aportación al estudio académico del deporte con sus vislumbres particulares del impacto de deportes nacionales en el desarrollo de identidad, cultura, unificación y modernidad en China, Japón, Corea, Laos, India, Irán, Turquía, Emiratos Árabes Unidos, Qatar y Bahréin. Los editores recopilan estudios académicos de como el deporte ha servido como proceso de emulación, resistencia y transformación en el centro, este y sureste de Asia, Asia Menor y la Península Arábica en los siglos XIX y XX. Reflexionan sobre como culturas y sociedades no occidentales, reciben, interpretan, disfrutan o resisten procesos globales del deporte.

Sobre la terminología nación, nacionalismo,

---

[40] Mike Cronin and David Mayall, *Sporting Nationalisms: Identity, Ethnicity, Immigration, and Assimilation*, (London: F. Cass, 1998).
[41] Katrin Bromber, Birgit Krawietz y Joseph Maguire, *Sport Across Asia: Politics, Cultures, and Identities,* (New York: Taylor & Francis, 2013).

identidad y patria el historiador Eric Hobsbawm analizó en *Nations and Nationalism since 1780: Programme, Myth, Reality* tres épocas históricas de gran envergadura nacionalista y estableció que aunque el movimiento había perdido fuerza después de la Segunda Guerra Mundial, el nacionalismo aún seguiría siendo fomentado entre gobiernos y naciones como componente de unificación. Para Hobsbawm la idea de nacionalismo o de naciones no es una estática sino cambiante a través del tiempo. El filósofo y teórico letones, Isaiah Berlin, lo planteó distinto declarando que *"in our modern age, nationalism is not resurgent; it never died"*.[42] Fue a finales de la década de 1960 y principios de los '70 que surgió el debate académico moderno sobre nacionalismo debido al proceso de descolonización pos Segunda Guerra Mundial y el surgimiento de nuevos estados en Asia y África. Floreció una perspectiva teórica sobre la construcción de nación que llevó a publicaciones académicas sobre el nacionalismo a partir de la década de 1980. La historiografía tradicional previa a este periodo no le daba énfasis al estudio del nacionalismo porque muchos eruditos eran indiferentes a la temática o simplemente la catalogaban de menor importancia comparada a otros temas de gobierno

---

[42] Umut Ozkirimli, *Theories of Nationalism: A Critical Introduction*, (London, Macmillan Education UK, 2017), 1.

y política.

La realidad es que el nacionalismo también ha sido reducido a manifestaciones extremistas por muchos intelectuales, es decir, existió la tendencia que solo reflexionaba sobre el nacionalismo como sinónimo de movimientos de la ultra derecha o de amenaza a estados existentes. Al derrumbarse tal interpretación histórica surgieron varios estudios académicos y entre ellos *Nations Before Nationalism* de John Armstrong, *Nationalism and the State* de John Breuilly, *Imagined Communities* de Benedict Anderson, *Nations and Nationalism* de Eric Gellner y *The Invention of Tradition* de Eric Hobsbawm y Terence Ranger, entre otros. Estos estudios fueron claves para las publicaciones de futuras e innumerables obras, tesis, artículos y revistas completamente enfocadas en el estudio académico del nacionalismo. En cuanto al estudio general sobre nación y nacionalismo, las visiones posmodernas tienden a ser constructivistas y señalan que la nación se construye desde distintas fracciones de recordación, de diferentes perspectivas del estado y desde otras narraciones del colectivo social.

Me fue muy necesario analizar y comparar estudios antropológicos con su impacto en el deporte. *The*

Anthropology of Sport: Bodies, Borders Biopolitics[43] de Niko Besnier, Susan Brownell y Thomas F. Carter aborda una gama de sub temas antropológicos sobre el deporte y su relación entre el hombre y su sociedad. Besnier esencialmente llama a reflexionar sobre la complejidad del estudio del deporte para enmarcarlo dentro de un solo marco teórico por la esencia de su naturaleza y el interés que genera a través del mundo: *"Placing sport at the center of anthropological theories reveals that while each theoretical approach may explain only a limited aspect of our world, taken as a whole they are starting to come together into a more complete explanatory framework than we had at our disposal in previous decades"*.[44] Besnier establece que el deporte juega un rol muy importante en el establecimiento de fronteras entre grupos, las cuestiona, define lo normal y lo extraordinario y más aún, une las vidas cotidianas del gentío común con el estado, la nación y el mundo. El deporte surge como microcosmo de lo que la vida realmente trata.[45]

De igual forma, *Sport, Nationalism and*

---

[43] Niko Besnier, Susan Brownell and Thomas F. Carter, *The Anthropology of Sport: Bodies, Borders Biopolitics,* (Oakland: University of California Press, 2018).

[44] Besnier, 38.

[45] Besnier, 1.

Globalization: Relevance, Impact, Consequences[46] de Alan Bairner analiza el impacto del deporte entre naciones, establece conexión entre nacionalidad e identidad, señala al deporte como ventana de examinación entre una gran variedad de conceptos teóricos y perspectivas. Este marco es igualmente importante en el estudio de los *nuyoricans* en el baloncesto nacional puertorriqueño debido al impacto que tuvieron en el país. Algunos ni nacieron ni se criaron en la isla pero aprendieron y preservaron la cultura de sus ancestros. Bairner expresó la validez de su argumento deportivo así:

The fact remains however that sport is still far more likely to contribute to the perpetuation of strongly held, local regional and national identities than to the construction and consolidation of a homogeneous global culture. Sport can help to promote the image of a nation state but it may also bring shame and financial ruin. Sport can unite a nation state; but it may not. Sport can often be the most important symbol of the continued existence of a submerged nation. Sport can allow nations and nation states alike, as well as regions and other localities, to resist cultural homogenization.[47]

Por ello Bairner cuestiona el enfoque singular del estudio del deporte en un solo marco teórico y del conformismo simplista de solo definir deporte y

---

[46] Alan Bairner, *Sport, Nationalism and Globalization: Relevance, Impact, Consequences*, (Tokyo: Hitotsubashi University, 2008).
[47] Bairner, 52.

40

nacionalismo dentro del término de "comunidades imaginadas" de Benedict Anderson. El sociólogo entiende el estudio académico del deporte como uno muy importante en cuestiones de identidad nacional, sobre naciones y de nacionalismo como prevalentes por todo un futuro. Las competencias deportivas internacionales son para el autor mega eventos deportivos mundiales, por lo que llama a historiadores, sociólogos y estudiosos a una interpretación de nacionalismo y deporte más incluyente.[48]

La publicación de Dusko Bogdanov "Influence of National Sport Team Identity on National Identity"[49] también es relevante como marco de la investigacion que realicé porque Bogdanov elaboró la relación entre identidad en el equipo nacional deportivo e identidad nacional. El historiador investigó sobre cómo un equipo nacional puede influenciar o contribuir a la formación de una identidad nacional. Bogdanov establece que un equipo nacional o un atleta individual pueden representar enteramente a una nación y crear un sentido de orgullo nacional entre los miembros de la nación. Este estudio es vital porque demuestra esencialmente que la identidad de un equipo

---

[48] Bairner, 378.

[49] Dusko Bogdanov,"Influence of National Sport Team Identity on National Identity ", PhD Diss.,Tallahassee: Florida State University, 2011.

nacional deportivo es un componente de identidad nacional, esto plenamente visible a través del comportamiento de seguidores nacionales de respectivos equipos en los que el deporte sirve como el marcador principal de nacionalismo. Esto es posible al unir equipo y nación, al tener el equipo la habilidad de incrementar la identidad nacional de un individuo construyendo una comunidad fuerte por medio de la singularidad del deporte.

Besnier, Bairner y Bogdanov sirven de base para enmarcar esta investigación entre las teorías del deporte, cultura y nacionalismo por ser un estudio centrado en el impacto de los *nuyoricans* en el baloncesto nacional del país. La metodología de investigación histórica se realizó mediante la utilización de documentación primaria y fuentes secundarias de primer orden. Las fuentes primarias son esenciales puesto que constituyen la evidencia oficial en todo lo relacionado al impacto que ejercieron los *nuyoricans* en el baloncesto nacional. Entre las fuentes primarias esencialmente se abordaron archivos oficiales de Baloncesto Superior Nacional (BSN), de la Asociación Nacional de Baloncesto de Estados Unidos (NBA), de la Federación Internacional de Baloncesto (FIBA) y de los Juegos Olímpicos, de la Federación de Baloncesto de Estados Unidos (USAB). Los Anuarios de Baloncesto Sambolín igual son un recurso muy valioso en el estudio del baloncesto puertorriqueño.

La recopilación de prensa de la época, especialmente del periódico *El Mundo* fue fundamental. Otros periódicos contemporáneos y cibernéticos como *Claridad*, *El Vocero*, *Primera Hora*, *El Nuevo Día* sirvieron de apoyo por medio de variados artículos que demuestran su validez como fuentes secundarias. Esta tarea se logró al revisar la colección puertorriqueña de la Biblioteca Encarnación Valdés de la Pontificia Universidad Católica de Puerto Rico, Recinto de Ponce y la Biblioteca José M. Lázaro de la Universidad de Puerto Rico, recinto de Río Piedras. La historia oral vía entrevistas personales a figuras destacadas del deporte, nutre esta publicación con testimonios y perspectivas reales de quienes fueron jugadores, apoderados, agentes, dirigentes, líderes nacionales y federativos, periodistas, historiadores, comentaristas y narradores.

Entre los entrevistados destacan los ex jugadores Alberto Zamot, Armando Torres, Hiram Gómez e Hiram Ortiz, los jugadores activos Renaldo Balkman, Ramón Clemente, Javier Mojica y John Holland, el destacado jugador, dirigente, músico, periodista y multifacético José "Fufi" Santori, el ex apoderado de los Vaqueros de Bayamón y ex Presidente de la Federación de Baloncesto de Puerto

Rico, Héctor Manuel "Hetin" Reyes, el ex jugador y dirigente activo Flor Meléndez, el periodista y editor asociado de la sección deportiva de *El Nuevo Día*, Carlos Rosa Rosa, y el ex ancla deportiva de Wapa Deportes, Rafael Bracero, entre muchos otros.

Otras fuentes secundarias estudiadas fueron tesis sobre el baloncesto y el deporte. En Estados Unidos se han escrito varias tesis deportivas y sociales que tocan temas paralelos a esta investigación. Entre ellas "A look at how mainland Puerto Ricans believe themselves to be perceived by their island counterparts and its impact on their ethnic self-identity and group belongingness",[50] "Nuyoricans in Puerto Rico: A study of social categorization",[51] "National culture and work-related values of Puerto Rico",[52] "Nuyorican resistance: Fame and anonymity from civil rights collapse to the global era",[53] "White eyes on Black bodies: History, performance, and resistance in the National

---

[50] Acevedo, Gladys. "A look at how mainland Puerto Ricans believe themselves to be perceived by their island counterparts and its impact on their ethnic self-identity and group belongingness". PhD diss., City University of New York, 1994.

[51] Lorenzo, José. "Nuyoricans in Puerto Rico: A study of social categorization". PhD diss., City University of New York, 1996.

[52] Niedziolek, Richard C. "National culture and work-related values of Puerto Rico". PhD diss., Capella University, 2005.

[53] Campbell, Susan Marie. "Nuyorican resistance: Fame and anonymity from civil rights collapse to the global era". PhD diss., University of Minnesota, 2005.

Basketball Association",[54] y "Puerto Rico's 79th municipality: Identity, hybridity and transnationalism within the Puerto Rican diaspora in Orlando, Florida".[55] Éstas tesis sirvieron de apoyo sobre el análisis relacional entre deporte y los temas de cultura, nacionalismo, identidad, los *nuyoricans* y la diáspora puertorriqueña.

En última instancia, este trabajo da a conocer y pretende perpetuar el impacto y legado de los *nuyoricans* no solo en el deporte del baloncesto en Puerto Rico sino en la sociedad puertorriqueña en general. Las diferencias entre Estados Unidos y Puerto Rico, el enfrentamiento racial, las dificultades económicas y hasta discrepancias políticas fueron factores que motivaron a muchos puertorriqueños que nunca quisieron abandonar la isla, a recurrir precisamente a ello. Cuando los canasteros *nuyoricans* comenzaron a firmarse para jugar acá, fue en cierta manera un regreso de los puertorriqueños a su tierra. Eran los hijos de los boricuas que salieron entre las décadas de 1940 y 1950. Muchos vinieron a Puerto Rico por primera ocasión. Esto fue importante porque pone de manifiesto el estatus político de

---

[54] Griffin, Rachel Alicia. "White eyes on Black bodies: History, performance, and resistance in the National Basketball Association". PhD diss., University of Denver, 2008.

[55] Sánchez, Luis. "Puerto Rico's 79th municipality: Identity, hybridity and transnationalism within the Puerto Rican diaspora in Orlando, Florida". PhD diss., The Florida State University, 2008.

la isla, uno que permitía la fluidez migratoria con mucha más facilidad que en otros países del mundo.

A través de este libro el lector encontrará 7 capítulos que siguen una secuencia cronológica pero que no está limitada a ello por no centrarse en una crónica deportiva. En el capítulo 1: "El deporte como identidad nacional", describo el contexto general de la identidad nacional en el deporte. Comienzo analizando la participación del equipo nacional de béisbol de Puerto Rico durante marzo del 2017 en el Clásico Mundial de Béisbol como ejemplo de nacionalismo banal, seguido también con ejemplos de otros eventos recientes de destacada participación nacional de equipo y de atletas que han tenido apreciables aportaciones representando a la isla en eventos internacionales pero con un enfoque en aquellos deportistas de ascendencia puertorriqueña.

En el capítulo 2: "Breve historia de los orígenes del baloncesto en Puerto Rico" resumo la historia del nacimiento y desarrollo del baloncesto tanto en Estados Un idos como en Puerto Rico. El capítulo explica el origen del deporte y cómo fue tomando auge tanto en la práctica como en popularidad. La época dorada del baloncesto puertorriqueño ayuda a enmarcar el estado del baloncesto justo a la llegada e incorporación de los jugadores con ascendencia puertorriqueña a la liga nacional marcadamente durante la década de 1960.

En el capítulo 3: "Transculturación, 1940-1969", resalto algunos de los eventos históricos más significativos tanto de la historia de Estados Unidos como la de Puerto Rico y enmarco el baloncesto puertorriqueño en el contexto de la época. Este capítulo es vital para aguardar la relación entre el contexto de las ocurrencias regionales con la integración de canasteros *nuyoricans*. La década de 1960 marcó el punto de reencuentro entre los hijos de la patria y la tierra de sus ancestros. Realizo un recuento de eventos económicos, políticos y sociales entre los cuáles se pueden hilvanar las razones detrás del interés de los *nuyoricans* en jugar en Puerto Rico con el interés de la liga nacional de baloncesto en añadir a éstos jugadores.

El capítulo 4: "Los *nuyoricans*" define y describe a los protagonistas de esta publicación. Introduzco el tema de los emigrantes puertorriqueños y su relación con el baloncesto. Por medio de la definición del término y el esclarecimiento de su historia, detallo los orígenes del baloncesto *nuyorican* que revoluciona al baloncesto puertorriqueño durante las décadas de 1960 a 1980.

La década de 1960 marcó una transición entre el baloncesto puertorriqueño dorado de los '50, con el baloncesto revolucionario iniciado a mediados de la década del '60. El capítulo 5: "Mariano "Tito" Ortiz y Raymond Dalmau" es un baluarte de destaque de los dos pioneros de la revolución *nuyorican*. Aunque hubo casos de jugadores con ascendencia puertorriqueña que jugaron en el país previo al "estallido" de la gran ola revolucionaria, en este capítulo detallo como los jugadores "Tito" Ortiz y Raymond Dalmau sirvieron de ejemplo y sentaron precedentes para la continuación de búsqueda de jugadores con raíces boricuas en Estados Unidos. Los apoderados de distintas franquicias de la liga de baloncesto buscaron el mejor talento disponible con el fin primordial de mejorar sus actuaciones colectivas y ganar.

En el capítulo 6: "Impacto y legado de los *nuyoricans* en el baloncesto nacional de 1970-1988" demuestro la aportación significativa de los canasteros *nuyoricans* al baloncesto nacional puertorriqueño y demuestro el impacto real. Resalto estadísticas y campeonatos en los cuales figuraron, evidencio el incremento de asistencia a las canchas del país y señalo el impulso de la televisión detrás de toda la euforia vivida en la isla gracias al juego espectacular de los jugadores de ascendencia puertorriqueña y su participación con la escuadra nacional.

Finalmente, en el capítulo 7: "El baloncesto como

deporte nacional" expongo las razones por las cuales el baloncesto debe considerarse el deporte nacional de Puerto Rico. Por medio del total de franquicias que participan en el torneo nacional, la cantidad de fanáticos que acuden a apoyar a sus equipos locales cada temporada y las rivalidades creadas a través de los años, entre otras, son todas indicativas de la popularidad del juego en la isla. En este capítulo, adicionalmente, destaco las grandes aportaciones de los notorios narradores Manuel Rivera Morales y Ernesto Díaz González al baloncesto nacional por medio de sus célebres frases muy popularmente apreciadas, recordadas y utilizadas por la afición puertorriqueña a través del tiempo y de toda la isla.

Los *nuyoricans* tuvieron un fuerte impacto en el Puerto Rico del último tercio del siglo XX y Puerto Rico tuvo un impacto positivo en la vida de los *nuyoricans*. Este binomio es parte esencial de la cultura puertorriqueña en las primeras dos décadas del siglo XXI. La magnitud de la relación y el ímpetu del desempeño *nuyorican* en las canchas locales de la isla repercuten en que Puerto Rico sea reconocido en la contienda del baloncesto mundial[56] y en tener una de las ligas nacionales más competitivas del mundo.[57] La lectura que

---

[56] Número 15 en el mundo en el 2018.
[57] Entre las mejores 10 a 15 ligas del mundo.

prosigue es el resultado de una seria investigación académica sobre los *nuyoricans* en el baloncesto nacional de Puerto Rico y su impacto en el mismo. Esta es su historia.

I

El deporte como identidad nacional

2017

En marzo de 2017 Puerto Rico participó por cuarta ocasión en el Clásico Mundial de Béisbol (WBC)[58] en la ciudad de Guadalajara, México. El torneo ha sido muy popular en la isla desde su inauguración en el 2006 por la gran afición que tienen los puertorriqueños a la pelota de grandes ligas (MLB)[59] y por el hecho de que Puerto Rico fue sede de las primeras tres ediciones del mencionado evento mundial.

Para esta edición, sencillamente había muchísima expectativa y emoción por la gran camada de talento joven y sobresaliente que participaría. Fue la primera vez que los puertorriqueños pudieron ver en un mismo cuadro a los noveles Carlos Correa, Novato del Año de la temporada del 2015 en tercera base; a Francisco "Paquito" Lindor, Guante de Oro de la temporada del 2016 en el campo corto; y a Javier Báez, Jugador Más Valioso de la Serie de Campeonato de la Liga Nacional del 2016 en segunda base. Sin estos nombres Puerto Rico terminó subcampeón en el certamen del 2013,

---

[58] World Baseball Classic.
[59] Major League Baseball.

51

por lo que la escuadra del 2017 entró con confianza y fuerza positiva al certamen, como uno de los cinco favoritos a ganar el título.

Lo cierto es que el país se paralizó por tres semanas. Se escuchaban noticias todos los días en la prensa, radio y redes sociales sobre la gran actuación del conjunto puertorriqueño. Mientras más ganaban los muchachos "del patio", más histeria colectiva fue manifestándose por todos los rincones de la isla. De pronto, el equipo fue apodado el *"Team Rubio"*, por el hecho de que poco a poco la mayoría de los integrantes fueron tiñéndose el cabello de rubio como rito de unidad.

No tardó mucho tiempo para que la modalidad arropara toda la hueste masculina del país, que seguía al equipo sin importar edad. Niños, adolescentes, jóvenes, universitarios, adultos y hasta señores mayores se tiñeron el pelo, las melenas o sus vellos faciales como simple "fiebre" o *trend*. Pareciera una broma pero no lo fue. ¡Tanta fue la demanda en Puerto Rico por seguir la "fiebre de los rubios" que el tinte para el cabello de ese tono escaseó en las farmacias y tiendas de cosméticos! Hasta la cadena televisiva internacional Univisión y Prensa Asociada (AP) daban a conocer la modalidad:

No importa si es cobrizo, platinado o dorado, cualquier tono de rubio es codiciado en la isla, donde la mayoría de los hombres tiene cabello oscuro y grueso. Y quienes son calvos, han optado por teñirse la barba, en un homenaje al entrenador Carlos Delgado, que así lo hizo. Hemos podido unir a nuestro país con nuestro pelo rubio, dijo el estelar jugador Carlos Correa.[60]

La fanaticada

En México, la fanaticada boricua[61] sin duda alguna fue la más devota y fiel. La sede contaba con la participación de los anfitriones Aztecas, quienes recibieron las delegaciones de Venezuela, Italia y la "Escuadra Borinqueña". La serie de partidos se llevó a cabo en el Estadio de los Charros en la ciudad de Guadalajara con capacidad para 13,000 fanáticos. Fue una de cuatro sedes principales que disputaba el campeonato mundial de béisbol entre las mejores dieciséis naciones.[62] A unos 4,000 km de distancia entre San Juan y

---

[60] Univisión y AP, "Escasea tinte rubio en Puerto Rico por la fiebre del Clásico Mundial de Béisbol", 22 de marzo de 2017, http://www.univision.com/puerto-rico/wlii/noticias/trending/escasea-tinte-rubio-en-puerto-rico-por-la-fiebre-del-clasico-mundial-de-beisbol (accedido el 12 de septiembre de 2017).

[61] "Boricua", al igual que "borinqueño" y "borincano" es el gentilicio del nombre original de la isla de Puerto Rico: Boriquén, tierra de los Taínos, antes de la colonización española en 1508. Para muchos puertorriqueños, principalmente en el mundo del deporte, es un orgullo llamarse "boricuas".

[62] Las otras tres sedes fueron Tokio, Japón, Seúl, Corea del Sur y Miami, Florida.

Guadalajara, miles de puertorriqueños se dieron cita al moderno complejo para presenciar el elenco nacional en acción. El costo de viaje por los cuatro días de competición, alojamiento, comida y taquillas para los partidos se perfilaba entre $1,500 y $3,000.[63]

La gran afición puertorriqueña al deporte se dejó sentir en las gradas con sus característicos cánticos "Yo soy boricua, pa' que tú lo sepas"; "Puerto Rico, patria mía"; y "Mañana… por la mañana", entre otros gozosos tributos musicales. Simultáneamente, ondeaban la bandera monoestrellada en una mano, señalaban hacia el centro de su camisa el nombre de Puerto Rico con la otra, y modelaban su gorra oficial del equipo con un orgullo sinigual. La prensa del país atestiguaba que toda esta parafernalia resultó agotada en el inventario de las tiendas de Puerto Rico: "Esto ha sido fuego a la lata, entre el teléfono y la gente en la tienda".[64]

---

[63] Karla Pacheco Álvarez, "Viaje, cante y no llore si va para el Clásico Mundial de Béisbol", 23 de febrero de 2017, http://www.primerahora.com/deportes/beisbol/nota/viajecanteynollo resivaparaelclasicomun dialdebeisbol-1207917/ (accedido el 13 de septiembre del 2017).
[64] Axel Figueroa Cancel, "La fiebre del Clásico agota toda la mercancía en la Isla", 14 de marzo de 2017, https://www.elnuevodia.com/deportes/beisbol/nota/lafiebredelclasic oagotatodalamercanciaenlaisla-2300637/ (accedido el 13 de septiembre de 2017).

Los boricuas "se quedaron con el espectáculo" en México. Ganaron sus tres partidos. El impacto económico en Puerto Rico fue espectacular, si se toma en cuenta toda la mercancía vendida, los restaurantes, pubs y *sports bars* que se llenaban noche tras noche de fanáticos que acudían con sus amistades a ver en pantalla grande los partidos. Todo eso, naturalmente, en reacción al entusiasmo que causaba la nacionalidad puertorriqueña. La identidad del país se dio a conocer alrededor del mundo.

"El deporte nos hace nación"

¿Cómo podemos entender la euforia vivida en el país por un mero evento deportivo? El profesor de antropología y director del *Cuban Research Institute* de la Universidad Internacional de Florida, Jorge Duany,[65] analiza el por qué

---

[65] Jorge Duany es considerado una de las mayores autoridades en el campo de la antropología y la sociología. Reconocido intelectual y académico. Nació en Cuba y creció entre Cuba y Puerto Rico. Obtuvo los grados de B.A. en Psicología en la Universidad de Columbia, New York; M.A. en Ciencias Sociales en Universidad de Chicago y Ph.D. en Estudios Latinoamericanos con especialidad en Antropología en la Universidad de California, Berkeley. Fue profesor de antropología, director del Departamento de Sociología y Antropología, decano del Colegio de Ciencias Sociales y director de la *Revista de Ciencias Sociales* de la Universidad de Puerto Rico. Ha dictado cátedra en prestigiosas universidades de Estados Unidos, entre ellas Harvard, Yale y CUNY. Es autor, coautor, editor o coeditor de sobre veinte libros, entre ellos: *Puerto Rico: What Everyone Needs to Know* (2017); *Un pueblo disperso: Dimensiones sociales y culturales de la diáspora cubana* (2014); *Blurred Borders: Transnational Migration*

los encuentros deportivos internacionales evocan fuerzas afectivas tan poderosas:

Un primer acercamiento podría ser el concepto de "nacionalismo banal", acuñado por el psicólogo social británico Michael Billig. El término se refiere a la reproducción de la identidad nacional mediante prácticas rutinarias y mundanas como discursos políticos, crónicas deportivas, canciones populares, símbolos monetarios y banderas. Hoy en día, quizás la expresión más difundida de la nacionalidad es el deporte: una representación ritual propagada constantemente por los medios de comunicación masiva y la industria publicitaria. El 'nacionalismo banal' asume la nación como una división natural de la humanidad de modo casi inconsciente e irreflexivo: Nosotros contra ellos. [66]

Precisamente, lo acaecido en Puerto Rico durante el Clásico Mundial de Béisbol en México, la "fiebre" de ver ganar al equipo que representaba a la isla y que arropó a gran parte del país, es una muestra de lo que el deporte en general representa para los puertorriqueños. Difícilmente se podría comprobar que todo el pueblo realmente entendía lo que estaba sucediendo en aquel momento pues ni siquiera eran

between the Hispanic Caribbean and the United States (2011); *La nación en vaivén: Identidad, migración y cultura popular en Puerto Rico* (2010); *How the United States Racializes Latinos: White Hegemony and Its Consequences* (2009); *The Puerto Rican Nation on the Move: Identities on the Island and in the United States* (2002); y *Cubans in Puerto Rico: Ethnic Economy and Cultural Identity* (1997).

[66] Jorge Duany, *La nación en vaivén: identidad, migración y cultura popular en Puerto Rico* (San Juan: Ediciones Callejón, 2010), 32.

todos fanáticos del béisbol. Mucha gente ni siquiera había visto juegos de béisbol anteriormente. Alegaban que "es un deporte aburrido". Y, ¿conocían a los jugadores? Tal vez uno que otro, pero no a fondo.

Lo que ocurre es que el equipo puertorriqueño estaba jugando con el corazón. Para una isla de 3,515 mi² y 3.5 millones de habitantes, bombardeada con tantas noticias negativas a su entorno relacionadas a su realidad económica, política y social, le era refrescante y gratificante despejar la mente y ver algo positivo. Realmente, en el encuentro del 2017 se romantizó todo lo relativo a Puerto Rico. Se levantaba una nación. Se exaltaba la puertorriqueñidad. Se jugaba "por Puerto Rico". Con cada gesto y cada palabra el pueblo puertorriqueño se sentía identificado, vindicado, parte del éxito. Se experimentaba un sentimiento grandioso. El corazón palpitaba sin parar con tanta adrenalina emocional, como si no cupiera en el pecho.

Carlos Ortega, residente de Miami y emocionado fanático boricua en Guadalajara expresó el sentir boricua:

Acá a Guadalajara vino mucha fanaticada de Puerto Rico. La experiencia ha sido muy agradable. Se siente muy bien tener un equipo nacional y una pertenencia. Nos sentimos que tenemos país y que no somos colonia en estos momentos cuando vamos a estas actividades. Sería una pena convertirnos en estado [federado a Estados Unidos] y tener que apoyar a otro país que no es el que llevamos en el corazón. Nosotros creemos realmente que somos un país.

Nuestros abuelos nos lo inculcaron bien. En Puerto Rico hubo resistencia a la americanización[67] y vemos el orgullo, la identidad nuestra manifestada desde los mismos peloteros como hablan de nuestro país y no de una colonia ni de un territorio americano. La "monoestrellada" para mí es todo, es la vida.[68]

Algo similar ocurrió el año anterior, 2016, durante los Juegos Olímpicos de Verano celebrados en Río de Janeiro, Brasil. En esa ocasión, la puertorriqueña Mónica Puig ganó la medalla de oro en el deporte del tenis, categoría sencillo femenino. Para lograrlo, derrotó a las mejores jugadoras del mundo, las más *ranqueadas*. Tras la victoria de Puig, el pueblo puertorriqueño salió en masa a la calle a celebrar, ondeando la bandera puertorriqueña en sus automóviles y vitoreando en cada esquina como si se tratara de un familiar propio.

Igualmente, Puerto Rico tuvo una experiencia similar el 6 de agosto del 2012, en el deporte de atletismo. El destacado ponceño Javier Culson se despuntaba como favorito a medalla de oro en los 400 metros con vallas en los Juegos

---

[67] Americanización fue el intento de Estados Unidos en inculcar su cultura a través de la economía, el cambio de nombre de la isla de Puerto Rico a *Porto Rico*, la facilitación de la llegada de misioneros protestantes, la implementación del uso del inglés en las escuelas, costumbres y días festivos, comida y vestimenta, entre otras.
[68] Entrevista de José J. Ruiz Pérez a Carlos Ortega, fanático puertorriqueño residente en Miami. Realizada en el Estadio de los Charros de Guadalajara, Jalisco, México, el 13 de marzo del 2017.

Olímpicos de Londres del 2012. Previo a la gesta de Mónica, Puerto Rico soñaba con su primera presa dorada en unas Olimpiadas. No sucedió. 'Culsonic', como es apodado en las redes sociales, ocupó el carril 5 del abarrotado Estadio Olímpico, y aunque al sonido del disparo salió bien, tumbó la séptima valla y perdió ritmo. Culson terminó con medalla de bronce, con tiempo de 48:10 y detrás del estadounidense Michael Tinsley y el dominicano Félix Sánchez. No obstante, fue una tarde que siempre vivirá en el recuerdo del vallista y del pueblo.

No era la primera vez que el atleta boricua ganaba medalla a nivel mundial. El 23 de agosto del 2009 Culson se alzó con medalla de plata en los 400 metros con vallas en el Campeonato Mundial de Atletismo en Berlín. Los puertorriqueños se detuvieron donde quiera que estuviesen para ver correr a Javier. Así lo describe el rotativo *Primera Hora*:

Con la monoestrellada y la insignia ponceña en mano y la presea de plata que ganó al cuello, el vallista Javier Culson regresó hoy, domingo, triunfante a la ciudad que lo vio nacer, donde recibió el calor de los miles de personas que abarrotaron las principales calles de esta ciudad para recibirlo. Vestidos principalmente con el rojo y negro característico de Ponce, muchos de los presentes que también enarbolaban la bandera puertorriqueña y la ponceña y portaban pancartas que leían 'Nuestro campeón' inundaron la carretera PR-1 al momento en que Culson apareció, encabezando la caravana en su honor.[69]

El boxeo es uno de los tres deportes principales practicados en Puerto Rico. Por décadas, grandes púgiles le han dado a la isla "mucho de que gozar". Entre los mejores boxeadores que ha dado el país resaltan Sixto Escobar, Carlos Ortiz, Wilfredo Gómez, Wilfred Benítez, Héctor "Macho" Camacho, Félix "Tito" Trinidad y Miguel Cotto. Tito ha sido uno de los de mayor impacto dado a la longevidad de su carrera y la huella ganadora que dejó. Participó en 45 peleas profesionales ganando 42 de ellas y logrando 35 de esas victorias por la vía del KO[70]. Sufrió solo tres derrotas y únicamente fue derrumbado por Bernard Hopkins, el 29 de septiembre del 2001.[71]

A través de los años, Tito Trinidad ha sido la inspiración para aquellos jóvenes que sueñan algún día despuntar en los grandes escenarios como lo hizo él. Durante el transcurso de dos décadas, Trinidad fue toda una estrella pugilística que siempre llevaba a la isla en alto, con su monoestrellada en

---

[69] "Ponce se desborda en atenciones para Javier Culson", PRIMERAHORA.COM, 23 de agosto del 2009, http://www.primerahora.com/deportes/otros/nota/poncesedesbordae natencionesparajavierculson-325842/ (accedido el 17 de enero de 2018).
[70] *Knock out*, cuando el árbitro encargado de una contienda pugilística le acredita victoria a un boxeador por haber derribado a su adversario.
[71] "BoxRec", Boxing's Official Record Keeper, http://boxrec.com/en/boxer/3254 (accedido el 21 de enero de 2018).

mano y simpatía particular. Se dio a querer. Tuvo muchísimo éxito. Fue y sigue siendo aclamado por el pueblo, y modelo a seguir, como lo hizo Miguel Cotto de 2001 a 2017 con una magnífica carrera y récord de 41-6 en sus 16 años de actividad. Tito y Cotto dejaron un gran legado en el boxeo puertorriqueño. Su vacío solo deja ansias por la llegada del próximo gran campeón del mundo pugilístico.

El baloncesto se disputa con el béisbol y el boxeo como deporte nacional de Puerto Rico y los triunfos de su equipo nacional a través de la historia ha dado mucha gloria al país. No obstante, la victoria más memorable que ha tenido Puerto Rico en el baloncesto, la que realmente recorrió los titulares de todo el mundo deportista ocurrió un día inesperado. ¿Inesperado por qué? Porque no fue un triunfo por medalla olímpica, campeonato mundial o esperada victoria. El escenario fue el *HOSC Indoor Arena* de Atenas, Grecia. Tomó de sorpresa al país porque la victoria se daría meramente como parte de un partido de fase regular dentro de los Juegos Olímpicos del 15 de agosto del 2004. Simplemente fue algo que nunca antes había ocurrido. Puerto Rico le propinó a Estados Unidos su primera derrota Olímpica desde la creación del *"Dream Team"*[72] en 1992 con

---

[72] Fue el sobrenombre de la selección nacional de Estados Unidos que ganó la medalla de oro en las Olimpiadas de Barcelona de 1992. Fue

un marcador final de 92-73. Fue la peor derrota sufrida por *Team USA*[73] en su historial internacional.[74]

El equipo de Estados Unidos contaba con gran calibre en su plantilla: LeBron James, Dwyane Wade, Tim Duncan, Carmelo Anthony, Lamar Odom, Allen Iverson, Stephon Marbury, Amar'e Stoudamire, Shawn Marion, Emeka Okafor, Richard Jefferson y Carlos Boozer. Entre sus entrenadores estaban los notorios Gregg Popovich y Larry Brown. Puerto Rico contaba con muchos menos conocidos jugadores, pero de buen talento. Aun así, nadie esperaba ver lo que aconteció en Atenas: un apabullado dominio de la escuadra borincana de principio a fin, con las magistrales aportaciones de Carlos Arroyo, Eddie Casiano, José Rafael "Piculín" Ortiz y Larry Ayuso. Puerto Rico también contaba con Rolando Hourruitinier, Daniel Santiago, Bobby Joe Hatton, Sharif Karim Fajardo, Peter John Ramos, Rick

---

la primera vez que estrellas de la liga estadounidense de baloncesto o Asociación Nacional de Baloncesto, por sus siglas en inglés (NBA), compitieron en unos Juegos Olímpicos. Era verdaderamente un equipo de ensueño al estar compuesto de los estelares Micheal Jordan, Ervin "Magic" Johnson, Larry Bird, David Robinson, Patrick Ewing, Scottie Pippen, Clyde Drexler, Karl Malone, John Stockton, Chris Mullin, Charles Barkley y el colegial Christian Laettner.

[73] La selección nacional de baloncesto de Estados Unidos.

[74] Javier Maymí, "El día de la gran sorpresa", *ESPN Deportes*, 14 de agosto de 2014, http://espndeportes.espn.com/noticias/nota/_/id/2155519/el-dia-de-la-gran-sorpresa- (accedido el 21 de enero de 2018).

Apodaca, Christian Dalmau y Jorge Rivera. Su dirigente era Julio Toro.

Puerto Rico jugó magistralmente, casi un juego perfecto. "Desde un punto de vista táctico, fue la construcción de la defensa la que le dio a Puerto Rico la oportunidad de convertirse en el David que venció a Goliat", destacó Julio Toro. Estados Unidos tuvo dificultad moviendo el balón a lo cual se conformaron con tiros largos que desacertaron. Puerto Rico, mientras tanto, fue todo lo contrario. De las manos de Arroyo y Casiano atinaron ocho *canastazos* de tres puntos. Una fórmula no vista a menudo. Interesantemente, Puerto Rico dejó mucho por desear el resto de las Olimpiadas terminando en sexto lugar pero la victoria revalidó décadas de esfuerzo, mantuvo a los puertorriqueños festejando en todos los recónditos de la tierra y a *USA Basketball* en incredulidad y desasosiego.

Lo que hizo tal victoria tan impresionante fue la rivalidad de Puerto Rico contra Estados Unidos en términos políticos: la colonia vs. el colonizador; unos pocos millones vs. cientos de millones de habitantes; una pequeñita islita con muchos reveses dolorosos en múltiples encuentros internacionales vs. el inventor del deporte y victorias de más; David vs. Goliat. El escenario: unos juegos olímpicos. Un dominio total en un entorno mundial. "No había manera de que en el análisis inicial se pensara en una victoria de Puerto Rico sobre el poderoso conjunto de Estados Unidos y mucho menos en las Olimpiadas".[75]

El gran "Piculín" Ortiz, segundo[76] jugador nacido en Puerto Rico en ser *drafteado*[77] en la NBA[78], expresó en una entrevista que "el baloncesto internacional es muy distinto a la NBA. Lo más probable es que ellos no nos conocían y nosotros sí los conocíamos a ellos".[79] Aunque el éxito sobre Estados Unidos fue el mayor logro para Puerto Rico en las Olimpiadas del 2004, por 40 minutos el quinteto boricua fue nación. Reinó el orgullo de una isla apasionada por su baloncesto. La victoria posiblemente sea siempre recordada como el mayor triunfo colectivo en toda la historia deportiva del país. La gesta quedó plasmada con la imagen visual de Arroyo sujetando el "Puerto Rico" de su franela nacional, y demostrando pura pasión en su rostro al abandonar la cancha tras anotar 24 puntos, atrapar 4 rebotes, hacer 7 asistencias y

---

[75] "Inolvidable triunfo de Puerto Rico ante el *Dream Team*, ELNUEVODIA.COM, 15 de agosto de 2014, https://www.elnuevodia.com/deportes/baloncesto/nota/inolvidabletri unfodepuertoricoanteeldreamteam-1834131/ (accedido el 21 de enero de 2018).

[76] El primero fue Alfred "Butch" Lee.

[77] Seleccionado para ingresar a la liga nacional de baloncesto de Estados Unidos, NBA.

[78] *National Basketball Association*, la principal liga de baloncesto en el mundo.

[79] Maymí, Op. cit.

robarse 4 balones.[80] Simplemente una imagen imborrable en la memoria colectiva del deporte nacional puertorriqueño. "Esa icónica foto ha sido reproducida en murales, publicidad y todo tipo de material representativo de la isla".[81] Para Carlos Arroyo:

Fue un momento de mucha alegría, un momento bien bonito que va a ser recordado por muchos años. Fue un momento de inspiración para el país y para la juventud, mayormente la que juega el deporte del baloncesto. Nos cambió la carrera a cada uno de nosotros. Surgieron unas oportunidades. Nos sentimos bien honrados y más que nada afortunados por ser parte de ese grupo que tanto orgullo le brindó al País.[82]

En los eventos deportivos previamente descritos el "nacionalismo banal" impactó a los puertorriqueños en todas sus manifestaciones. Aunque el lema del día fuera: "La cosa está mala", aun así el puertorriqueño siempre "se las arregla a como dé lugar" cuando se trata de despejar la mente, y principalmente ante lo cultural y deportivo. Tanto en el béisbol como en el tenis, el atletismo, el boxeo y el baloncesto, había que hacer lo necesario para "obtener la gorra oficial", el afiche de "Pica Power", la *jersey* de Correa o Lindor, el "rubio" en el

---

[80] The Official Site of USA Basketball, "Official Basketball Box Score", August 15, 2004, https://web.archive.org/web/20111101085351/http://www.usabasket ball.com/seniormen/2004/04_moly1_box.html (accedido el 26 de enero de 2018).
[81] Ibid.
[82] "Inolvidable triunfo de Puerto Rico…", Op. cit.

cabello o la chiva, una camisa del quinteto nacional y "chinchorrear" con los "panas" para celebrar los triunfos. Todas estas acciones han sido y siguen siendo símbolos indiscutibles de desplegar la puertorriqueñidad.

La actuación nacional deportiva une al pueblo puertorriqueño en tiempos de crisis. Así lo demuestran todos los eventos revisitados. Por esas semanas "éramos nosotros contra el resto del mundo". La prensa del país publicaba que: "Ni siquiera hubo asesinatos en la isla durante los días que jugó el equipo nacional".[83] Tampoco se registraron accidentes fatales en las carreteras del país. La policía no tuvo que responder a querellas de agresiones, robos ni asaltos. Es como si por unas dos semanas el país literalmente se hubiera paralizado del mal y armonizado a sus ciudadanos. Fue una unión verdaderamente espectacular, encomiable, gratificante, única. No es de extrañar entonces lo que algunos alegan: "Aparte de la participación en concursos de belleza, el deporte es la única representación internacional de la identidad nacional puertorriqueña".[84] Algunos alegan que si Puerto Rico conserva una pizca de identidad nacional en el 2018, es gracias al deporte.

Interesantemente, varios de los integrantes de todos los

---

[83] Figueroa Cancel, Op. cit.
[84] Duany, 33.

grandes logros nacionales han sido descendientes de puertorriqueños nacidos, criados o establecidos fuera de la isla. La escuadra del Clásico Mundial de 2017 tuvo dos iniciadores que contaban con las mencionadas características, TJ Rivera y Seth Lugo. Rivera, quien jugó primera base durante el torneo, nació y creció en el Bronx de Nueva York, pero sus padres son oriundos de Aibonito y Ponce respectivamente.[85] Mientras que Seth Lugo, quien fue el *as* de la escuadra borincana, nació y creció en Shrevesport, Louisiana, pero su abuelo paterno, José Lugo, es natural del Sector La Ponderosa de San Germán. Se fue de "la ciudad de las lomas" a edad universitaria al ejército de Estados Unidos y terminó haciendo toda su vida allá.[86]

En el tenis, Mónica Puig nació en San Juan, pero se mudó junto a sus padres a Miami cuando tenía tan solo un año de vida, pero nunca olvidó sus raíces. El orgullo boricua lo demostró hasta que avanzó a la final de las Olimpiadas de Río y ganó oro.[87] Su padre es cubanoamericano y su madre

---

[85] Carlos Rosa Rosa, "T.J. Rivera ansía representar a Puerto Rico", 29 de enero de 2016, https://www.elnuevodia.com/deportes/beisbol/nota/tjriveraansiarepr esentarapuertorico-2156440/ (accedido el 26 de enero de 2018).

[86] Héctor Vázquez Muñiz, "Seth Lugo compartió con su sangre boricua en San Germán", 21 de marzo de 2017, https://www.quepalo.com/lugo-4423/ (accedido el 26 de enero de 2018).

[87] La Vanguardia, "Mónica Puig: raíces catalanas en la final

natural de la isla.[88] En el boxeo Carlos Ortiz, Wilfred Benítez y "Macho" Camacho pueden ser todos considerados *nuyoricans*.[89] Benítez nació en Nueva York y creció allá, viajando a la isla en ocasiones. Ortiz y Camacho nacieron en Puerto Rico, en Ponce y Bayamón respectivamente, pero desde niños sus familias emigraron a la costa noreste de Estados Unidos. Se les considera a los tres entre los diez mejores boxeadores en la historia de la isla.

Del quinteto nacional del baloncesto que le ganó a Estados Unidos en las Olimpiadas del 2004 se podría decir que de los 12 integrantes el 50% nació fuera de la isla. Eddie Casiano nació en Manhattan y luego se mudó a Puerto Rico a temprana edad. Rick Apodaca es nacido y criado en Nueva Jersey. Larry Ayuso nació en el Bronx y es el líder indiscutible de canastos de tres puntos encestados en la historia del Baloncesto Superior Nacional (BSN).[90] Sharif Fajardo es oriundo de la ciudad de Nueva York, pero jugó 10

---

femenina", 12 de agosto de 2016, http://www.lavanguardia.com/deportes/olimpiadas/20160812/40388 8303001/monica-puig-primer-mujer-medalla-puerto-rico-rio-2016.html (accedido el 26 de enero de 2018).

[88] Wimbledon, "Monica Puig first round", 24 de junio de 2013, http://www.wimbledon.com/en_GB/news/articles/2013-06-24/20130624_201306241372088747346.html (accedido el 26 de enero de 2018).

[89] Puertorriqueño nacido o criado en Nueva York.

[90] La liga profesional y nacional de baloncesto de Puerto Rico.

temporadas en Puerto Rico. Peter John Ramos nació en Fajardo, pero se mudó junto a su familia a Nueva York a los cinco años de edad y permaneció allá por una década. Daniel Santiago nació y creció en la parte oeste de Texas. Jugó por once temporadas en Puerto Rico y con el detalle relevante de convertirse en el primer jugador puertorriqueño con cinco apariciones en Mundiales. Claramente, la presencia y aportación *nuyorican* al deporte nacional ha sido significativa, jubilosa y contundente.

La identidad nacional en el plano cultural

Cada vez que Puerto Rico participa en un evento internacional, deportivo o cualquier otra índole, se manifiesta la efervescencia de una nación real. La identidad nacional puertorriqueña coexiste en el ámbito mundial por el plano cultural. Sobre ello comentó el Gobernador Rafael Hernández Colón en el Pabellón de Puerto Rico en la Exposición Universal Sevilla '92:

Nuestra participación en actividades internacionales ha dado a conocer el vibrante Puerto Rico de hoy, sus raíces y la determinación que nos ha ganado un lugar destacado en la comunidad internacional. En el mundo de la economía, la manufactura, los deportes y las artes, nuestro talento y liderato han quedado ampliamente demostrados.[91]

---

[91] Francisco J. Barrenechea, René Taylor, Osiris Delgado y otros,

Y valga recordar el impacto que tuvo Ricky Martin tras su participación musical en la celebración de la Copa Mundial de la FIFA en 1998, lo que lo convirtió en la figura más conocida del mundo. Del mismo modo ocurrió en las Olimpiadas de Atenas del 2004, Río en 2016 y en el Clásico Mundial de Guadalajara en 2017. "Al menos, momentáneamente, el 'nacionalismo banal' permite derrocar las diferencias de clase, raza, y género para ratificar la pertenencia de todos los ciudadanos a una nación".[92]

La Real Academia Española, en su *Diccionario de la lengua española* define identidad como el "conjunto de rasgos propios de un individuo o de una colectividad que los caracteriza frente a los demás".[93] Y para los puertorriqueños no hay rasgo más fuerte que la bandera monoestrellada. La bandera puertorriqueña tiene mucho que ver con su destacada exposición frente a "los otros". Significa mucho para el pueblo culturalmente.

Debe recordarse que "sacar" la bandera puertorriqueña en público durante el colonialismo estadounidense fue una

---

Campeche, Oller, Rodón: Tres siglos de pintura puertorriqueña, (San Juan, Puerto Rico: Instituto de Cultura Puertorriqueña, 1992). El arte puertorriqueño es uno de los elementos culturales que, además de la música y el deporte destacan a Puerto Rico en el mundo.

[92] Duany, 34.

[93] Real Academia Española, "identidad" *Diccionario de la lengua española*, 23ª edición, versión en línea, 2015, http://dle.rae.es/?id=KtmKMfe (accedido el 28 de enero de 2018).

práctica criminalizada hasta 1952, año en que se estableció el Estado Libre Asociado (ELA) y pudo ondearse de forma oficial. "Debemos apuntar que para aquel tiempo, los símbolos patrios –la bandera puertorriqueña, el himno revolucionario del Grito de Lares, 'La Borinqueña', de la poetisa Lola Rodríguez de Tió, y el 'Lamento Borincano', del compositor Rafael Hernández-, eran considerados subversivos, aún cuando fuesen signos de reclamos de justicia y libertad".[94] La monoestrellada es el emblema indiscutible de la nación puertorriqueña. Va más allá de partidos políticos, clases sociales y lugares de residencia. Cabe recordar los Juegos Panamericanos celebrados en Puerto Rico en 1979 cuando el nadador ponceño Jesús "Cheyenne" "Jesse" Vassallo, representando a Estados Unidos (por tecnicismos absurdos, no por elección[95]) ganó

---

[94] Félix Rey Huertas González, *Deporte e identidad: Puerto Rico y su presencia deportiva internacional (1930-1950)* (Carolina: Terranova Editores, 2006), 133.

[95] Jesús Vassallo nació en Ponce el 9 de agosto de 1961 y desde temprano en su niñez comenzó a destacarse en la natación. Víctor Vassallo, padre de Jesús, era abogado y empresario y por motivos de trabajo optó por mudar su familia a Miami, Florida para expandir sus negocios cuando Jesús tenía 11 años de edad. La familia se trasladó unos años después a California y en el 1976, el Señor Vassallo le inquirió a la Federación Puertorriqueña de Natación (FPN) sobre la posibilidad de que sus hijos nadaran para el equipo olímpico puertorriqueño, al estar Jesús entre los mejores nadadores del mundo y tanto él como sus hermanos querían representar a Puerto Rico en las Olimpiadas de 1976. La FPN le informó a la familia que solo sería posible si regresaban a la isla y entrenaban localmente por un año.

medalla de oro y rompió la marca mundial en los 400 metros combinado individual, el evento de mayor dificultad en el deporte acuático. Cuando subió al podio a recibir su medalla, y tras haberse izado la bandera estadounidense y tocado el *Star Spangled Banner*, "Cheyenne" sacó del bolsillo de su uniforme una banderita de Puerto Rico y comenzó a ondearla desde el podio. De inmediato, la fanaticada reunida en la piscina olímpica del Escambrón comenzó a cantar al unísono *La Borinqueña*.[96] Para los allí presentes fue un momento increíblemente emocionante el cual jamás olvidarán.

Otros, no obstante, son críticos de la bandera y opinan que se ha comercializado a tal punto que ha perdido su valor simbólico oficial. Alegan que:

La bandera es un signo flotante que se adopta fácilmente a múltiples objetos de consumo desde ropa, hasta pintura, llaveros, pantallas, collares, bolígrafos, libretas, toallas, tazas, tablillas, *stickers* para carros y otras mercancías… La bandera constituye uno de los pocos iconos de unidad entre todos los boricuas. Quizás de ahí surge la necesidad de sacar la bandera en cualquier oportunidad que sea posible: para reafirmar los lazos de solidaridad y el imaginario colectivo

---

Víctor Vassallo tomó la decisión de que le era más conveniente a sus hijos permanecer en Estados Unidos. Ver Neysa Rodríguez Deynes, "Jesse Vassallo, World Champion Swimmer*"* February 6, 2001. http://www.angelfire.com/ny/conexion/vassallo_jesse.html.
[96] Neil Amdur, "Vassallo Brothers Fly Different Flags", *The New York Times*, July 6, 1979.
https://www.nytimes.com/1979/07/06/archives/vassallo-brothers-fly-different-flags-frontpage-news-one-succ ess.html (accedido el 19 de noviembre de 2018).

que identifican a un pueblo, con o sin soberanía.[97]

El *Diccionario de la lengua española* define nacionalidad como la "condición y carácter peculiar de los pueblos y habitantes de una nación".[98] También lo define como "un vínculo jurídico de una persona con un Estado, que le atribuye la condición de ciudadano de ese Estado en función del lugar en que ha nacido, de la nacionalidad de sus padres o del hecho de habérsele concedido la naturalización"; y finalmente, como una "comunidad autónoma a la que, en su Estatuto, se le reconoce una especial identidad histórica y cultural".

Comparto el recuerdo del viacrucis que sufrí la última vez que viajé a Sur América cuando una aeromoza me pasó la tarjeta de desembarque para presentar ante los oficiales de inmigración. La mayoría de estas tarjetas requieren que la persona identifique su nacionalidad. Algunos agentes no saben plenamente sobre asuntos jurídicos de ciudadanía y nacionalidad, particularmente en el caso de Puerto Rico. Y realmente sólo existen dos maneras jurídicas de entender la nacionalidad de los puertorriqueños: o se es ciudadano

---

[97] Duany, 31.

[98] Real Academia Española, "nacionalidad" *Diccionario de la lengua española*, 23ª edición, versión en línea, 2015http://dle.rae.es/?id=QBsHcL7 (accedido el 28 de enero de 2018).

estadounidense residente de Puerto Rico o nacional puertorriqueño con ciudadanía estadounidense. Yo me identifico con la segunda variante y ante el oficial de inmigración preferí identificarme como nacional puertorriqueño y explicar mi ciudadanía estadounidense. Pero mi mejor amigo y mayagüezano residente en Texas optó por hacer lo contrario. Para evitarse problemas innecesarios se identificó como ciudadano estadounidense residente en Texas.

El por qué de la confusión sobre la nacionalidad puertorriqueña ocurre por el hecho de que Puerto Rico, desde el año en que fue colonizado por España, 1508,[99] nunca ha tenido soberanía plena. Puerto Rico fue una colonia de España por 390 años.[100] En 1898 fue adquirida por Estados Unidos y desde 1952 tiene un gobierno local autónomo, cuya soberanía, aunque explícita en el Artículo 1, Sección 2 de su Constitución,[101] para algunos, es cuestionable. Para la

---

[99] Aunque Cristóbal Colón reclamó la isla taína de Boriquén para España en el año de su descubrimiento, 1493, no fue hasta el año 1508 que la isla de San Juan Bautista de Puerto Rico fue colonizada propiamente, con la llegada del primer gobernador español a Puerto Rico: Juan Ponce de León.

[100] Serían 405 años si se comienza a contar desde el descubrimiento en 1493.

[101] El Artículo 1, Sección 2 del Estado Libre Asociado de Puerto Rico lee así: "El gobierno del Estado Libre Asociado de Puerto Rico tendrá forma republicana y sus Poderes Legislativo, Ejecutivo y Judicial, según se establecen por esta Constitución, estarán igualmente

Organización de las Naciones Unidas, la isla languidece de soberanía nacional, (aunque reconoce su autonomía fiscal)[102] y por ende no se le reconoce oficialmente como un país independiente. Interesantemente, si no fuera por la cultura y el deporte, la discusión en torno a la nacionalidad e identidad puertorriqueña posiblemente no existiría, porque simplemente se haría referencia a la estadounidense.

¿Realmente desaparece en su totalidad la existencia de una nación por la falta de ser reconocida internacionalmente como un Estado soberano? Sobre el particular expone el historiador Antonio Sotomayor[103] en el análisis de cómo el

---

subordinados a la soberanía del pueblo de Puerto Rico". Ver la Constitución del Estado Libre Asociado de Puerto Rico, según redactado y aprobada por la Convención Constituyente de Puerto Rico el 6 de febrero de 1952, fue propuesta y ratificada por los electores en el referéndum celebrado el 3 de marzo de 1952. Fue sometida al Presidente y Congreso de los Estados Unidos de América, quienes aprobaron la misma, sujeto a que se excluyera la Sección 20 del Artículo II y que se enmendara la Sección 5 del Artículo II y la Sección 3 del Artículo VII. El Gobernador de Puerto Rico, Luis Muñoz Marín, proclamó la vigencia del texto aprobado, efectivo al 25 de julio de 1952. http://www.ramajudicial.pr/leyes/Constitucion-Estado-Libre-Asociado-PR.pdf.

[102] Neysa Rodríguez Deynes, *El Estado Libre Asociado de Puerto Rico: lo que es y lo que no es* (Ponce, Puerto Rico: Professional Editions, 2016): 44-46.

[103] Antonio Sotomayor, *The Sovereign Colony: Olympic Sport, National Identity and International Politics in Puerto Rico* (Lincoln: University of Nebraska Press, 2016), 4. Antonio Sotomayor es un experto en el tema de la participación deportiva puertorriqueña en el ámbito internacional. Obtuvo los grados de B.A. en Psicología en la Universidad de Puerto Rico, Mayagüez; M.S. en Consejería en Universidad de Indiana, Bloomington; M.A. en Estudios

deporte "representa una ventana a través de la cual se observa la política, cultura e identidad nacional de los pueblos latinoamericanos y caribeños": "*For Puerto Ricans who have been living under colonialism for more than 500 years under two different empires, Olympic participation became a way to demonstrate that they are in fact a nation, a process that can be labeled colonial Olympism.*"[104] Y es que Puerto Rico participa en los eventos deportivos internacionales como cualquier país independiente desde 1948.[105]

Latinoamericanos y Caribeños en la Universidad de Illinois, Urbana y Ph.D. en Historia en la Universidad de Chicago. Es autor de varias publicaciones, entre ellas: *The Sovereign Colony: Olympic Sport, National Identity and International Politics in Puerto Rico* (2016); "Challenges and Alternatives to Caribbean Family History and Genealogy: Archives and Sources in Puerto Rico" en *Who are We Really?: Latin American Family, Local and Micro-Regional Histories and Their Impact on Understanding Ourselves*, Ed. Roberto Delgadillo (2016); y "The Cold War Games of a Colonial Latin American Nation: San Juan, Puerto Rico, 1966" en *Diplomatic Games: Sport, Statecraft, and International Relations since 1945*, Ed. Heather Dichter and Andrew Johns (2014). Ha publicado artículos sobre la identidad nacional a través del deporte en importantes revistas académicas como *The Americas: A Quarterly Review of Latin American History, The Latin Americanist, The International Journal of the History of Sport, Journal of Sport History*, y *Caribbean Studies*.
[104] Ibid.
[105] Julio Enrique Monagas, denominado "padre del olimpismo puertorriqueño" era director de la Comisión de Deportes y Recreo Público en el 1948, cuando cabildeó y logró la creación del Comité Olímpico de Puerto Rico, así como su aceptación en el movimiento olímpico y avalado por el Comité Olímpico Internacional. El 25 de febrero de ese año, los organizadores de los Juegos "Londres 1948" les enviaron a Puerto Rico una invitación para participar en dicha competencia.

El Profesor e historiador de ascendencia irlandesa, Benedict Anderson[106], es un reconocido teorista cuyo marco teórico de construcción de nación han seguido varios académicos. Para Anderson la definición de nación queda enmarcada dentro de "comunidades imaginadas". Alude a que "las naciones son una construcción social, política, económica y cultural de la acción humana, tanto de las clases elites como del pueblo y no una expresión natural de distintos pueblos. Es decir, las naciones son creadas por acción humana y no por cuestión de una evolución en el tiempo".[107] Para Anderson las comunidades son imaginadas porque "the members of even the smallest nation will never know most of their fellow-members, meet them, or even hear of them, yet in the minds of each lives the image of their

---

[106] Benedict Anderson fue un científico y político irlandés mejor conocido por su expertís sobre los orígenes del nacionalismo. Obtuvo un B.A. en clásicos de la Universidad de Cambridge en Inglaterra y fue galardonado con un Ph.D. de la Universidad de Cornell de Nueva York en el 1967. Desde 1965 hasta 2002 enseñó en la Universidad de Cornell como parte de la facultad de Gobierno. Fue nombrado Profesor Emérito en estudios internacionales, gobierno y estudios asiáticos en el 1988. En el 1983 publicó su obra cumbre sobre el nacionalismo: *Imagined Communities: Reflections on the Origin and Spread of Nationalism*. También publicó *The Spectre of Comparisons: Nationalism, Southeast Asia, and the World*, en 1998, *Language and Power: Exploring Political Cultures in Indonesia*, en el 2006 y *Under Three Flags: Anarchism and the Anti-Colonial Imagination*, en 2007.

[107] Sotomayor, 7.

communion."[108]

Por otro lado, para John Hutchinson[109] existe una diferencia entre el nacionalismo cultural y el nacionalismo político. El nacionalismo en Puerto Rico fue "construido, presentado y celebrado entre los parámetros de política colonial que le dio preferencia a las expresiones culturales por encima de una lucha política por la independencia".[110] El vínculo colonial ha mantenido al país en el territorio neutral de lo "mejor de dos mundos" y entre dos pueblos singulares y distintos. Quien sabe qué sería del nacionalismo isleño de no haber sido por el deporte y los juegos internacionales. Sin duda existiría, pero muy probablemente de menores proporciones.

Aparte de los concursos de belleza como *Miss Universe*, de las exposiciones del arte y eventos musicales, el deporte es el único otro baluarte cultural de afirmación patriótica en Puerto Rico. En mi opinión, posiblemente sea el deporte el

---

[108] Benedict Anderson, *Imagined Communities*: *Reflections on the Origin and Spread of Nationalism,* (London: Verso, 1983), 6.

[109] John Hutchinson es Profesor Asociado en nacionalismo en el Departamento de Gobierno en *The London School of Economics and Political Science*. Entre sus múltiples publicaciones están *Bringing the Study of Warfare into theories of Nationalism* (2018), *Nationalism and War* (2017), *Nationalism and Identity* (2017), *Cultural Nationalism* (2013) y *Hot and Banal Nationalism: The nationalism: the nationalization of the 'masses'* (2006).

[110] Sotomayor, 8.

de mayor alcance por la exposición internacional que le brinda a la isla. Desde 1930 Puerto Rico ha tenido delegaciones en los Juegos Centroamericanos y del Caribe, desde 1948 en los Juegos Olímpicos, desde 1955 en los Juegos Panamericanos, y desde 1959 en los Mundiales de baloncesto. Y cuando se trata la identidad y la nacionalidad, hay que incluir plenamente a los *nuyoricans* en la discusión.

La participación de Puerto Rico a nivel internacional ha magnificado la discusión y amplias diferencias en torno a la identidad puertorriqueña. Mientras que por un lado une a los puertorriqueños como nación, en ocasiones lo que causa es discordia y separación. Mientras que el historiador Félix Rey Huertas González[111] argumenta que el deporte olímpico en Puerto Rico ha servido como vehículo de afirmación nacional, demostrando al olimpismo puertorriqueño como resistencia contra el colonialismo y unificador de diversos grupos ideológicos, políticos y hasta religiosos. Antonio

---

[111] Félix R. Huertas González es historiador y profesor de Historia en la Universidad del Turabo del Sistema Universitario Ana G. Méndez. Preside la Asociación Puertorriqueña de Historiadores y la Asociación Puertorriqueña de Investigación del Deporte. También es Decano de la Escuela de Artes Liberales y Educación General de la Universidad del Turabo. Ostenta grados de Ph.D. y M.A. en Historia de Puerto Rico y el Caribe del Centro de Estudios Avanzados de Puerto Rico y el Caribe. Además posee un B.A. en Educación de la Universidad de Puerto Rico, Recinto de Cayey. Es autor de *Deporte e Identidad: Puerto Rico y su presencia deportiva e internacional (1930-1950)*, Carolina, Puerto Rico: Terranova Editores, 2006.

Sotomayor difiere de Huertas exponiendo:

The media may portray feelings of national unity during international sports competitions, yet national identity in sport is full of contradictions, artificial constructions of homogeneity, and foreign influences. That is, there is nothing natural or essential about nations, but much dealing with political projects, ideological battles, and local hegemony. Throughout the twentieth century sports contributed to the construction of nations and national identity. The drama of sport competition that creates heroes and rivals for masses of followers has proven to be ideal for the development of imagined communities.[112]

El espíritu olímpico quiso establecer la oportunidad de que todos los pueblos de la humanidad pudiesen competir en buena lid desde sus meros inicios. Pero el olimpismo colonial, según Antonio Sotomayor "es en efecto el proceso en el cual un territorio colonial o nación postcolonial queda completamente inmersa no solo entre la competencia olímpica sino también en la lucha de sobrevivencia cultural y agenda política".[113] Este pensamiento refleja perfectamente bien la representación internacional puertorriqueña.

Un país en el que "durante los primeros treinta años del siglo XX el deporte fue transformado a una práctica social en la cual "identidades nacionales fueron construidas,

---

[112] Sotomayor, 80.
[113] Sotomayor, 4.

diseminadas y afirmadas,"[114] no debe excluir la integración *nuyorican* al deporte puertorriqueño, principalmente al baloncesto nacional. "El deporte permite reconocerse como iguales pero simultáneamente como diferentes de los otros con los que se compite".[115] "El baloncesto nos ha permitido unirnos con el proceso migratorio una sociedad puertorriqueña que se ha criado aquí con los puertorriqueños y que han estado en Estados Unidos".[116]

A nivel internacional Puerto Rico es una nación. Es una nación porque precisamente la palabra "internacional", representa la participación de una nación con otras naciones. La nacionalidad deportiva le da soberanía porque en ese momento de competitividad existen unos matices de flexibilidad que no existen en el aspecto político. De esta forma, el deporte es como un elástico que expande la definición de identidad. Es por medio del deporte que la definición de puertorriqueñidad es de avanzada. Por ende, "puede concluirse que el deporte es parte activa de la manifestación cultural de un pueblo que, en el caso

---

[114] César Torres, "Corrió por el prestigio de su país", *The Latin Americanist,* September 24th, 2013, *Vol.57 Issue 3,* 3. http://onlinelibrary.wiley.com/doi/10.1111/tla.12001/abstract (accedido el 26 de enero de 2018).
[115] Ibid.
[116] Entrevista a Félix Huertas, autor del libro *Deporte e identidad: Puerto Rico y su presencia deportiva internacional (1930-1950).* Realizada en Caguas, Puerto Rico el 20 de enero de 2017.

específico de Puerto Rico, ha servido como vehículo de afirmación nacional para todos sus sectores sociales, independientemente de que dichos sectores hayan participado en competencias deportivas o sólo hayan sido espectadores".[117] En el baloncesto puertorriqueño la integración y aportación de los *nuyoricans* ha sido vital. Incluso, el propio concepto *nuyorican* crea debate sobre el tema de la identidad nacional. Pero precisamente por ello es que forma parte de esa elasticidad cultural que es característica principal y esencial del pueblo puertorriqueño.

---

[117] Huertas, 12.

II

Breve historia de los orígenes del baloncesto en Puerto Rico

Nacimiento del baloncesto

El baloncesto fue creado en Estados Unidos el 21 de diciembre de 1891. Realmente surgió de una necesidad; la necesidad de ofrecerle a los estudiantes de secundaria una actividad recreativa para llenar el vacío deportivo invernal. Durante el otoño se contaba con el programa de fútbol; en primavera estaba el béisbol y el atletismo, pero el invierno era tedioso a causa de la escasez de facilidades físicas disponibles. Solo se practicaba la gimnasia, la calistenia y la marcha. Faltaba algo más interactivo. El Dr. Luther Halsey Gulick, Director de los Maestros de Educación Física de la Asociación Cristiana de Jóvenes (YMCA)[118] de la ciudad de Springfield, Massachusetts lanzó un reto al maestro canadiense James Naismith. El educador físico había nacido en Ontario, Canada el 6 de noviembre de 1861. El reto consistía en crear un *"indoor team sport for the winter season"*.[119]

---

[118] *Young Men's Christian Association.*
[119] Play and Playground Enciclopedia, "Luther Gulick",

Naismith era un hombre muy bien preparado. Fue egresado de la Universidad McGill en Montreal, donde se graduó como Doctor en Medicina y como Ministro Presbiteriano. Estuvo mayormente interesado en fisiología deportiva, filosofía y vida saludable.[120] Luego de su experiencia universitaria, sirvió como Director Atlético de la Universidad McGill antes de trasladarse a la YMCA de Springfield. La encomienda no se le había dado a "cualquier" persona. De hecho, el Dr. Gulick requería de sus maestros testimonio y carácter fuerte.[121]

Naismith aceptó el reto e introdujo un nuevo juego a su

https://www.pgpedia.com/g/luther-gulick (accedido el 23 de febrero de 2018).

[120] "This Date in History: Naismith invents basketball on Dec. 21, 1981", McGill University, December 21, 2011. https://www.mcgill.ca/channels/news/date-history-naismith-invents-basket ball-dec-21-1891-105868 (accedido el 19 de noviembre de 2018). Ver también Luis F. Sambolín, "Bosquejo analítico del baloncesto en San Germán", *Huellas: Boletín cultural del círculo de recreo,* 13 de febrero de 1982, http://www.atleticos.org/histo07.htm Sambolín estudió los orígenes del baloncesto y escribió sobre su historia al ser un destacado atleta sangermeño y respetado deportista. Fue profesor de educación física, dirigente de baloncesto, escritor deportivo, decano de estudiantes del Instituto Politécnico de San Germán y Comisionado de Deportes Universitarios, entre otros. En 1960 completó el grado de Doctor en Educación y en el 1976 la Universidad Católica de Ponce le otorgó un Doctorado Honoris Causa en el área de Humanidades.

[121] Play and Playground Enciclopedia, "Luther Gulick", https://www.pgpedia.com/g/luther-gulick (accedido el 23 de febrero de 2018).

grupo de 18 jóvenes en un gimnasio poco llamativo de la Escuela de Entrenamiento. El concepto de juego para su invento lo había aprendido desde niño cuando en su escuela disfrutaban de un sencillo juego llamado *"duck-on-a-rock"*, el cual consistía del intento de tumbar un pato colocado en una piedra grande por medio del lance de una piedra más pequeña.[122] Evidentemente, tal experiencia le sirvió de gran inspiración además de diversión. Lo que deseaba crear era un juego que consistiera más en la habilidad del participante que en la fuerza física. Utilizó inicialmente una bola de fútbol y dos canastas de melocotones. ¿El objetivo del juego?: Lanzar la pelota hacia una canasta redonda que había sido ajustada a un balcón a 10 pies del suelo.

Naismith divisó trece reglas de juego: 1) El balón puede ser lanzado en cualquier dirección con una o dos manos. 2) El balón puede ser golpeado en cualquier dirección con una o ambas manos, pero nunca con el puño de la mano. 3) Un jugador no puede correr con el balón; el jugador debe lanzarlo desde el lugar donde lo atrapó, considerándose que un jugador se estaría moviendo a buena velocidad. 4) El balón debe ser sostenido en o entre ambas manos. No se

---

[122] George Laughead, "History of Basketball: Dr. James Naismith, Inventor of Basketball", http://www.kansasheritage.org/people/naismith.html (accedido el 5 de marzo de 2017).

puede utilizar los brazos o el cuerpo para sostenerlo. 5) Totalmente prohibido el aguantar, empujar, dar con los hombros, golpear o tropezar maliciosamente al oponente. La primera infracción contra este reglamento consistirá como *foul*. La segunda lo descalificará hasta que se realice un canasto, o si no hay duda sobre la intención de causar daño por la parte restante de juego. No se permitirá sustitución. 6) Un *foul* es golpear al balón con el puño, violaciones de las reglas tres y cuatro y tal cómo descrito bajo la regla cinco. 7) Si cualquier equipo comete tres *fouls* consecutivos, contará como canasto para el oponente (consecutivamente significa sin que el adversario cometa un *foul*). 8) Un canasto será realizado cuando el balón sea lanzado o golpeado desde el suelo hacia adentro de la canasta y permanezca dentro, tomándose en cuenta que el equipo defensor no interfiera tocando el canasto. Si el balón permanece en el borde y el oponente mueve el canasto, contará como puntuación. 9) Cuando el balón se vaya fuera de juego, será lanzado hacia la cancha y jugado por la primera persona que lo tocare. En el caso de una disputa, el árbitro, lo lanzará directamente hacia la cancha. El jugador que lanza el balón tiene cinco segundos. Si la mantiene por más tiempo, el balón pasará al oponente. Si cualquiera de los dos bandos persiste en alargar el partido, el árbitro les pitará un *foul*. 10) El juez del partido será un *umpire*, quien anotará los *fouls* y le notificará al árbitro cuando tres *fouls* consecutivos sean realizados. Tendrá a su disposición la descalificación de un jugador tal y cómo lo dispone la regla número cinco. 11) El árbitro será juez del balón y decidirá cuándo el balón esté en juego, a qué bando permanece y mantendrá el tiempo de juego. Decidirá cuándo una puntuación se haya concretado, mantendrá el registro de puntuación junto a cualquier otra responsabilidad que usualmente le corresponden a un árbitro. 12) El tiempo de juego consistirá de dos mitades de quince minutos con cinco minutos de descanso entre medio. 13) El bando que mayor canastos enceste en ese tiempo será declarado ganador. [123]

El equipo que ganó ese primer partido en 1891 lo hizo logrando encestar un solo canasto, y por medio de un lance de 25 pies por William Chase. El juego resultó lento y muy modesto, pero ya para 1894 el baloncesto se estaba jugando en Francia, China, India y otra docena de naciones.[124] Asombrosamente varias de las trece reglas originales aún

---

[123] Jas Naismith, "Basketball", *The Triangle*. January 1892, I:10, 144-147. Springfield College Digital Collections. http://cdm16122.contentdm.oclc.org/cdm/ref/collection/p15370coll3/id/485 (accedido el 5 de marzo de 2017).

[124] "History of the Naismith Memorial Basketball Hall of Fame", http://www.hoophall.com/about/about-hall/history/ (accedido el 19 de febrero de 2017).

permanecen en el deporte. Al principio no había una cantidad exacta de jugadores, siempre y cuando fuese igual para ambos bandos y dependiendo del espacio disponible, pero en 1892 se llegó a jugar con entre tres a cuarenta jugadores por equipo. El juicio físico, la coordinación de cada músculo y el desarrollo íntegro fueron parte de su carta de presentación.[125]

El crecimiento y desarrollo del baloncesto se dio muy rápido, exponencialmente en tan solo décadas. La Federación Internacional de Baloncesto (FIBA) se formó el 18 de junio de 1932.[126] El Dr. Naismith vivió su momento de mayor orgullo cuando pudo presenciar su invento, el baloncesto, siendo jugado en suelo internacional al ganarle Estados Unidos a Canadá 19-8 por la medalla de oro en los Juegos Olímpicos de Berlín de 1936.[127] Seguramente fue una experiencia muy emotiva para el maestro. Las Olimpiadas de 1936 incluyeron por primera vez al baloncesto como deporte. La *Basketball Association of America* (BAA) fue fundada

---

[125] Ibid.
[126] Official FIBA Database, "History", http://www.fiba.basketball/history (accedido el 23 de febrero de 2018).
[127] "This Date in History: Naismith Invents Basketball on Dec. 21, 1981", McGill University, December 21, 2011. https://www.mcgill.ca/channels/news/date-history-naismith-invents-basketball-dec-21-1891-105868 (accedido el 19 de noviembre de 2018).

originalmente el 6 de junio de 1946[128] y tres años después, el 3 de agosto de 1949, se fusionó con la Liga Nacional de Baloncesto (*National Basketball League*), que había sido fundada en el 1937, para oficialmente crearse la NBA, *National Basketball Association* (Asociación Nacional de Baloncesto), que es la más prestigiosa y conocida de todas las ligas mundiales.

En la noche del 20 de enero de 1968, Elvin Hayes lideró a la Universidad de Houston a una emocionante victoria sobre los *Bruins* de la Universidad de California, Recinto de Los Ángeles (UCLA) ante más de 50,000 espectadores en el *Houston Astrodome*. ¿Cuál fue la importancia de este evento? Fue la primera vez que se transmitió un juego de temporada regular en vivo y en televisión nacional.[129]

El baloncesto se había convertido en uno de los deportes más populares de la nación estadounidense. Tan solo tres días después, el 23 de enero de 1968, se jugó el décimo octavo "Juego de Estrellas" de la NBA en la ciudad de Nueva York. Allí estuvieron presentes los estelares y futuros miembros del

---

[128] Leonard Koppett, "The NBA—1946: A New League", December 7, 2007 http://www.nba.com/heritageweek 2007/newleague_071207.html (accedido el 23 de febrero de 2018).
[129] Randy Minkoff, "College Basketball 1968: The Game That Started it All", *Los Angeles Times*, March 30, 1986, http://articles.latimes.com/1986-03-30/sports/sp-1813_1_college-basketball-s-popularity (accedido el 23 de febrero de 2018).

Salón de la Fama Oscar Robertson, Jerry Lucas, Elgin Baylor, Jerry West, Wilt Chamberlain, Willis Reed, Bill Russell, John Havlicek y Sam Jones.[130] Estos jugadores le dieron un estímulo, impacto y deleite fenomenal al baloncesto. Por primera vez en su historia, el baloncesto estaba en la mente de fanáticos deportistas a través de todo el país. El baloncesto había logrado acaparar la atención de los medios de comunicación en gran escala para beneficio del juego. Fue entonces, para la misma época, a finales de los '60 cuando llegó a Puerto Rico la primera cepa de *nuyoricans* quienes impactarían enormemente la liga nacional de baloncesto.

Inicios del baloncesto puertorriqueño

El baloncesto fue traído a Puerto Rico por los soldados estadounidenses después de la invasión de 1898 y sucesivo cambio de soberanía.[131] Así lo afirma el renombrado historiador del deporte del baloncesto puertorriqueño Emilio Huyke: "El Baloncesto llegó a Puerto Rico a raíz de la Guerra Hispanoamericana, cuando unos

---

[130] "1968 NBA All-Star recap", August 24, 2017. http://www.nba.com/history/all-star/1968 (accedido el 19 de noviembre de 2018).
[131] Emilio E. Huyke, "Historia del Baloncesto en Puerto Rico", http://www.bsnpr.com/otros/historia.asp (accedido el 14 de febrero de 2018).

soldados americanos instalaron un arco de barril, como si fuera un canasto y utilizaron una pelota de fútbol para jugarlo".[132] El juego, que apenas llevaba siete años de existencia, se había popularizado recreativamente por los soldados estadounidenses, quienes proclamaron las buenas nuevas del baloncesto en la isla. Resulta impresionante cómo en menos de una década se propulsó tanto el nuevo juego que llegó a la isla. De seguro era bien divertido y muchos jóvenes fueron atraídos inmediatamente. Los estadounidenses querían jugarlo y difundirlo.

La fecha oficial en que se reconoce el inicio del deporte del baloncesto en Puerto Rico es el año 1902. Así lo atestiguó Emilio E. Huyke en la siguiente referencia:

La Federación Insular de Baloncesto (FIB) realizó entre 1936 y 1937 un estudio exhaustivo de la historia del deporte en la isla, rebuscando en viejas colecciones de periódicos y preguntando a los que habían visto jugar el deporte en sus comienzos en Puerto Rico. El estudio determinó que el Baloncesto se jugó por primera vez en la Isla alrededor de 1902 en una forma rudimentaria y elemental. Existía un gran desconocimiento de las reglas, y los partidos se jugaban en forma irregular. Las canchas eran también irregulares, puesto que se jugaba en el espacio de que se disponía. Y los aros eran fijados en tableros o en paredes.[133]

---

[132] Ibid.
[133] Emilio E. Huyke, *Los deportes en Puerto Rico,* (Sharon, Connecticut: Troutman Press, 1968), 59.

En sus inicios se jugó "como se pudiera" y cómo se les ocurría a los puertorriqueños, no se seguían las reglas estadounidenses. A primera instancia la manera en la cual se comenzó a jugar en la isla es verdaderamente admirable, pero sorprendente y jocosa a la vez. Muchas veces simplemente se llegaba al terreno de juego y se establecían las reglas allí, en el momento. Por ejemplo, la altura a la cual fijaban los canastos dependía simplemente de las facilidades de las que se disponían. Curiosamente se ha encontrado evidencia de que fueron las mujeres quienes primero se interesaron en el juego de baloncesto, tirando un balón al canasto en un partido exclusivo de féminas entre estudiantes y sus instructoras. El partido se llevó a cabo en Ponce el 13 de mayo de 1905. Las alumnas les ganaron por diez puntos a sus maestras:

Gran afición viene despertando entre el bello sexo de esta ciudad, el divertido y al par interesantísimo juego de *Basket Ball*. El jueves último tuvo efecto un reñido desafío entre distinguidas maestras y discípulas de la *High School*, el cual resultó uno de los más divertidos que se han celebrado aquí. Tomaron parte en dicho desafío, de un lado las estimables profesoras Anna Bradberry, Anna Nordell, Rafaela Capó, Miss Hansen, Miss Troy y Livia Martínez, y, del otro, el grupo de simpáticas escolares compuesto por las señoritas Felicia Luchetti, Consuelo Rivera, Providencia Capó, Constney Rudd y Margarita Sagredo. Salieron victoriosas estas últimas, por diez tantos. La animación crecía por momentos y todas esforzáronse porque el triunfo viniese a su respectivo bando. En suma, un espectáculo muy agradable e interesante por el cual enviamos nuestra felicitación a todas las señoras y señoritas que tomaron parte en el mismo.[134]

A los hombres les empezó a interesar el baloncesto organizado después de 1913.[135] En cuanto al lugar donde jugaban las canchas eran todas distintas. Se jugaba donde se pudiera y durante los primeros años simplemente no habían canchas construidas específicamente para jugar baloncesto. "En Caguas existía una cancha que tenía un árbol dentro del terreno de juego, y detrás del cual podía 'esconderse' un jugador para sorprender a sus rivales. Muchas veces también sorprendía a sus compañeros que desconocían hasta ese momento su paradero".[136] Solo existían campos de juego; las canchas tardaron más de una década en construirse. Incluso, los terrenos de juego podían variar entre 50 pies hasta más de 100 pies de largo. Así que no había medidas estándares porque existían pocas facilidades en los primeros años del siglo XX.

El baloncesto en sus inicios se jugaba exclusivamente al aire libre, no en canchas bajo techo o coliseos cerrados. No

---

[134] "Basket Ball", *The Puerto Rico Eagle*, sábado, mayo 13 de 1905, Colección privada de Benjamín Lúgaro.
[135] "100 años de baloncesto organizado en Puerto Rico", ELNUEVODIA.COM, 25 de marzo de 2013, https://www.elnuevodia.com/deportes/baloncesto/nota/100anosdeba loncestoorganizadoenpuertorico-1477374/ (accedido el 9 de febrero de 2018).
[136] Huyke, *Los deportes...*, 59.

fue sino hasta la apertura de la YMCA en San Juan en el 1913 que se pudo contar con la primera cancha bajo techo en Puerto Rico. "La YMCA tenía dos canchas, pero la que existía bajo techo resultaba muy pequeña para el público asistente y se jugó principalmente al aire libre. Ocasionalmente la lluvia obligaba trasladar el partido al gimnasio".[137]

Durante las primeras dos décadas del siglo XX se fue jugando el baloncesto más e incrementando en popularidad a través de todo el país. El deporte ganó adeptos rápidamente tomando en consideración que no había medios cibernéticos para esparcir la noticia, por lo que solo los periódicos podían difundir la cobertura.[138] Pero el hombre se encargó de hacer su trabajo. "Los primeros años del deporte en Puerto Rico fueron años de intensa promoción. Los que sabían jugar baloncesto lo enseñaron a los que deseaban aprenderlo. Así fue propagándose el deporte por toda la isla".[139]

---

[137] Huyke, "Historia del Baloncesto…", Op. Cit.
[138] Aún no habían emisoras de radio hasta que WKAQ entró al aire en el 1922 y no fue hasta que en el 1931 la cadena radial transmitió por primera vez un partido de baloncesto.
[139] Huyke, "Historia del Baloncesto…", Op. Cit..

El baloncesto se introduce en las escuelas de Puerto Rico

El baloncesto también comenzó a practicarse en las escuelas de Puerto Rico. Durante las primeras décadas del siglo XX comenzaron a llegar maestros estadounidenses con el fin de americanizar a Puerto Rico por medio de una educación obligada en inglés en las escuelas públicas del país.[140] Y como parte del proceso, se introdujo el baloncesto. Indica el historiador deportivo Huyke que:

En estos años llegó un grupo de estos maestros procedentes del *Lane Technical Institute* de Chicago. Varios de estos maestros formaron un equipo de Baloncesto... y comenzaron a viajar por la isla jugando en distintos municipios todos los domingos. De esta manera, comenzó a llevarse conocimientos básicos de la técnica del deporte a distintos puntos.[141]

De igual forma el deportista Jimmy Varas[142] afirma

---

[140] Ver Aida Negrón de Montilla, *La americanización de Puerto Rico y el sistema de instrucción pública*, 1900-1930 (Río Piedras: Editorial Universitaria, Universidad de Puerto Rico, 1977).

[141] Huyke, *Los deportes...*, 60.

[142] Jaime "Jimmy" Varas nació en el Viejo San Juan y se graduó con una Maestría en Economía de la Universidad de Madison, Wisconsin. Fue agrónomo, trabajando en el Servicio de Extensión Agrícola y en la Autoridad de Hogares, en el Censo Agrícola Federal, y fundador del Cooperativismo en Puerto Rico. Como historiador aficionado dedicó muchos años de su vida a la investigación periodística y la historia deportiva de Puerto Rico publicando en la revista *Bohemia* y el periódico *El Mundo*, entre otros. Su obra *La verdadera historia de los deportes en Puerto Rico* fue publicada en el 1984. Por sus trabajos investigativos, la Asociación de Periodistas de Puerto Rico le otorgó premios por su tesis *Romualdo Real y su obra*. Ver Luis Romero Cuevas, *Fallece Jimmy Varas de un infarto*, *El Mundo*, 25 de

sobre los detalles rudimentarios de esta etapa inicial del baloncesto en Puerto Rico que:

Luego de la práctica inicial por los soldados estadounidenses en los predios del Cuartel Ballajá, el baloncesto se introdujo en nuestras escuelas. Los jóvenes maestros estadounidenses que vinieron a Puerto Rico a enseñar inglés y otras materias, jugaron un papel protagónico en la enseñanza del baloncesto en nuestras escuelas.[143]

En la capital hubo jóvenes que pudieron tener exposición al *basketball* en la Escuela José Julián Acosta del Viejo San Juan y subsiguientemente en otras escuelas de la ciudad. El baloncesto no se había tornado aún tan popular entre los varones ni se había fundado la YMCA pero el juego sí se estaba promocionando. Para 1911, la compañía *A.G. Spalding* tenía contacto con el Departamento de Instrucción Pública de Puerto Rico auspiciando la exhibición de mallas, aros y bolas. "Para 1913, ya había 35 canchas en nuestras escuelas y para 1915 ascendían a 53".[144]

La YMCA y el desarrollo del baloncesto en Puerto Rico

Originalmente los puertorriqueños no se adaptaron a las trece reglas de Naismith y jugaron como quisieron. No

---

diciembre de 1985. 62.

[143] Ibrahim Pérez, *Los Héroes del tiempo: Baloncesto en Puerto Rico (1898-1950)*, Santo Domingo: Serigraf, S.A., 2011), 21.

[144] Ibid, 23.

sería hasta el año 1913 cuando en los terrenos de la YMCA se jugó por primera vez un partido de baloncesto "por el libro". Los puertorriqueños se tomaron una década en acoplarse a la disciplina deportiva del canasto.

La YMCA fue una de las instituciones que mayor impulso dio al baloncesto, así como a otras disciplinas deportivas y de formación juvenil en Puerto Rico, como parte de la educación y el ejercicio físico de los jóvenes. Desde el 1909 la Asociación de Jóvenes Cristianos se puso en marcha para ubicarse en San Juan. A través de George F. Tibbits, congresista estadounidense, se comenzó a levantar fondos en la isla para establecer la primera institución YMCA en las Antillas. ¿El propósito? "Dedicar los servicios a la educación física, intelectual y espiritual de nuestra juventud, dentro de un ambiente cristiano, sin propósitos sectarios".[145] Un año después finalizó la campaña capital para la construcción del edificio en San Juan. El costo del terreno fue $1.00. La construcción demoró tres años. En un día muy lluvioso del primero de enero de 1912, los organizadores colocaron la primera piedra para la construcción. Dieciocho meses después, el 1ro de junio de 1913 abrió sus puertas

---

[145] The YMCA de San Juan, "Historia: YMCA de San Juan", https://docs.wixstatic.com/ugd/d971ed_03c4c67d0f10452d8fb330c3 300f51f7.pdf (accedido el 23 de febrero de 2018).

oficialmente la YMCA en San Juan. Las facilidades estaban muy a la vanguardia:

With the establishment of a civilian colonial government after 1900 and the withdrawal of fighting forces form Puerto Rico, the Army and Navy YMCA most probably closed between 1905 and 1909 or merged with the civilian YMCA. Organizing for a civilian YMCA had begun as early as 1909 and, after raising funds locally, was built in 1912. With five thousand guests in attendance, the new YMCA building was inaugurated on Sunday, June 1, 1913, complete with an indoor pool, a gymnasium, and a basketball court.[146]

Esta facilidad fue muy importante. Era, al menos, un buen inicio y una oportunidad para ir desarrollando el deporte. Los puertorriqueños apenas sabían jugar, pero desde su invento, el baloncesto probó ser muy popular y divertido. Bajo España, realmente fueron muy pocos los deportes en equipo que se llegaron a jugar en la isla, y bien tarde bajo su colonialismo si acaso el fútbol y el béisbol se llegaron a practicar recreativamente unos años antes de la invasión estadounidense de 1898. Tampoco existe evidencia de que fuesen promovidos por el gobierno español.[147] Fue al arribo

---

[146] Antonio Sotomayor, *The Sovereign Colony: Olympic Sport, National Identity and International Politics in Puerto Rico* (Lincoln: University of Nebraska Press, 2016), 47.

[147] El Historiador Walter Bonilla establece que la guerra de independencia en Cuba trajo a la isla a un grupo de refugiados que tenían un conocimiento básico de las reglas y técnicas del béisbol, que para 1897 San Juan contaba con tres equipos y que el gobierno español publicó en el 1898 un bando prohibiendo las jugadas de

de los estadounidenses que el deporte cobró impulso, manifestándose como un vehículo colonial de la americanización. Aunque también se promovió el boxeo, el béisbol y voleibol, ninguno de estos deportes tuvo tanta acogida como el baloncesto:

The most dramatic increase in team organization occurred in basketball. Even though basketball had only two organized school teams in 1913, by 1915 there were fifty-eight. This increment in basketball popularity was the result of the work of the YMCA and of schoolteachers in local high schools who had learned from the same institution.[148]

El inicio y sucesivo desarrollo del baloncesto puertorriqueño ciertamente no fue perfecto. Tuvo grandes retos y dificultades. Eran pocos los árbitros, las canchas no

---

pelotas en las calles, plazas y paseos de la capital en respuesta a las quejas de la población urbana ante el auge bullicioso del deporte estadounidense en las vías públicas del país (Ver: *La Patria Deportiva: Ensayos sobre historia y cultura atlética en Puerto Rico*. Carlos Mendoza Acevedo y Walter R. Bonilla Carlo, editores. Aguadilla, PR: Editorial Arco de Plata, 2018. 29). El historiador deportivo Jaime "Jimmy Varas" establece que el primer partido oficial de béisbol en la isla se jugó el domingo, 9 de enero de 1898 entre los equipos de Almendares y Borinquen (Ver: Jaime Varas, *La verdadera historia de los deportes puertorriqueños*, volumen I: 1493-1904. Hato Rey, PR: Ramayo Bros. Printing, Inc., 1984. 62). Varas igualmente señala que el primer partido oficial de *Fútbol Association* en Puerto Rico se jugó en los predios del Morro en San Juan el domingo, 23 de abril de 1911 entre los equipos de Minerva y Mercurio (Ver: Jaime Varas, *La verdadera historia de los deportes puertorriqueños*, volumen II: 1905-1919. Hato Rey, PR: Ramayo Bros. Printing, Inc., 1985. 335)

[148] Sotomayor, 55.

eran buenas ni los que intervenían en el deporte ni el público tenían una idea muy firme respecto a la disciplina. También era factor la cuestión de la asimilación de la cultura estadounidense. Muchos no estaban de acuerdo, otros sí. Edwin Schoenrich, director estadounidense de la Escuela Superior de Guayama, escribió un artículo sobre todos los contratiempos y dificultades que enfrentaba la educación física y el desarrollo del deporte en Puerto Rico. Principalmente lo que demostró con su artículo fue el poco esmero con el cual los maestros estadounidenses- en su trato paternalista hacia los puertorriqueños y misión imperialista de americanización- motivaban la práctica seria del deporte.

Así las cosas, pueden verdaderamente cuestionarse los intereses benevolentes de la mayoría de los maestros por impulsar el deporte, pero francamente también hubo estadounidenses que trabajaron a favor del desarrollo del baloncesto en la isla. Schoenrich abogó para que las escuelas desarrollaran sus programas atléticos e insistió en su importancia para desarrollar un espíritu de lealtad y orgullo hacia su escuela. Para él, el baloncesto era la clave:

Basketball is the perfect sport to develop this school spirit; baseball fields are too far away and the game is boring and lacks physical contact. Football and tennis are too expensive; volleyball is really a playground game, and soccer is not American. What Puerto Ricans need is an inexpensive, aggressive, and accessible sport, such as basketball, in order to develop school spirit and escape "tropical stagnation".[149]

¡El baloncesto sería el deporte de los puertorriqueños! ¡Nuestro deporte nacional!

Las primeras ligas y asociaciones puertorriqueñas promotoras del baloncesto

La apertura de la YMCA[150] en San Juan en 1913 dio un impulso al baloncesto organizado. Ya establecida la YMCA en el área de Puerta de Tierra en San Juan, la institución estableció los primeros torneos entre sus miembros y en 1922 creó su propia organización: la Liga de Baloncesto de San Juan (SBL). Esta fue la primera organización baloncelística en Puerto Rico.[151] Los partidos se jugaban en cuatro cuartos de 10 minutos, con un descanso de un minuto entre cuartos y uno de cinco minutos en la mitad. El arbitraje era un problema serio al saber "pitar" solo unos pocos puertorriqueños.[152]

Entre 1915 y 1930 había equipos competitivos organizados a través de la isla. Entre ellos estaban Río

---

[149] Ibid, 57.

[150] El mismo edificio es conocido en el 2018 como la Casa Olímpica, sede del Comité Olímpico de Puerto Rico desde la reinauguración del edificio en el 1992.

[151] Emilio Huyke, "El Baloncesto en Puerto Rico", *El Imparcial*, mayo-julio, 1955, 1. Colección privada de Benjamín Lúgaro.

[152] Pérez, Op.cit. 25. "Pitar" es sinónimo de oficializar un partido.

Piedras, Canóvanas, Naguabo, Bayamón, Vega Baja, Ciales, Arecibo, Quebradillas, Caguas, Cabo Rojo, Ponce, Juncos, San Sebastián y Morovis.[153] En menos de 30 años el *basketball* era un fenómeno global y de gran auge local. Los puertorriqueños, poco a poco, se iban organizando: "Por intuición los primeros equipos de Baloncesto de puertorriqueños comprendieron que el Baloncesto era algo más que tirar al aro, o pasarse el balón, o rebotarlo en el terreno, y comenzaron a improvisar jugadas".[154] Durante estos primeros años hubo una transición de un baloncesto rudimentario hacia uno más técnico. Todo fue debido al auge popular tan inesperado. El baloncesto fue desarrollándose al paso con tal de poder ser más competitivo. Del 1925 al 1929 se celebran numerosos torneos auspiciados por la *San Juan Basketball League*, los Caballeros de Colón, los militares de Ballajá, Floral Park, el Dr. Julio Torres Hernández y otras entidades y personas. Fue una "etapa de siembra, trasplante y de florecimiento cual gigantesco cafetal. La recogida está próxima".[155] La técnica del deporte comenzó a incorporar "jugadas" y "combinaciones". Pero aún hacía falta una entidad que organizara torneos a nivel insular.

---

[153] Pérez, Op. Cit. 65.
[154] Ibid.
[155] Huyke, "El Baloncesto…", Op. Cit.

El 12 de enero de 1930 nació la Asociación Puertorriqueña de Baloncesto (APB) en el *Riverside Sporting Club* de Mayagüez.[156] Bajo su dirección, la liga profesional del país celebró su primer partido el 11 de febrero de ese año. Se enfrentaron los equipos de Floral Park de Hato Rey y el *Army*. Fue el nacimiento de la liga nacional puertorriqueña. No obstante, hubo mucha inestabilidad y discrepancias con el arbitraje y con decisiones ejecutivas. El partido tuvo una asistencia de 1,200 fanáticos y contó también con la presencia del gobernador de Puerto Rico, Theodore Roosevelt, Jr. El partido fue dominado por Floral Park con marcador de 56-7. Por los ganadores, el mejor anotador fue Manuel Carrasquillo Herpén, con 18 puntos. La temporada de 1930 contó magistralmente con diez equipos: San Juan, Floral Park, Loíza, *Army*, Bayamón, Ciales, Arecibo, San Germán, Isabela y Quebradillas. El torneo culminó el 15 de mayo con una victoria de San Juan sobre Bayamón 33-17 para proclamarse campeones.[157] La APB solo duró dos años, al dividirse en el 1931 y luego desaparecer, debido a constantes polémicas.

---

[156] Ibid.

[157] Luis Modestti, "El BSN cumple 88 años", 11 de febrero de 2018, http://www.bsnpr.com/ noticias/detalles.asp?r=+16957#.WoED46inGUk (accedido el 11 de febrero de 2018).

El baloncesto en Puerto Rico demostró desde sus orígenes que era un deporte muy apreciado por el pueblo. Su acogida era tan importante que no tardaría mucho en difundirse por radio. "El tres de diciembre de 1922 se inauguró a las ocho de la noche la estación WKAQ dentro de la frecuencia de 833 kilo Hertz, primera emisora de radio en Puerto Rico, segunda de Hispanoamérica y quinta del mundo".[158] En menos de una década el baloncesto nacional estaría al aire a través de las ondas radiales de la misma estación. La primera transmisión radial de un juego de baloncesto en Puerto Rico se llevó a cabo a través de la radioemisora WKAQ, desde la cancha de Floral Park, en Hato Rey, el 31 de marzo de 1931, en un juego entre Arecibo y San Juan Matías. Este último ganó con anotación de 22 por 15. La narración estuvo a cargo de Carlos García de la Noceda, con comentarios de Rafael Pont Flores.[159]

En el 1931 se fundó la Asociación Deportiva de Puerto Rico (ADPR). Los torneos de 1933 y 1934 fueron celebrados por la recién creada ADPR. Sin embargo, en 1934 se

---

[158] Milton Rúa de Mauret, "La Calle Tanca: Donde nace la primera emisora de radio en Puerto Rico", *El Adoquín Times,* mayo 13 de 2016, https://eladoquintimes.com/2016/05/13/la-calle-tanca-donde-nace-la-primera-emisora-de-radio-en-puerto-rico/ (accedido el 23 de febrero de 2018).
[159] Pérez, 15.

disolvió.[160] Evidentemente la estabilidad de las primeras ligas y asociaciones de baloncesto en Puerto Rico fue muy débil, fallando cada una en mantenerse con vida por más de dos años.

Solo habían pasado dos décadas cuando se decidió llevar un conjunto para jugar fuera del país. Esto ocurrió entre el 16 de marzo y el 5 de abril de 1935 en los III Juegos Deportivos Centroamericanos y del Caribe celebrados en El Salvador. Puerto Rico llevó siete jugadores de baloncesto y completó el equipo con hombres que habían competido en atletismo.[161] Era la primera experiencia real de Puerto Rico en el baloncesto internacional, compitiendo en un torneo contra México, Panamá y Cuba. Los "jíbaros" de Puerto Rico tuvieron una lúcida actuación quedando en tercer lugar tras México y Cuba.[162]

Tan buena representación internacional sirvió para aumentar el ánimo de los amantes del deporte. Pese a las dificultades e inestabilidad en mantener las ligas, asociaciones y equipos, la expansión del baloncesto en la isla

---

[160] Huyke, "El Baloncesto…", Op.cit.
[161] En estos juegos varios atletas puertorriqueños participaron en diversos deportes. Entre ellos, Hiram Bithorn, primer puertorriqueño en jugar en las "grandes ligas" del béisbol estadounidense (MLB), formó parte de los equipos de baloncesto y voleibol, logrando obtener medallas de plata y bronce, respectivamente. .
[162] Huyke, *Los deportes…*, 72.

prosiguió sin detención. Líderes recreativos organizaron pequeñas ligas y talleres en San Juan y en otros municipios. Pero eventualmente el baloncesto pasó a ser administrado por el gobierno central. El torneo de 1936 se celebró bajo la dirección de la Comisión de Deportes y Recreo Público de Puerto Rico.

A finales de 1936 nació una nueva organización, presidida por Emilio E. Huyke: la Federación Insular de Baloncesto de Puerto Rico (FIB). Esta se convirtió en ente oficial para organizar el desarrollo estructurado del deporte. Bajo el liderazgo de Huyke se crearon las bases del baloncesto moderno y Huyke se ganó el título del "Padre del Baloncesto Puertorriqueño". El *basketball* había llegado para quedarse. La idea de Huyke con la FIB estaba fundada en organizar el deporte sobre bases estables y con una serie de ideas de gran creatividad. Crearon el Club de Futuras Estrellas de Baloncesto, el primer movimiento en el mundo para la organización del baloncesto a nivel infantil.[163]

Para junio de 1937 se creó la categoría superior con el nombre de Liga Puertorriqueña. Esta liga duró 12 años, hasta abril de 1949, desde luego la Administración de Parques y Recreo Público se hizo cargo del baloncesto superior. "Al

---

[163] Huyke, "Historia del Baloncesto...", Op. cit.

formarse la Liga Puertorriqueña de Baloncesto, el primer presidente es el Dr. Ubaldino Ramírez de Arellano. La reunión de organización se realiza un domingo por la tarde en casa de la familia Otero en Santurce. La Liga se afilia a la FIB y su presidente Emilio Huyke, asistió a la reunión. Se discutió la constitución y reglamento aprobándose ambos.[164] Para Huyke la liga fue un objetivo, una sembradora, una cosechadora de laureles".[165]

A finales de la década de 1930 hubo intercambio de conocimiento técnico del juego de baloncesto. La FIB logró el respaldo del Instituto de Turismo para conmemorar 25 años de Baloncesto Reglamentario en Puerto Rico. Tal respaldo era la ayuda económica para traer a Puerto Rico uno de los equipos del baloncesto colegial de Estados Unidos. La Universidad de Long Island acordó participar y arribó en septiembre de 1938 para celebrar una serie de partidos entre la universidad y equipos de toda la isla. Entre estos figuraron los Cardenales de Río Piedras, los Bayamón *Giants*, los San Juan *Eagles*, los Isabela *Five*, los Comerío *Stars* y muchos otros más. La escuadra estadounidense permaneció en la isla

---

[164] Pepo Talaveras, "Comienzos de nuestro baloncesto organizado", *Pivote*, año 1, octubre de 1971, 1, Colección privada de Benjamín Lúgaro.
[165] Emilio Huyke, "La Liga Puertorriqueña de Baloncesto…", *Puerto Rico Deportivo*, agosto de 1949, 6, Colección privada de Benjamín Lúgaro.

del 5 al 22 de septiembre y su visita fue reseñada en el periódico *El Mundo*:

En la madrugada del lunes 5 de septiembre y a bordo del vapor 'Borinquen' de la *New York and Porto Rico Line*, llegarán a la Isla: el conocido crítico norteamericano Frank G. Menke, y su señora esposa; el doctor Tristram Walker Metcalfe, canciller de la Universidad de Long island, el equipo de baloncesto de dicha institución y el apoderado y entrenador del conjunto, profesor Clair F. Bee, para participar destacadamente en los actos relacionados con la celebración del vigesimoquinto aniversario de la introducción del baloncesto en la isla.[166]

El estilo de juego estadounidense sería adaptado y puesto en marcha por los equipos del patio en las décadas posteriores. En 1939, Felicio M. Torregosa había regresado al país luego de especializarse en la técnica del baloncesto en la Universidad de Syracuse y comenzó a enseñar cómo se desarrollaban jugadas ofensivas y se establecían medios defensivos. Otros puertorriqueños le siguieron los pasos y estudiaron en Estados Unidos para luego regresar a la isla e instruir sobre la técnica del deporte. Equipos profesionales y de universidades también vinieron a jugar con nativos. Durante épocas especiales se organizaron juegos internacionales que lograron el crecimiento y desarrollo de

---

[166] FJB, "Programa de actividades del jubileo de Baloncesto", *El Mundo,* 27 de agosto de 1938, p.11
http://www.puertadetierra.info/noticias/1938/programa_jubileobalon cesto.htm (accedido el 25 de febrero de 2018).

los atletas puertorriqueños.

Entre 1949 y 1953 el gobierno de Puerto Rico se hizo cargo del baloncesto porque la FIB se disolvió en 1949. Fue entonces cuando la Comisión de Parques y Recreo Público (CPRP) tomó las riendas del deporte por cuatro temporadas bajo la dirección de Julio Enrique Monagas.[167] Bajo su mando operacional se inauguraron nueva canchas y se comenzó a jugar sobre tableros de madera en las pobladas ciudades principales del país: de San Juan, Ponce y Arecibo. En 1950 la CPRP cambió de nombre a Administración de Parques y Recreo Público. La APRP entonces estuvo a cargo del torneo nacional, llamado División Superior de Baloncesto (DSB). A raíz de ello, los apoderados de los

---

[167] Julio Enrique Monagas fue atleta y periodista en los VI Juegos Centroamericanos y del Caribe de 1938 en la ciudad de Panamá. Desde 1941 fue el director de la Comisión de Deportes y Recreo Público, cuya función era regular el deporte en la isla. Esta agencia gubernamental cambió de nombre en el 1947 a la Comisión de Parques y Recreo Público y en el 1950 pasó a conocerse como la Administración de Parques y Recreo Público. Desde 1980 hasta el presente 2018 esta agencia es conocida como el Departamento de Recreación y Deportes. Monagas fue la mente maestra detrás del envío de selecciones nacionales puertorriqueñas a jugar en el extranjero con el objetivo de darle mayor exposición internacional al país. Es principalmente reconocido como el "Padre del Olimpismo Puertorriqueño" por figurar como el boricua más activo en el surgimiento y desarrollo de los deportes olímpicos en la isla. Bajo su iniciativa el Comité Olímpico Internacional reconoció al Comité Olímpico Puertorriqueño en el 1948. Ese mismo año Puerto Rico debutó en las Olimpiadas de Londres con una delegación de nueve atletas y obtuvo medalla de bronce en boxeo.

equipos de la División Superior crearon en el 1954 el Circuito de Baloncesto Superior (CBS), para así tener control total sobre la organización y la liga. Este nombre permaneció intacto hasta la temporada de 1968. En el 1969 inició el Baloncesto Superior Nacional (BSN).[168]

---

[168] Luis Modestti, oficial de prensa del Baloncesto Superior Nacional (BSN). Email, 17 de febrero de 2018.

III

Transculturación y contexto, 1940-1969

Puerto Rico y Estados Unidos entre las décadas de 1940 a 1960

Las décadas de 1940 a 1960 fueron difíciles para gran parte de la población mundial. La Segunda Guerra Mundial concluía en 1945 y se adentraba en la Guerra Fría. En Estados Unidos se comenzaba a desarrollar una ideología de extremismo y persecuciones justificadas por el temor al comunismo. La economía estadounidense se expandió pero no de manera igualitaria. A los blancos generalmente les fue bien, con oportunidades de crecimiento, pero no así para la comunidad afroamericana. Esto provocó un descontento que llevó a una lucha por derechos civiles, liderada por el Dr. Martin Luther King Jr., activista social y ministro bautista, para combatir la segregación racial y el discrimen rampante. Militantes ultra derechistas naturalmente vincularon en conjunto al comunismo con el movimiento por los derechos civiles alegando que si las minorías llegaban al poder, redistribuirían las riquezas nacionales.[169]

---

[169] Penn State College of Earth and Mineral Sciences, "The Roots of Extremism: 1940s-1960's, https://www.e-

111

En el 1948 se aprobó en Puerto Rico la Ley 53, denominada "Ley de la Mordaza", por medio de la cual el gobierno tenía los medios legales para arrestar y multar a cualquier persona por la mera sospecha de conspirar contra la seguridad pública.[170] Por el simple hecho de encontrarse una bandera de Puerto Rico o cualquier otro material alusivo a la nacionalidad puertorriqueña, se podía ser encarcelado, multado, golpeado y hasta desaparecido. Había demasiadas razones para mirar hacia "el norte" y huir de la isla si tan solo se soñaba con "tener vida"… y tenerla en abundancia.

La sesión legislativa en la cual se aprobó la Ley 53 sería catalogada desde sus inicios como una burla a la democracia. El Representante a la Cámara de Representantes y legislador aguadillano Baltazar Quiñones Elías fue uno de los legisladores que con mayor énfasis se opuso a la medida alegando que era inconstitucional, a que carecía de claridad, por entender que se podía prestar para persecuciones políticas arbitrarias, y porque él era "hijo" de la histeria nacional colectiva que estaban viviendo muchos dirigentes gubernamentales.[171]

---

education.psu.edu/geog571/node/323 (accedido el 16 de marzo de 2018).

[170] Ivonne Acosta, *La Mordaza: Puerto Rico 1948-1957* (Rio Piedras: Editorial Edil, Inc., 1998), 74.

[171] Ibid, 76.

La mordaza fue una ley represiva. Su existencia misma era el arma escondida que pretendía amedrentar a todo el que presentara problemas políticos al gobierno, particularmente las minorías. El foco principal seguía siendo la Universidad de Puerto Rico.[172] Se suponía que solo fuese una medida preventiva, pero tan pronto fue aprobada se movilizó un aparato policiaco para recoger evidencia, sobre todo de las palabras subversivas.[173] Es como si desapareciera la libertad de expresión, conciencia y prensa. Muchas familias inocentes fueron fuertemente afectadas.

Esta histeria colectiva en contra de independentistas, nacionalistas, socialistas y otros grupos estuvo fuertemente influenciada por la misma ola de temor que arropaba a la nación estadounidense en torno al comunismo. La *Smith Act* o Ley de Registración Extranjera de 1940 fue una ley federal que convertía en ofensa criminal el abogar por el derrocamiento violento del gobierno, organizarse con tales fines, o por pertenecer a alguna afiliación con pretensiones o tendencias izquierdistas. Una década después, surgió el *McCarthyism*, nombre que se le dio a la época de persecución masiva comunista basada meramente en sospechas y temor infundado. En plena Guerra Fría y enfrentamiento ideológico

---

[172] Acosta, 116.
[173] Ibid, 122.

113

contra la Unión Soviética, la Guerra Civil China y los conflictos en Corea y Vietnam, todo aparentaba que la amenaza "roja" era real. Se creó un ambiente de terror y preocupación.

El Senador Republicano de Wisconsin, Joseph MacCarthy, aprovechó la circunstancia para producir una serie de investigaciones y audiencias dirigidas a encausar a supuestos miembros infiltrados en varias agencias gubernamentales. Por 36 días se televisaron las audiencias dirigidas de McCarthy sobre posible espionaje y lealtad dentro del Departamento del Estado, la *CIA* y el *Army*. La paranoia se expandió por plena sociedad y en Puerto Rico se representó lo propio contra cualquiera que pensara distinto. Muchos de los reclamos de McCarthy fueron considerados descaros personales hasta que el abogado del *Army*, Joseph Welch, le preguntó en pleno juicio: *"Have you no sense of decency, sir, at long last? Have you left no sense of decency?"*[174] La figura de McCarthy fue muy polarizante y eventualmente fue censurado por el Senado de Estados Unidos el 2 de diciembre de 1954.

La década de 1950 también se caracterizó por el

---

[174] Senate Resolution 301: Censure of Senator Joseph McCarthy, December 2, 1954, https://www.ourdocuments.gov/doc.php?flash=false&doc=86 (accedido el 16 de marzo de 2018).

114

cambio del estatus político de Puerto Rico. Luis Muñoz Marín y el PPD atendieron la cuestión probablemente beneficiándose de la influencia internacional que ejerció la Organización de las Naciones Unidas (ONU) en el mundo. Al concluir la Segunda Guerra Mundial, en 1945, la ONU promovió el fin de todo coloniaje. Le exigió a las potencias imperialistas informes periódicos sobre los pueblos bajo su dominio. Aún más importante fue el hecho de que la ONU solicitó y exigió que las potencias informaran acerca de las medidas que se habían tomado para que los pueblos coloniales pudieran ejercer su derecho a la autodeterminación.

La situación económica, política y social de Puerto Rico se encontraba fuertemente en crisis a causa del colonialismo estadounidense, que llevaba ya más de 50 años. El pueblo puertorriqueño anhelaba a todo suspiro una alternativa mejor. Muñoz Marín reconocía esto, habiendo él mismo querido un cambio, y fue con esta antesala que comenzó a promover la autonomía para Puerto Rico.

¿Por qué esta posición? Pensaba que Puerto Rico sólo podía salir de su crisis económica bajo una relación positiva con Estados Unidos. Para Muñoz Marín, la autonomía era "lo mejor de dos mundos": algunos elementos de la estadidad y otros de la independencia. El Estado Libre Asociado (ELA), establecido en 1952, ofrecía 4 beneficios enormes que, a su entender, no se podían dejar perder: 1) moneda 2) defensa 3) ciudadanía y 4) economía común con los Estados Unidos. Para Luis Muñoz Marín el ELA era la mejor alternativa porque se presentaba más ventajosa que la estadidad federada o que la independencia.

Pero en esencia, había un problema fundamental por el cual muchos nunca quisieron tener nada que ver con la creación del nuevo gobierno: que no lo veían como uno que descolonizara a Puerto Rico de verdad. ¡Y qué problema grande fue éste! Muñoz Marín tenía que resolverlo en lo práctico y lo jurídico. En cuanto a lo primero, debía permitírsele a los puertorriqueños control total sobre su gobierno local, modificando la relación con Estados Unidos para que disminuyera las restricciones existentes. Estados Unidos no podía continuar con su posición de que los puertorriqueños "no eran aptos para gobernarse por sí solos". Afortunadamente, la Segunda Guerra Mundial y la posición anticolonial de la ONU contribuyeron a resolver estos dilemas, apoyando a los puertorriqueños que también abogaban por lo mismo.

En cuanto a lo segundo, según independentistas y otros críticos de la Constitución del Estado Libre Asociado, existía un problema jurídico: se le tenía que quitar la condición de "territorio" o "colonia" a la isla, pero el problema residía en el hecho de que la Constitución estadounidense estipulaba la existencia de sólo dos entidades políticas: estado o territorio. Por lo tanto, la fórmula del Estado Libre Asociado creaba una seria controversia constitucional. Pero mantenerse completamente bajo el mando del Congreso significaba seguir siendo una colonia y al menos, a nivel moral y de dignidad, merecía consideración.

Los estadolibristas diferían. El exgobernador Rafael Hernández Colón, en su ensayo "Sobre la naturaleza del Estado Libre Asociado III", provee un profundo análisis que explica que la creación del Estado Libre Asociado de ninguna manera representaba un *issue* constitucional. Según Hernández Colón, los trece estados originales que constituyeron los Estados Unidos de América en 1776 lo hicieron como estados soberanos, libres e independientes y después vinieron los territorios. Por ende, la premisa de la inconstitucionalidad de otras formas de relación con Estados Unidos más allá de solamente Estados o territorios no tenía fundamento.[175] Así lo explicó el Exgobernador:

---

[175] Rafael Hernández Colón, "Sobre la naturaleza del Estado Libre Asociado III" en Neysa Rodríguez Deynes, ed., *Pensamientos y Reflexiones de Rafael Hernández Colón,* (Ponce, Puerto Rico: Fundación Biblioteca Rafael Hernández Colón, 2010), 38.

El Congreso no renuncia a la soberanía de un territorio al crearle un gobierno territorial. En este caso, meramente está constituyendo una agencia que ejercerá las funciones de gobierno territorial. Pero cuando el Congreso autoriza, mediante ley, que los habitantes de un territorio redacten su propia constitución, es necesario que renuncie a la soberanía que ejerce dentro del territorio.[176]

Esta ley de autorización significa que el Congreso le permite al territorio hacer algo que hasta el momento le era ilegal: crear su propio gobierno. Hasta ese momento los territorios han estado sujetos a los poderes plenarios del Congreso. Al crearse la ley de autorización, el Congreso remueve el impedimento para autogobernarse y les permite redactar su propia constitución y formar su propio gobierno. De esa forma el Congreso renuncia a la soberanía del territorio y sólo retiene aquellos poderes que conciernen a la esfera estatal".[177]

Según Hernández Colón:

Cuando se analiza el caso de Puerto Rico es indispensable conocer los procedimientos mediante los cuales se han formado los estados de Estados Unidos, específicamente aquellos que previamente fueron territorios. La Ley 600 del Congreso autorizó al pueblo de Puerto Rico en 1950 a redactar su constitución y crear su propio gobierno. En ese sentido el caso de Puerto Rico ha sido igual que el de los

---

[176] Ibid.
[177] Ibid, 42.

demás estados de la Unión.[178]

El historiador Fernando Picó analiza el proceso de conceptualización del Estado Libre Asociado por Luis Muñoz Marín indicando que éste "creía que sería imposible conseguir la autonomía que deseaba de un solo golpe".[179] Así que "decidió rebajar sus demandas y luchar poco a poco buscando lo máximo hasta conseguir todos los objetivos primordiales que quería pero consciente a la realidad".[180]

Entonces, ¿cuáles serían esos objetivos primordiales? 1) Remplazar el gobierno impuesto por la Ley Jones por uno creado y controlado totalmente por puertorriqueños, 2) intentar quitarle a Puerto Rico su condición de territorio, y 3) limitar el daño que podrían hacerle a la libertad de acción del nuevo gobierno algunas de las relaciones existentes con Estados Unidos.[181]

Con la Ley Pública 600 se vio un cambio en cuanto al gobierno local. La Ley afirmaba lo siguiente: "reconociendo ampliamente el principio del gobierno por consentimiento de los gobernados" el gobierno federal "aprueba esta Ley 600,

---

[178] Ibid, 43.
[179] Fernando Picó, ed., *Luis Muñoz Marín: Perfiles de su Gobernación 1948-1964,* (San Juan, Puerto Rico: Fundación Luis Muñoz Marín, 2003), 232.
[180] Ibid.
[181] Ibid.

con el carácter de un convenio…", y a incluir una cláusula que establecía que dicha ley congresional se sometería a la consideración del pueblo puertorriqueño. El Partido Popular Democrático propulsó la Ley 600 porque vio una gran victoria hacia la autonomía, y en parte, porque temía perderla completamente.[182] Los dirigentes del PPD entendieron que una vez el pueblo de Puerto Rico escogiera su propia forma de gobierno, en su caso la autonomía, esto valdría como evidencia de descolonización por el hecho de que ninguna de las dos partes podía modificar o anular unilateralmente el convenio.

El Gobierno de Puerto Rico se estaba moviendo y en realidad se estaba trabajando con el bien del país en mente. Pero luchar con un Estados Unidos tan conservador y controlador fue bien difícil. Para muchos, todo aparentaba ser un juego de palabras. Aun así, la Ley 600 fue aprobada por el Congreso el 30 de junio de 1950, firmada por el Presidente Harry S. Truman el 3 de julio de 1950 y ratificada por el pueblo de Puerto Rico en referéndum el 4 de junio de 1951. Esta ley autorizó al pueblo puertorriqueño a redactar su propia constitución. Una vez aprobada la Ley 600, la Legislatura de Puerto Rico aprobó la Ley 1 del 1 de julio de

---

[182] Ibid.

1951 para la creación de una Asamblea Constituyente que redactara la Constitución de Puerto Rico. Luego de ser aprobada por la Asamblea Constituyente, la misma fue aprobada por el pueblo de Puerto Rico en referéndum el 3 de marzo de 1952.

El proceso continuó y bajo la Ley 447 del 3 de julio de 1952 el Congreso de los Estados Unidos aprobó la Constitución de Puerto Rico con dos enmiendas. La ley Fue firmada por el Presidente de los Estados Unidos ese mismo día. El 25 de Julio de 1952 el Gobernador Luis Muñoz Marín proclamó el establecimiento del Estado Libre Asociado de Puerto Rico frente al Capitolio e izó oficialmente la bandera de Puerto Rico.[183] Finalmente, luego de tanta lucha y expectativa, se había logrado el objetivo del PPD.

La realidad es que la década de 1950 fue muy tumultuosa para Estados Unidos en términos económicos, políticos y

---

[183] Los Juegos Olímpicos de 1952 se celebraron en Helsinki, Finlandia entre el 19 de julio y el 3 de agosto. Tan pronto llegaron las noticias de la inauguración de la Constitución del Estado Libre Asociado (ELA) de Puerto Rico al Comité Olímpico Internacional (COI), se procedió a enarbolar la "monoestrellada", a una semana del inicio de los juegos. La nueva bandera del ELA sustituyó la bandera blanca con el escudo y el cordero que habían utilizado los atletas boricuas desde las Olimpiadas de Londres, Inglaterra de 1948. En Helsinki también fue la primera vez que los deportistas puertorriqueños cantaron su himno nacional, "La Borinqueña" y a lágrima viva. Ver Fundación Nacional para la cultura popular, "'Londres 1948' según Ramón Muñiz", 5 de octubre del 2012, https://prpop.org/2012/10/londres-1948-segun-ramon-muniz/.

sociales. Económicamente la nación se estuvo reponiendo, luego de la Gran Depresión de los '30 y cuatro años de guerra en los '40, cuando sin siquiera deleitarse en paz plena la nación se vería nuevamente involucrada en un nuevo enfrentamiento. Del 25 de junio de 1950 al 27 de julio de 1953 Estados Unidos se vería envuelto en la Guerra de Corea, tratando de preservar la democracia occidental desde el sur de la península en los primeros indicios de la Guerra Fría. La guerra le costó $341 billones a Estados Unidos, dividió permanentemente a la península coreana, dejó sobre 50,000 muertes y distanció más aun las políticas internaciones entre Estados Unidos y la Unión Soviética todo sin definir exactamente los resultados de la guerra coreana; que solo concluía con un cese de fuego militar.

En los años '40 en Puerto Rico existía hambre real, atraso en el desarrollo público, violencia, una seria confusión de identidad nacional y sobre todo una pobreza contumaz. "La concentración de tierras, el monocultivo azucarero, la decadencia del café y la escasez de frutos menores terminó empobreciendo a la mayoría de la población".[184] La precaria situación socioeconómica de Puerto Rico a mediados del siglo XX, a la vez que transicionaba de una cultura agrícola

---

[184] Carlos E. Severino Valdez, César Solá García y otros, *Puerto Rico: raíces y evolución* (San Juan, PR: Editorial Norma, 2009), 250.

a una industrial, causó una emigración masiva del pueblo puertorriqueño principalmente hacia los Estados Unidos. Entre 1950 hasta 1954 se estima que emigraron de la isla 237,000 personas.[185]

Durante los '50, muchas familias fueron motivadas a salir de la isla por mejores oportunidades de empleo en las zonas urbanas, modernas e industrializadas del noreste de Estados Unidos. Así lo describe el historiador Francisco Scarano:

Mientras se desenvuelve esta sangría de talento principalmente joven, la prensa puertorriqueña anuncia, optimista, la inauguración de fábricas por doquier. Presagian la llegada de la era industrial, cuyas oportunidades -y problemas- son aún insospechados. El contraste señalado por estos hechos simultáneos - emigración y apertura de fábricas en la isla- simbolizan las caras anversas de la transformación boricua.[186]

Como iniciativa de estímulo económico, el gobierno de

---

[185] "Superada la migración boricua del 50", ELNUEVODIA.COM, 1 de mayo de 2016, http://www.elnuevodia.com/noticias/locales/nota/superadalamigraci onboricuadel50-2193771/ (accedido el 20 de marzo de 2017). La cifra es comparable a la vivida en Puerto Rico durante el 2018. Debido a los efectos devastadores del Huracán María sobre Puerto Rico el 20 de septiembre del 2017, un evento histórico y catastrófico, la emigración de la isla fue y continúa siendo alarmante. Un estudio realizado por el Centro para Estudios Puertorriqueños de la Universidad del Estado de Nueva York estima que para el 2019, Puerto Rico perderá un 14% de su población.

[186] Francisco A. Scarano, *Puerto Rico: Cinco siglos de historia* (México: McGraw-Hill, 2004), 810-811.

Puerto Rico promovió programas de industrialización que fueron diseñados para proveerle a la isla un plan de desarrollo de capital. En la década de 1930 se había quebrado la economía isleña y se necesitaba fomentar otros recursos económicos urgentemente. El Partido Popular Democrático (PPD) y su enérgico fundador y líder Luis Muñoz Marín decidieron que era sumamente importante la industrialización del país.

Para 1947 el PPD concibió un plan de industrialización cuyo objetivo era la modernización de Puerto Rico para poder brindarle a los puertorriqueños mejores oportunidades económicas. El plan se llevó a cabo por la Administración de Fomento Industrial bajo el nombre de Operación Manos a la Obra (OMO), que estuvo a cargo de su gestor y director de la agencia, el farmacéutico ponceño Teodoro Moscoso.

Para la década de 1930 Moscoso trabajaba en el negocio de su padre en Ponce, las Farmacias Moscoso. La historiadora Neysa Rodríguez Deynes narra una anécdota que le fue contada por el propio Moscoso y evidencia la forma en la cual entró al servicio público del país:

En una visita que hiciera Eleanor Roosevelt, esposa del Presidente de Estados Unidos Franklin D. Roosevelt a Ponce en 1934, en compañía de cuatro miembros de una comisión enviada por el Presidente para analizar la situación de Puerto Rico y rendirle un informe directamente a él, entraron todos a la Farmacia Moscoso a tomar un refrigerio. Allí conocieron al joven Moscoso, recién graduado de la Universidad de Michigan y entablaron una amistosa conversación con él. La Sra. Roosevelt y sus colegas quedaron muy impresionados por la inteligencia y la preparación académica de Moscoso, quien conversó con ellos de temas de planificación urbana, desarrollo económico y muy especialmente de desarrollo agrícola. Incluso, conversaron sobre temas de interés común como lo eran los programas del Nuevo Trato del Presidente Roosevelt. Fue a raíz de este encuentro que Teodoro consideró dejar la farmacia e incursionar en la vida pública de Puerto Rico. [187]

Así las cosas, Moscoso dejó el negocio familiar para iniciarse en la Autoridad de Vivienda de Ponce. En medio de la Gran Depresión logró conseguir un subsidio del Gobierno Federal de Estados Unidos por dos millones de dólares con los que ayudó a la construcción de mil hogares en la ciudad de Ponce. Este éxito llamó inmediatamente la atención de altos oficiales del gobierno del país.

En 1940 Moscoso ingresó al recién fundado Partido Popular Democrático (PPD). Sirvió en la Legislatura y colaboró en hacer realidad la visión de la industrialización para Puerto Rico del entonces Senador por el PPD Luis

---

[187] En esta época se acostumbraba que las farmacias y otros negocios similares contaran con una fuente de soda. La anécdota fue contada a José J. Ruiz Pérez por la Dra. Neysa Rodríguez Deynes, a raíz de la entrevista que ésta sostuvo con Teodoro Moscoso en 1988 como parte de su investigación histórica para su tesis doctoral *The Transformation of the Political Ideology of Luis Muñoz Marín*, The University of Mississippi, 1992.

Muñoz Marín. A raíz de los nuevos cambios de agencias y entidades en el gobierno, se estableció la política gubernamental implementada por la Compañía de Desarrollo Industrial de Puerto Rico, mejor conocida como "Fomento", a la cual Moscoso fue nombrado director ejecutivo en 1942.

Puerto Rico estaba en crisis. Para tener una idea de lo grave de la situación económica en la isla para la década de los '40 el Gobernador Rexford G. Tugwell escribió en sus memorias lo siguiente:

Nos sentamos, desvalidos, en nuestra isla mientras hundían un barco tras otro de los que se dirigían hacia nosotros con alimentos, medicinas, equipo para combatir fuegos, municiones y todas la demás necesidades. Nuestras pérdidas excedieron gradualmente los que llevaban a salvo. Nuestros hospitales se abarrotaron de pasajeros y marinos rescatados; nuestros almacenes fueron quedándose sin alimentos; se hizo menos raro cada vez el pedir que nos enviaran desde tierra firme un avión lleno de cargamentos urgentes: cloro para el sistema de acueductos; insulina y drogas de sulfa; piezas de repuesto para alguna máquina esencial. Pero nuestra peor preocupación eran los comestibles. Apenas podíamos obtener 30,000 toneladas de éstos mensualmente por vía aérea.[188]

Tras la elección de Luis Muñoz Marín como gobernador en 1948, Moscoso pasó a desarrollar Operación Manos a la Obra (OMO), programa concebido,

---

[188] Rexford G. Tugwell, *The Stricken Land* (Garden City, New York: Doubleday & Co., Inc.1947), 212.

promocionado e implementado por él. El ambicioso proyecto proveyó las bases para que Puerto Rico se transformara de una sociedad agrícola en una altamente industrializada. Moscoso tuvo un éxito sin precedentes a la hora de atraer inversiones de capital del mundo entero. Entre 1950 y 1970 Puerto Rico se convirtió en el "Milagro del Caribe", como consecuencia de su rápido progreso económico. La publicación *The Economist* lo describió así: "Un siglo de desarrollo económico... logrado en una década".[189]

Por medio de la iniciativa del gobierno se amplió la infraestructura del país con la construcción de carreteras, ampliación de los servicios básicos de electricidad, agua potable, servicio telefónico y salud, se atrajeron compañías foráneas multinacionales a establecerse en la isla y se fomentó el turismo. El programa OMO transformó radicalmente al país. El cambio, prácticamente repentino, fue extraordinario. Esta transformación, sin embargo, resultó también negativa para la clase campesina pobre, que no pudo acoplarse tan fácilmente al cambio de vida.

El nuevo modelo económico permeó en la sociedad y se notó. En las áreas rurales aumentó el desempleo y los salarios

---

[189] Biografías y Vidas, "Teodoro Moscoso", http://www.biografiasyvidas.com/biografia/ m/moscoso_teodoro.htm, (accedido el 20 de marzo de 2017).

disminuyeron. Fue necesaria la migración a las áreas urbanas ya que allí hubo más trabajo y mejores salarios. La vida en Puerto Rico ya no era igual. Las exigencias de una sociedad industrial obligaron a un ajuste de tiempo por las necesidades de producción en los centros laborales.[190]

Entre 1948 y 1965 Puerto Rico dependió de una industria liviana, donde se dio énfasis a las fábricas de ropa, textiles, productos enlatados y otras similares. La mano de obra fue muy importante. Esto ayudó y afectó a Puerto Rico a la vez. ¿Cómo así? Pues desde ese entonces se vería muy afectada la agricultura del país. Según expertos en ciencias agrícolas:

De haberse continuado desarrollando los planes de la reforma agraria iniciada a principios de la década de 1940, hoy día Puerto Rico tendría cientos de miles de cuerdas de terreno dedicadas a la producción de alimentos. Además, grandes extensiones de tierra que han sucumbido ante la vorágine del desparrame urbano horizontal, hubiesen sido protegidas o conservadas.[191]

La realidad, no obstante, ¡no fue así! Lo que sucede, sin embargo, es que en esa época la economía agrícola se estancó y no produjo los ingresos deseados. Mucho tiempo atrás se había reconocido que la agricultura por sí sola no podía

---

[190] José J. Ruiz Pérez, *Toño Bicicleta: Hombre, mito y leyenda* (Caguas: Publicaciones KALH'EL, 2016), 11.

[191] Edwin Irizarry Mora, *Economía de Puerto Rico*, (México, D.F.: McGraw-Hill Interamericana, 2011) 58.

ofrecer la base para un progreso económico de largo plazo, en vista del mercado menguante del azúcar, la limitada demanda exterior para el café de la isla, y la reducción drástica en los mercados para el tabaco puertorriqueño. Los economistas básicamente estuvieron dispuestos a invertir en la industrialización y sacrificaron, por así decirlo, la antigua dependencia de la isla.[192]

No hay duda de que parte de la decisión de fomentar la industrialización se había fundamentado en el deseo de repetir los éxitos de los países más desarrollados del mundo, pero también es cierto que la dependencia de las exportaciones agrícolas no podía haber sido una estrategia viable cuando el mercado demarcado para este tipo de exportación era Estados Unidos. ¿Cómo podría esperársele a Puerto Rico competir con Estados Unidos, el productor y

---

[192] Ibid. No obstante, la agricultura, que prácticamente había sido relegada al olvido desde la década de los '40 recibiría un nuevo impulso en la década de 1970 bajo la iniciativa del Gobernador Rafael Hernández Colón. Bajo su gobernación, se introdujeron modelos para el desarrollo de la agricultura, la industria avícola, la industria azucarera, flexibilidad en el precio de la leche, el ajuste en los precios del café, el tabaco y los frutos alimenticios, la creación de programas de mercadeo y mercados agropecuarios, la creación de una flota pesquera con embarcaciones modernas de mayor tamaño, el establecimiento de reses, cerdos, pollos, centros de maquinaria, tiendas, complejos de producción y diversidad de industrias agrícolas. Neysa Rodríguez Deynes, "La nueva agricultura". Curaduría Museo Fundación Biblioteca Rafael Hernández Colón, Ponce, Puerto Rico, 2012.

exportador de alimentos más grande del mundo?

Pero bien, hay dos lados a la moneda. El rápido crecimiento económico durante las décadas del '50 y '60 se convirtió en el distintivo de la Operación Manos a la Obra. Líderes del mundo entero venían a la isla para ver "el milagro" funcionando. Puerto Rico pasó de "hospicio del Caribe a vitrina de la democracia".[193] Las estadísticas demuestran el progreso y desarrollo en Puerto Rico propiamente. "De 1950 a 1960 el producto nacional bruto (PNB) se duplicó con un promedio de crecimiento anual de 8.3 por ciento. De 1960 a 1970 su crecimiento del PNB fue aún más espectacular: a una tasa promedio de 10.8 por ciento anual y casi se triplicó en la próxima década. El PNB per cápita aumentó de $342 en 1950 a $4,716 en 1960 y a $3,479 en 1980".[194]

Aparentemente, Puerto Rico estaba en la delantera de todos los países latinoamericanos. Se le dio énfasis a la economía de la industria pesada y semi pesada basada en la industria de refinar petróleo y en el establecimiento de industrias satélites del renglón de las petroquímicas. El factor de producción principal lo fue el capital por medio de

---

[193] James L. Dietz, *Historia Económica de Puerto Rico*, (Río Piedras, Puerto Rico: Ediciones Huracán, 2007), 262.
[194] Ibid, 263.

maquinarias innovadoras y un menor recurso de mano de obra. También se introdujo la industria farmacéutica. De tal manera iba evolucionando la industrialización en la isla, tratando con el pasar de los años de lograr competir con los países más adelantados del mundo. El predominio de industrias que se desarrollaron subsiguientemente como la electrónica, la farmacéutica y química, de instrumentos científicos, y otras intensivas en el uso de tecnologías sofisticadas incrementaron el auge económico que tuvo el país. Como ente instrumental estuvo la aprobación de la Sección 936 al Código de Rentas Internas de Estados Unidos, aplicable a Puerto Rico.

"La 936", como se conoce popularmente, modificó el arreglo contributivo entre las corporaciones estadounidenses en Puerto Rico y el gobierno de Estados Unidos.[195] Bajo esta nueva medida se permitía a las corporaciones extranjeras repatriar sus ganancias locales…Esto resultó de gran atractivo para el establecimiento de nuevas fábricas en la Isla, lo que generó miles de nuevos empleos, principalmente en la turbulenta década de 1970 que sufría una recesión económica a nivel mundial. Adicionalmente, el gobierno de Rafael Hernández Colón, estableció el pago de un impuesto de repatriación llamado *tollgate tax*. Este incentivo provocó que las ganancias se quedaran en Puerto Rico, pero si se las llevaban, las compañías tendrían que pagar el *tollgate tax*.[196]

---

[195] Irizarry Mora, 66-67.
[196] Rodríguez Deynes, "La 936". Curaduría Museo Fundación Biblioteca Rafael Hernández Colón, Ponce, Puerto Rico, 2012.

En resumen, hubo progreso económico estadísticamente hablando. Sin embargo, el defecto en el programa de desarrollo OMA fue haber estirado demasiado la premisa de que la agricultura era una base demasiado frágil para el desarrollo económico. Se forjó un programa sobre la aseveración de que la industrialización era necesaria porque la agricultura sola no podía ofrecer una base económica adecuada, que funcionaba como si pudiese olvidarse por completo la agricultura y como si la industrialización fuese la única meta, casi a cualquier costo. "La parte fundamental es que no se tenía que tratar de una elección entre agricultura o industria; pudo haber sido una mezcla de agricultura e industria, y de industria en la agricultura junto con una manufactura selectiva".[197]

La época dorada del baloncesto puertorriqueño

Durante las décadas de 1940 y 1950 el baloncesto puertorriqueño no era el mejor del mundo pero se podría catalogar de "bueno" en términos generales, si se compara con la competencia mundial de la época. O sea, no tuvo su mejor actuación en cuanto a logros colectivos, pero tuvo un periodo de adquisición de destrezas para las futuras cosechas

---

[197] Dietz, 293.

del deporte internacional. La importancia de esta época[198] la recalcó José "Fufi" Santori en su reseña "El basket boricua":

En la década del 1950, el baloncesto hizo grandes avances, no solamente en su popularidad con los puertorriqueños, sino también en excelencia técnica ya que recibimos la influencia del básket de los Estados Unidos con la llegada de prestigiosos 'coaches' americanos como Tex Winters, Lou Rossini, Jack Ramsay y el discípulo de Clair Bee: Víctor Mario Pérez.[199]

De igual forma comentó el Dr. Ibrahim Pérez, Director del Departamento de Recreación y Deportes de Puerto Rico de 1991 a 1992: "Pero ya a mediados de esta década de oro (la de los años 50) de nuestro baloncesto, los puertorriqueños sabíamos que el básquet boricua era una creación muy nuestra, única en el mundo, y como tal digna de conversarse y mejorarse por los siglos de los siglos".[200]

---

[198] Para historiadores como el Dr. Carlos Mendoza Acevedo las décadas de 1980 y 1990 deberían ser consideradas como parte de la época dorada del baloncesto puertorriqueño porque fue durante este periodo que el equipo nacional logró su mayor éxito internacional. Para él, la década de 1950 debería considerarse la época de plata.

[199] Fufi Santori, "El basket boricua", 15 de febrero del 2015. http://blogs.elnuevodia.com/la-batatita-de-fufi/2015/02/15/el-basket-boricua/ (accedido el 8 de julio de 2018). José "Fufi" Santori Coll, bisnieto del prócer puertorriqueño Cayetano Coll y Toste, fue jugador y entrenador del baloncesto nacional de Puerto Rico. También fue columnista de *El Nuevo Día*, músico, escritor, activista político, ingeniero y profesor. Se le conoció como "gurú" del Baloncesto Superior Nacional.

[200] Ibrahim Pérez, *Los Héroes del tiempo: Baloncesto en Puerto Rico (1898-1950)*, (Santo Domingo: Serigraf, S.A., 2011), 65. El Dr. Ibrahim Pérez fue Director del Departamento de Recreación y

A mediados del siglo XX se desarrollarían cinco aspectos fundamentales en el baloncesto puertorriqueño. En primer lugar, a través del jugador Raúl "Tinajón" Feliciano, se iniciaría la revolución en las anotaciones, disparándose los marcadores finales de los partidos por medio de este tipo de jugador que representaba el anotador natural, de habilidad excepcional. "Tinajón" logró cuatro campeonatos de anotación de manera consecutiva entre 1949 y 1952. Fue una leyenda deportiva que dejó gran huella en el baloncesto nacional cuando el deporte no era tan popular. Las anotaciones en los partidos eran bajas para su época y el ritmo de juego era lento. Fue un pionero y para muchos expertos del deporte fue la figura más importante en los inicios del desarrollo del baloncesto profesional puertorriqueño:

Raúl fue el responsable de llevar las grandes masas a los juegos. En ese tiempo, el baloncesto estaba un poco oscuro, no tenía el respaldo masivo. Pero con Raúl todo cambió. Empezaron a romperse los récords de asistencias en las canchas. El baloncesto era universitario y él lo llevó a los pueblos. En todos los juegos, él anotaba 20 puntos y era algo que no se veía en el baloncesto de esa época, cuando no existía el reloj de 30 segundos.[201]

Deportes de Puerto Rico e investigó ampliamente la historia del baloncesto en la isla.
[201] Carlos Rosa Rosa, "Raúl 'Tinajón' Feliciano fue un revolucionario del baloncesto", 18 de julio de 2016,

¿Qué más estuvo ocurriendo en el baloncesto puertorriqueño durante esta época dorada? Como segundo aspecto fundamental destaca el desarrollo y la exposición regional. Al venir en 1938 el equipo de la Universidad de Long Island junto a su entrenador, Clair F. Bee, se ofrecieron clínicas de baloncesto que resultaron muy beneficiosas. La celebración del Jubileo de Plata del baloncesto en Puerto Rico fue tan exitoso en términos deportivos y económicos que los resultados movieron a la Federación Insular de Baloncesto (FIB) a continuar con la celebración de series internacionales. En el 1940, regresó a la isla la escuadra de la Universidad de Long Island y también vino por primera ocasión el equipo de la Escuela Normal de Santo Domingo. Adicionalmente, vinieron también a Puerto Rico el equipo nacional de Cuba y el de la Universidad de la Habana en el 1941, y el equipo de la Universidad de Long Island regresó por tercera ocasión para 1949. Esta década es importante para el baloncesto mundial porque se fundaría en Estados Unidos la NBA[202], liga nacional de baloncesto. Sin que el mundo lo supiera en ese entonces, el 3 de agosto de 1949, se había

---

https://www.elnuevodia.com/deportes/baloncesto/nota/raultinajonfel icianofueunrevolucionariodel baloncesto-2221772/ (accedido el 24 de febrero de 2018).
[202] Asociación Nacional de Baloncesto (NBA), por sus siglas en inglés.

fundado en la ciudad de Nueva York la mejor liga de baloncesto de todos los tiempos.

Es importante destacar que tales visitas universitarias estadounidenses aportaron a la calidad del baloncesto juvenil. Los Gallitos de la Universidad de Puerto Rico se unieron a los Cardenales de Río Piedras en 1943 logrando en conjunto un buen desarrollo de juego. "Los equipos universitarios revolucionaron las anotaciones, incorporaron masivamente al estudiantado en la práctica del deporte y en la asistencia a los partidos".[203]

Las visitas de equipos estadounidenses continuaron en la isla durante la década del '50. Los equipos colegiales de la Universidad de Kentucky y la Universidad de Yale viajaron a Puerto Rico en 1951 para jugar con equipos locales. La participación fue buena para Puerto Rico en experiencia porque en resultados fue malísima. Los visitantes humillaron por completo a los equipos criollos. Los jóvenes universitarios hicieron patente la inferioridad física boricua.

Nuestras frustraciones continuaron. En las Navidades de 1951-1952 el equipo de la UPR efectuó una gira por el este de los Estados Unidos. Perdimos siete juegos frente a Yale, Columbia, City College, New Britain State, West Point, U Conn y Rhode Island College. Quizás lo más positivo del viaje fue que conocimos a Lou Rossini, dirigente novato de la Universidad de Columbia, quien vendría a Puerto Rico en

---

[203] Pérez, 37.

1956 y escribiría páginas gloriosas en la historia de nuestro baloncesto.[204]

Así, al menos, con tal experiencia internacional, se pudo desarrollar y aprender. En el 1958 el baloncesto puertorriqueño quedó afiliado oficialmente a la Federación Internacional de Baloncesto (FIBA) gracias en parte al hecho de que se había establecido el Circuito de Baloncesto Superior (CBS) en el 1954 y a pesar de que la Federación de Baloncesto de Puerto Rico (FBPUR) moderna no volvió a reaparecer hasta el 1969. Era un requisito importante para compromisos internacionales. Al adoptarse las reglas de juego de la FIBA, la más impactante sería la de los 30 segundos. Esta regla acabaría con la congelación de bola que caracterizaba el baloncesto puertorriqueño desde los años '30. El énfasis de este segundo componente de la época dorada radica en la oportunidad especial que brindaron a la isla las visitas de equipos internacionales y colegios norteamericanos. Fue una oportunidad para promover el baloncesto internamente y dotar a los canasteros nativos con buena experiencia de juego.

Como tercer enfoque de la época dorada resulta que fue durante la década de 1950 que surgiría la figura de Juan "Pachín" Vicéns, al igual que "Tinajón", otro cialeño natural,

---

[204] Ibid., 47.

y alma de los Leones de Ponce desde 1950 hasta 1966 se convertiría en el modelo del armador en una cancha; el que driblea, maneja y protege el balón, a la vez que reparte juego y pone a producir a todos su compañeros. Vicéns es recordado como una eminencia en la historia colectiva de nuestro baloncesto nacional.[205] Ganó siete campeonatos, totalizó 5,102 puntos en su carrera, fue jugador más valioso en cuatro ocasiones ('52, '54, '58 y '60), jugó en dos equipos olímpicos ('60 y '64), dos Mundiales ('59 y '63), dos Juegos Panamericanos ('59 y '63) y cuatro Juegos Centroamericanos y del Caribe ('54, '59, '63 y '66). Su buen desempeño lo llevó a que en el Mundial de 1959, realizado en Chile, fuera nombrado el mejor jugador del mundo.[206] "Tanto 'Tinajón' como 'Pachín', llenaron las graderías,

---

[205] Apodado "El Jeep" por el destacado periodista deportivo Rafael Pont Flores debido al vínculo entre el juego particular de "Pachín" y el nuevo modelo todo terreno de las compañías automovilísticas Willys y Ford, popularmente conocidos como "Jeeps". Estas compañías recibieron contratos federales para la producción de vehículos que pudiesen ser conducidos en cualquier terreno y capaces de realizar cualquier tarea. Con tal encomienda Willys y Ford produjeron sus respectivos modelos MB y GPW para todas las ramas de las fuerzas militares estadounidenses durante la Segunda Guerra Mundial y luego para el mercado civil a la conclusión de la guerra. Ver Rafael Pont Flores, "Un Jeep entre Leones", *El Mundo*, 16 de junio de 1950. 17.

[206] En el 1972 el municipio de Ponce nombró el nuevo coliseo muni cipal como el Auditorio Juan "Pachín" Vicéns. Ver Baloncesto Superior Nacional, "Vicéns Sastre, Juan 'Pachín'", http://www.bsnpr.com/jugadores/jugador.asp?id=1327&serie = 3.

levantaron al público de sus asientos y se convirtieron en los nuevos ídolos del baloncesto, los que siguieron los pasos de Pablo Albanese, Onofre Carballeira, Pepín Cestero, Rafita Martínez Flores, Arquelio Torres Ramírez y muchos otros de las décadas anteriores".[207]

El cuarto componente de progreso lo introdujeron los dirigentes norteamericanos de la década de 1950: el énfasis en el aspecto defensivo del juego, el reconocer que evitar las anotaciones del contrario eran tan importantes como el anotar.[208] Algunos buenos ejemplos serían Tex Winters, Lou Rossini, Floyd Brown, Jack Ramsay y Howard Shannon.[209] ¿Cómo ayudaron? Fortalecieron significativamente el aspecto defensivo del baloncesto boricua. Sus directrices y modelo de juego ayudaron a combinar un potente juego ofensivo con fogosidad defensiva que ayudó a obtener importantes victorias para conseguir plata en Caracas en los Juegos Centroamericanos del '59, quinto lugar en el Mundial de Chile del '59, medalla de plata en los Juegos Panamericanos de 1959 en la ciudad de Chicago, oro en los Centroamericanos de 1962

---

[207] Pérez, 6.

[208] Ibid.

[209] Tex Winters, Jack Ramsey y Howard Shannon dirigieron a Ponce; Lou Rossini a Arecibo y luego a Rio Piedras; Floyd Brown a San Juan. Entre sus pupilos tuvieron a "Pachín" Vicéns, "Bill" McCadney, "Fufi" Santori, Rafael Valle, "Tito" Santori, "Toñín" Casillas y Johnny Báez.

celebrados en Kingston, Jamaica y terminar en la cuarta posición de los Juegos Olímpicos de Tokio, 1964. Puerto Rico también repitió el oro Centroamericano del '62 en 1966 cuando celebraron los juegos localmente en San Juan. Estos logros tienen una historia singular y muy significativa.

Como quinto y último componente significativo de la era y de vital importancia fue el año 1959 y la representación del equipo borincano de baloncesto en los Juegos Centroamericanos y del Caribe, Campeonato Mundial de la FIBA y Juegos Panamericanos. Puerto Rico participó en tres certámenes internacionales y en dos de ellos hizo su estreno. Del 6 al 15 de enero de 1959 Puerto Rico participó de los VIII Juegos Centroamericanos y del Caribe de 1959 en Caracas, Venezuela. Los boricuas ya habían participado en estos juegos desde 1935 en los III Juegos de El Salvador, cuando ganaron medalla de bronce. La participación de 1959 fue la sexta consecutiva en Centroamericanos para el equipo de baloncesto y ganaron medalla de plata. "Varios días previo a ese acontecimiento el equipo entero fue reunido para en votación secreta decidir si dividirse en dos para que una parte viajara a Chile a jugar en el primer Campeonato Mundial de la FIBA al que Puerto Rico había sido invitado en su historia mientras que la otra parte se quedara en Venezuela para tratar de dar al país la primera medalla de oro en aquel certamen".[210] El campeonato FIBA había estrenado en el 1950 en Argentina, y con la primera invitación para Puerto Rico, no se podía dejar pasar la oportunidad. La invitación colocó a la selección boricua en un conflicto debido a que se jugaba en Chile del 16-31 de enero. Ante el empate 6 a 6 del voto de los jugadores, la decisión final recayó sobre el técnico nacional Víctor Mario Pérez y el presidente de la Federación de baloncesto de Puerto Rico, Rodrigo "Guigo" Otero, quienes estimaron vitalmente importante para el deporte puertorriqueño el participar del escenario mundial FIBA. Ambos fueron líderes técnicos fundamentales para el baloncesto de Puerto Rico.[211]

Así, en enero del '59 el equipo nacional de baloncesto de Puerto Rico se dividió en dos para participar en ambos eventos. En Caracas se quedaron José "Fufi" Santori y su hermano Vicente "Tito" Santori, Moisés Navedo, César Bocachica, Ramón Siragusa y Froilan Anza. El equipo, en tanto, sumó a sus filas tras la división del conjunto a Ángel "Caco" Cancel, quien participaba en los juegos como voleibolista, y a Norberto Cruz, quien competía en pista y

---

[210] "Celebra 50 años de su categoría mundialista",
ELNUEVODIA.COM, 16 de enero de 2009,
https://www.elnuevodia.com/deportes/baloncesto/nota/celebra50ano
sdesucategoriamundialista-518544/ (accedido el 5 de marzo de
2018).
[211] Ibid.

141

campo.[212] Tal y como temían algunos jugadores como "Pachín" Vicéns, el equipo puertorriqueño perdería ante El Salvador en la final al estar incompletos.[213]

A Santiago de Chile fueron Martín Jiménez, José Antonio "Toñín" Casillas, "Pachín" Vicéns, José "Totín" Cestero, José "Toño" Morales, Evelio Droz, José Ruaño, Johnny Rodríguez y Salvador Dijols. Cabe destacar que Ruaño, Rodríguez y Dijols fueron convocados en la isla pues ellos no habían sido incluidos en la selección a Venezuela. Para Droz y Santori la decisión de jugar en Chile fue muy importante para el futuro desarrollo del baloncesto puertorriqueño. Puerto Rico terminó quinto en el mundial y ese desempeño le permitió clasificar para sus primeras olimpiadas, las de Roma en 1960. Marcó un hito. El equipo no conocía bien las reglas internacionales, pero participaron y dieron el todo por la nación.[214] ¿El impacto? "De aquel momento en adelante, nuestro baloncesto es otra cosa. Nuestra liga se vio directamente impactada porque subió

---

[212] Ibid.

[213] Entrevista de José J. Ruiz Pérez a José "Fufi" Santori Coll, ex jugador, dirigente y periodista deportivo. Realizada en Guaynabo, Puerto Rico el 27 de enero de 2018.

[214] "Celebra 50 años de su categoría mundialista", ELNUEVODIA.COM, 16 de enero de 2009, https://www.elnuevodia.com/deportes/baloncesto/nota/celebra50ano sdesucategoriamundialista-518544/ (accedido el 5 de marzo de 2018).

nuestro nivel de juego y así de los demás de la liga".[215] El resultado no fue tan bueno al concluir con récord de tres victorias y seis derrotas pero se clasificó y el mundo también conoció a "Pachín" Vicéns, quien lideró al equipo promediando 20 puntos por juego. Fue el jugador más destacado del mundial y por ende se le llegó a galardonar como el mejor jugador del mundo.[216]

En el 1959 el equipo nacional de Puerto Rico también participó en los III Juegos Panamericanos de Chicago del 27 de agosto al 7 de septiembre. Fue la primera vez en la historia del baloncesto boricua que se participó en dicho evento. El equipo jugó para marca de 4 victorias y 2 derrotas ganando medalla de plata. El oro lo ganó Estados Unidos y en su plantilla estuvieron los futuros jugadores del Salón de la Fama Jerry West y Oscar Robertson.[217] Un año después Puerto Rico participó por primera vez en las Olimpiadas de Roma de 1960. El equipo concluyó en la decimotercera posición entre un total de dieciséis equipos participantes. Rafael Valle fue el líder del equipo en anotaciones con un

---

[215] Ibid.

[216] Archivo del Baloncesto Nacional Superior, "Vicéns Sastre, Juan Pachín", https://www.bsnpr.com/jugadores/jugador.asp?id=1327&e= (accedido el 19 de noviembre de 2018).

[217] The Official Site of USA Basketball, "Third Pan American Games 1959", http://archive.usab.com/mens/panamerican/mpag_1959.html (accedido el 5 de marzo de 2018).

promedio de 17.3 puntos por juego.

El ámbito social estadounidense

"En el año 539 antes de Cristo, un residente de un suburbio de la ciudad de Ur en Mesopotamia, escribió una carta al Rey de Persia donde daba las características principales de un contorno urbano. Dice la carta, escrita en una tableta de barro: 'Nuestra propiedad...goza de todas las ventajas de la ciudad, y cuando llegamos a ella, estamos alejados de todo el ruido y el polvo'".[218] Esta cita de antaño del Historiador Marcial Ocasio pone de manifiesto interesantemente la definición y surgimiento de los suburbios estadounidenses. En su libro de historia de Estados Unidos Ocasio explica que después de la Segunda Guerra Mundial millones de residentes comenzaron a mudarse a las zonas en cercanía de las grandes ciudades. William Abraham Levitt comenzó su primer proyecto de desarrollo de suburbios en Long Island, Nueva York. El proyecto fue llamado Levittown. Su compañía construía de 30 a 35 casa prefabricadas diarias. Para 1951, Levittown, tenía 17,447 casas y sobre 50,000 habitantes.[219] Una década después

---

[218] Marcial E. Ocasio, *Estados Unidos: Su trayectoria histórica* (San Juan: Editorial Cordillera, Inc., 2010), 390.
[219] Ibid, 391.

Levitt comenzó la construcción de un Levittown en Puerto Rico en el municipio de Toa Baja.

Los suburbios requerían de mayores innovaciones. Automóviles, medios de transportación, trabajo en la ciudad, hospitales, escuelas, farmacias, supermercados ferreterías, tiendas de equipos del hogar. Esta fue la época del "sueño americano", del "*white picket fence*". Los estadounidenses se hicieron de neveras, radios, televisores, lavadoras y televisores. Con un nuevo poder adquisitivo luego de una década de grandes dificultades, el pueblo lo quería todo. Se inició una publicidad de buen mercadeo y necesario. Las revistas *TV Guide* y *Hallmark* se tornaron muy populares. Con tanto enfoque en las compras y el consumismo materialista, los centros comerciales o *mall's* fueron la nueva orden del día. En 1945 había solamente ocho centros comerciales en todo Estados Unidos. Para 1960 llegaban a 3,840 y para el 2008 el número sobrepasaba los 86,000.[220] La prosperidad de los años '50 hizo que la pobreza y discriminación pasaran por desapercibidos para algunos. Pero no así para las minorías marginadas.

En el ámbito deportivo, Jackie Robinson debutó con los *Brooklyn Dodgers* el 15 de abril de 1947, así convirtiéndose

---

[220] Ibid, 392.

en el primer afroamericano en jugar en las grandes ligas, MLB.[221] El baseball era considerado el *national past time* o deporte nacional y por lo tanto la entrada de Jackie era inimaginable por el simple hecho del color de su piel. Más aun fue su juego espectacular, lo que lo conmemoraría en los libros de historia por todos los tiempos. Su ejemplo sirvió como modelo a lo que sería la lucha por los derechos civiles durante la subsiguiente década.

El 17 de mayo de 1954 la segregación racial fue declarada inconstitucional en las escuelas públicas de Estados Unidos por la Corte Suprema en el famoso caso de *Brown vs. Board of Education*. La decimocuarta enmienda a la Constitución garantizaba la protección igualitaria y la decisión del caso logró su cumplimiento. La lucha por los derechos civiles estaba plenamente en apogeo.

El primero de diciembre de 1955 se encendió una chispa inextinguible de la lucha civil. Rosa Parks, costurera afroamericana, se negó a ceder su asiento a un hombre blanco en el bus que viajaba. Era ley de que así tenía que hacerlo según las Leyes *Jim Crow* del estado de Alabama de 1955. Pero ese día sería histórico porque se negó. Su decisión fue una hazaña monumental, de fuertes repercusiones. Sin

---

[221] *Major League Baseball*, la liga profesional de Béisbol de Estados Unidos y la más lucrativa de todo el mundo.

saberlo, en ese instante, pero ciertamente esperando lograr un cambio radical en las leyes locales de segregación en los buses de la ciudad de Montgomery en Alabama, se estaban escribiendo nuevas páginas en la historia social de Estados Unidos. Por medio de su valentía de enfrentar un sistema discriminatorio, ejemplo de bizarría y encarcelamiento los líderes de la *National Association for the Advancement of Colored People* (*NAACP*)[222] comenzaron unas series de boicoteos que eventualmente llevarían al fin de la segregación racial en los buses de la nación y en una victoria de la lucha civil.

Parks realmente no fue la primera mujer negra en negarse a ceder su asiento a una persona blanca. Nueve meses antes de que se llevara a cabo el arresto de Parks, Claudette Colvin, una joven de 15 años de edad, fue arrestada el 2 de marzo de 1955 precisamente por negarse a ceder su asiento. La NAACP estudió el encarcelamiento y le pareció una buena estrategia de lucha en contra de las injustas leyes de la ciudad pero optó por esperar por otra oportunidad. Poco tiempo después, los líderes de la NAACP decidieron poner un plan en marcha. Utilizarían a Rosa Parks como portavoz

---

[222] Asociación fundada en el 1909 por un grupo de activistas de derechos civiles que buscaba luchar contra el prejuicio, linchamientos y leyes de segregación para trabajar por el mejoramiento de vida de las personas de color.

para su nuevo plan de desobediencia civil. ¿Por qué? Ed Dixon, líder de la NAACP, dijo lo siguiente:

"Mrs. Parks was a married woman. She was morally clean, and she had a fairly good academic training…If there was ever a person we would've been able to use to break the situation that existed on the Montgomery city line, Rosa L. Parks, was the woman to use…I probably would've examined a dozen more before I got there If Rosa Parks hadn't come along before I found the right one".[223]

También es importante destacar que Parks llevaba años activa con la NAACP. Ella era una activista de la época fuertemente involucrada en las actividades a favor de los avances por los derechos civiles de las personas de color. Incluso, había sido arrestada anterior al primero de diciembre de 1955 por el mismo chofer de guagua. Ella no era una señora retraída y terriblemente cansada luego de un arduo día de trabajo que repentinamente optó por desobedecer civilmente sino que amaba la causa social y odiaba las maltratantes injusticias de la época tal y como el vil asesinato del joven Emmett Till.[224] Parks desconocía las repercusiones que su acto traería, pero sí sabía que no tenía garantía de nada excepto de que algo malo podría pasar. Convencida de que

---

[223] Matt Agorist, "The Real Story of Rosa Parks 62 Years Later", December 2, 2017, https://www.sott.net/article/369836-The-real-story-of-Rosa-Parks-62-years-later (accedido el 25 de julio de 2018).
[224] Fue un joven afroamericano de 14 años ejecutado injustamente en Mississippi por dos hombres blancos el 28 de agosto de 1955.

valdría la pena, procedió a efectuar el plan de arresto en conjunto al apoyo y mercadeo de la NAACP por toda la nación. Por ello es recordada hasta el día de hoy.

En otros aspectos, a veces dados por alto, Ray Croc abrió su primera franquicia de *McDonald's* en Des Plaines, Illinois, el 15 de abril de 1955. De acuerdo a cifras del 2016, *McDonald's* opera en 120 países del mundo con sobre 36,000 restaurantes. Este negocio le dio un impulso muy significativo a la denominada comida rápida. Fue la época de hamburguesas, *hotdogs, Coca-Cola* y los *Drive-ins*. El 17 de julio de 1955 abrió por primera vez en Anaheim, California, *Disneyland*, gracias a la inspiración de su fundador, Walt Disney. Originalmente contó con 18 atracciones y un precio de admisión de $1. Desde entonces ese precio ha aumentado exponencialmente a sobre $100, contando con cincuenta y un atracciones. Se calcula que el parque ha recibido sobre 700 millones de personas en su historia.

El 10 de diciembre de 1958 se estrenó por primera vez el servicio aéreo comercial para pasajeros a través de la aéreo línea *National Airlines* con un vuelo entre las ciudades de Nueva York y Miami. En enero de 1960 se inició la construcción del Balneario de Isla Verde en Boca de Cangrejos. El mínimo federal alcanzaba $1.10 la hora. La

Eastern Airlines llevaba pasajeros de San Juan a Miami por $37.

El 3 de enero de 1959 el territorio incorporado de Alaska fue admitido a la nación como cuadragésimo noveno estado federado. Ocho meses después Hawaii siguió los mismos pasos y fue admitido a la nación el 21 de agosto como quincuagésimo estado. John F. Kennedy, senador demócrata de Massachusetts, ganó las elecciones de 1960 y se convirtió en el trigésimo quinto presidente de la nación. En la isla, el PPD ganó la contienda electoral por sexta ocasión consecutiva. El ex Primer Ministro británico Sir Winston Churchill, visitó la isla acompañado del magnate griego Aristóteles Onassis. El 17 de abril de 1961 se llevó a cabo la fallida invasión estadounidense de la Bahía de los Cochinos. Fue una operación militar pagada, entrenada y dirigida por la Agencia Central de Inteligencia de Estados Unidos (CIA) con el fin de derrocar el régimen comunista de Fidel Castro. Exiliados cubanos desembarcaron desde cuatro buques pero las fuerzas revolucionarias cubanas fueron capaces de repelar la intrusión. Pese a ello, las bajas fueron significativas: 270 vidas en total. La operación fue un desastre para la administración del joven presidente aunque la invasión a Cuba fue planificada bajo la administración del presidente anterior Dwight D. Eisenhower y no se volvió a intentar otro plan de intervención directa en Cuba.

El primero de febrero de 1960, cuatro estudiantes negros del Colegio Técnico y de Agricultura de Carolina del Norte en la ciudad de Greensboro llevaron a cabo un *sit-in,* o huelga sentada de encierro, con el fin de buscar ser atendidos y servidos al igual a la clientela blanca. El acto fue revolucionario y le seguirían los pasos otros setenta mil estudiantes continuando a hacerle frente a la segregación por los próximos ocho meses. La lucha de igualdad en derechos civiles por parte de la comunidad afroamericana sobresalía y los ánimos estaban caldeados debido a los constantes enfrentamientos raciales.

No obstante, los enfrentamientos de Estados Unidos con la Unión Soviética eran serios. El dominio absoluto del mundo estaba en juego a tan solo un año del incidente de la Bahía de los Cochinos cuando surgió una peligrosa confrontación directa entre las dos súper potencias globales; y Cuba, nuevamente de por medio. El 14 de octubre de 1962 "estalló" la Crisis de los Misiles. En respuesta a evidencia satelital de que la Unión Soviética estaba construyendo y almacenando misiles en Cuba, el Presidente Kennedy ordenó un bloqueo naval y aéreo de equipo militar a la isla. Por treinta y ocho días duró la real amenaza a un potencial estallido bélico hasta que Kennedy y el Premier soviético Nikita Krushchev, acordaron la remoción de los misiles. La Unión Soviética removería las instalaciones de misiles en Cuba y Estados Unidos haría lo propio en Turquía. Además, Estados Unidos se comprometía a no intervenir más en Cuba.

El 28 de agosto de 1963 se llevó a cabo la marcha civil en los alrededores del Lincoln Memorial en Washington, D.C. Fue una tarde calurosa y de trascendencia histórica al ofrecer el Dr. Martin Luther King Jr. su inmortal discurso *"I Have a Dream"* ante más de 200,000 espectadores. Tan solo tres meses después, la nación tendría que enfrentar el controversial asesinato del Presidente Kennedy. El 22 de noviembre de 1963 el líder estadounidense fue derribado por varios disparos mientras transcurría por la ciudad de Dallas en caravana vehicular junto a su esposa Jacqueline, el Gobernador del estado de Texas, John Connally, y su esposa Nellie. El asesinato es posiblemente el evento más enigmático en toda la historia nacional del país.

La lucha por los derechos civiles de la comunidad afroamericana continuaba en pleno auge. Los diversos métodos pacíficos de resistencia y de desobediencia eventualmente rindieron frutos. La Ley de Derechos o *Civil Rights Act of 1964* puso fin a la segregación en lugares públicos y prohibió la discriminación laboral sobre la base de raza, color, religión, sexo, u origen nacional. Fue propuesta originalmente por el Presidente Kennedy pero sucesivamente firmada como ley por el Presidente Lyndon B. Johnson. El 6 de agosto de 1965 el Presidente Johnson también firmó la Ley de Derecho de Sufragio o *Voting Rights Act of 1965*. La ley prohibió las prácticas discriminatorias de exclusión de sufragio practicadas por muchos estados sureños a la culminación de la Guerra Civil del siglo XVIII.

El 2 de octubre de 1967 Thurgood Marshall se convirtió en el primer juez negro de la Corte Suprema. Fue un destacado abogado y consejero legal de la Asociación Nacional para el Adelanto de las Personas de Color o *National Association for the Advancement of Colored People* (NAACP). Su nombramiento al Tribunal Supremo fue muy relevante para la comunidad afroamericana considerando los acontecimientos que se vivieron por la igualdad civil. El Presidente Lyndon B. Johnson estuvo muy seguro de su nombramiento al declarar que era *"the right thing to do, the right time to do it, the right man and the right place"*. Marshall se dio a conocer por sus posiciones extremadamente liberales en sus veinticuatro años de servicio.

Vietnam fue el otro doloroso enfrentamiento militar directo y de gran impacto de la época para la sociedad estadounidense. La guerra estuvo en pleno apogeo durante la década de 1960. En Puerto Rico, el sector independentista estaba liderando la resistencia de la participación de puertorriqueños, obligados por un sistema anti democrático de inscripción al servicio selectivo. La Juventud Independentista Universitaria (JIU) y el Comité de Resistencia al Servicio Militar Obligatorio (CRASMO) se enfrentaron a la autoridad colonial sin reservas y los desafíos fueron serios. Ignoraron cualquier tipo de comunicación del Servicio Selectivo y algunos hasta quemaron sus tarjetas de inscripción. No obstante, unos cuarenta mil puertorriqueños participaron en Vietnam; tres mil fueron heridos físicamente y otros quinientos fallecieron en el campo de batalla. Según Antonio Gaztambide, "el país experimentó el proceso más intenso de luchas sociales desde la década del '30. El deterioro del prestigio y el poder de Estados Unidos fomentó que el auge de los movimientos antiguerra e independentista se tradujera en una sacudida del sistema colonial en Puerto Rico.[225]

Otros asesinatos sacudirían a la nación a finales de la década. El 4 de abril de 1968 el Dr. King Jr. fue asesinado en

---

[225] Antonio Gaztambide Géigel, "La revolución cultural mundial", en *Historias vivas: Historiografía puertorriqueña contemporánea* (San Juan: Editorial Postdata, 1996), 158.

Memphis, Tennessee por James Earl Ray. King había sido fundamental como líder del movimiento civil desde mediados de la década de 1950 y sus discursos pasionales y protestas pacíficas fueron muy bien acogidas entre sus seguidores. Su muerte provocó un sinnúmero de protestas, vandalismo y manifestaciones violentas en sobre 100 ciudades. Dos meses después y con la muerte de King aun fresca, el 5 de junio de 1968 el candidato a la presidencia y hermano del ex presidente John F. Kennedy, Robert F. Kennedy recibió varios impactos de balas y falleció un día después. Fue otro acontecimiento muy penoso ya que la nación estaba bien sacudida por Vietnam, las protestas antibélicas y el asesinato de King Jr. "Bobby", como le apodaban cariñosamente, era percibido como el candidato ideal, el único político capaz de unir a la nación. Era popularmente muy querido y más que representaba a su fenecido hermano "Jack"; razón por la cual muchos demócratas aguardaban grandes esperanzas para las elecciones de 1968. Era como una aspiración a un final feliz de poder vindicarse el legado familiar. No ocurrió a causa de su asesinato inesperado.

La década terminó en una nota más positiva cuando la nación fue testigo de una monumental e histórica hazaña humana. El 20 de julio de 1969 el Programa *Apollo* completó su misión espacial y el astronauta Neil Armstrong se convirtió en el primer hombre en caminar sobre la luna. Sus primeras palabras resuenan hasta la actualidad: *"That's one small step for man, one giant leap for mankind."* Su compañero Buzz Aldrin se le unió, hablaron con el Presidente Richard Nixon por dos minutos y prosiguieron a pasar dos horas recopilando muestras de piedras de la Luna y otra data investigativa antes de regresar a bordo el módulo lunar.

La revolución cultural de los años '60 en Estados Unidos

La década de 1960 en Estados Unidos se asocia con una contra revolución cultural que trastocó profundamente todos los aspectos de su sociedad. El término *Revolución Cultural* es uno que puede tener múltiples variantes. Desde siglos anteriores se discute ampliamente lo concerniente a revolución y se podría definir como "un cambio radical que produce resultados de transformación social, política o económica".

Cultura "es el término genérico que utilizamos para abarcar cuánto ha hecho el hombre por sobre lo que le es dado por la naturaleza, en su intento de resolver problemas que la vida le plantea".[226] En conjunto, por ende, se podría precisar que el término es uno en el cual las innovaciones del hombre han marcado una modificación muy importante en el sistema de creencias, valores, tradiciones, lengua, deporte o arte de los pueblos de la humanidad. Entre las revoluciones culturales más recientes se encuentran las de auge feminista, revueltas y protestas sociales, revoluciones de izquierda, manifestaciones en oposición a lo marcadamente tradicional, aspectos de género, raza, etnia y de igualdad social.

Estos eventos hecatómbicos de los '60 surgieron en gran medida en relación a la Guerra Fría. La Revolución Cubana, la Guerra de Vietnam, las Panteras Negras, los *Young Lords* y las protestas contra el cuerpo de entrenamiento de oficiales de reserva del ejército de Estados Unidos (ROTC), los movimientos de derechos civiles como los *sit-ins* y *freedom rides*, entre otros, fueron algunos ejemplos de lo vivido durante la década. Fueron significativos eventos en el mundo y definitivamente tuvieron secuelas en Puerto Rico.

El renombrado historiador Eric Hobsbawm fue el primero en hacer énfasis en la época y los eventos detrás de la Revolución Cultural en su obra de 1994 *The Age of*

---

[226] Jaime Benítez, "Definiciones de cultura" en *Problemas de la cultura en Puerto Rico*: Foro del Ateneo Puertorriqueño (Río Piedras: Universidad de Puerto Rico, 1976), 11.

Extremes: A History of the World, 1914-1991.[227] Hobsbawm realizó un estudio de cómo fue cambiando el panorama cultural mundial, desde occidente hasta oriente y las tendencias que giraron por completo la manera en la cual la sociedad vivía. Detalló excelentemente la estructura de la sociedad estadounidense y cómo la Segunda Guerra Mundial afectó a las familias y a los jóvenes sobre los parámetros del formalismo de la década de 1950 y cómo sus manifestaciones liberales y radicales se expresaron vívidamente en medio de las problemáticas sociales de los '60.

"The cultural revolution of the later twentieth century can thus be understood as the triumph of the individual over society, or rather, the breaking of the threads which in the past had woven human beings into social textures".[228] La liberación personal y la liberación social iban de la mano; la manera más obvia de romper con la estructura formalizada del estado, el poder de los padres o vecinos, la ley, el sexo y las drogas.

They spread not only as a gesture of rebellion, for the sensations they made possible could be sufficient attraction. Nevertheless, drug use was by legal definition an outlaw activity, and the very fact that the drug most popular among the Western young, marihuana, was probably more harmless

---

[227] Eric Hobsbawm, *The Age of Extremes: A History of the World, 1914-1991* (New York: First Vintage Books, 1996.
[228] Hobsbawm, 334.

than alcohol or tobacco, made smoking it (typically, a social activity) not merely an act of defiance but of superiority over those who banned it. On the wilder shores of the American 1960's, where rock fans and student radicals met, the line between getting stoned and building barricades often seemed hazy.[229]

Clara Bingham en su libro *Witness to the Revolution*,[230] realizó cien entrevistas entre el 2012 y el 2015 con miembros del movimiento anti guerra de Vietnam a finales de la década de 1960 donde se abordaron los acontecimientos sociales sobresalientes de la época sobre racismo, feminismo y música. Hubo una realidad de exceso de uso de drogas, de sexo rampante, el caos de las comunas y extremismo violento. Bingham se refiere a los jóvenes que participaron de los movimientos contra culturales de la época como la "generación despertada":

We were a whole generation that, for the first time, said No to a war that the country had found itself mired in, and then began saying No to other things, and did so awkwardly at times and with bombast and rhetoric and prick waving but at least was questioning the death grip of the 1950's, which was a stultification of passion and sanity and the genius of the human spirit...and this burst through all of that with Day-Glo colors like in The Wizard of Oz when it goes from black-and-white to color. Everything suddenly was Technicolor and

---

[229] Ibid, 333.

[230] Clara Bingham, *Witness to the Revolution: Radicals, Resisters, Vets, Hippies, and the Year America Lost its Mind and Found its Soul* (New York: Random House, 2016).

there was hope.[231]

Y, ¿cómo se reflejó en las futuras generaciones del país?

Generations X, Y and Z have been raised by their baby boomer parents, many of them members of Woodstock Nation, and the conventional conformism of the 1980's has evolved into gay marriages populating the New York Times wedding pages, medical marijuana legalization in twenty-four states, women permitted to serve in combat positions in every branch of the military, and renewed diplomatic relations with Cuba.[232]

En este contexto es menester discutir la relevancia detrás de la Revolución Cultural. ¿Hubo realmente una revolución? La nación estaba al borde de una guerra civil. Había una distancia muy grande entre el gobierno y el pueblo. Las manifestaciones contra culturales tomaron un giro desafiante y definitivo.

En inglés la terminología utilizada es *counter revolution*, lo cual podría entenderse mejor como una contra-cultura o en reacción a, a causa de, causa y efecto. Fue una rebelión en contra de la década de 1950 y el conservadurismo; una oposición a vivir dentro de una vida de burbujas, en contra de la pobreza, el racismo, las injusticias de una guerra innecesaria. Los jóvenes se rebelaron en contra del *status quo*

---

[231] Ibid., 7.
[232] Ibid.

institucional. Lo radical se manifestó en contra de los estilos de recortes masculinos de cabello *crew-cut*, dejándose el cabello largo, una vestimenta más libre, menos formal. Las mujeres igual respondieron con comportamientos en contra de lo típicamente aceptado por una sociedad conservadora despojándose de sus *brassieres*, practicando el amor libre, ambos hombres y mujeres viviendo en comunas y bajo expresiones musicales hipnóticas como algunas de las manifestaciones del libertinaje expresado.

Ciertamente hubo un impacto trascendental. El movimiento de derechos civiles afroamericano abonó tanto a un feminismo renacido como al movimiento estudiantil contra la Guerra de Vietnam, pasando por los hippies y la cultura de la droga, y culminando en las rebeliones del Poder Negro y otros grupos etnoculturalmente subordinados (nativos, chicanos, puertorriqueños). El *Rock and Roll*, su principal expresión musical, también nació allí de ascendencia afroamericana, pero fueron los *Beatles*- un grupo británico de extracción trabajadora- quienes interpelaron a las juventudes urbanas del mundo entero convirtiéndolo así en la primera música popular universal. Hubo una generación que se crio y vivió el cambio más profundo de un siglo avasalloradamente cambiante y en que sus hijos son la mejor prueba de lo mucho que se logró.[233]

Y es que la época fue una reacción, la manifestación

---

[233] Antonio Gaztambide Géigel, "Hablemos de Cuba" en *Historias vivas: Historiografía puertorriqueña contemporánea* (San Juan: Editorial Postdata, 1996), 193.

viviente de la Revolución Atlántica, de las democracias que fueron formadas más de un siglo antes y sirvieron de ejemplo al mundo entero para los derechos fundamentales del ser humano pero en la práctica sólo para el hombre blanco privilegiado. Por eso surgieron los movimientos abolicionista y feminista, obreros y socialistas, en los cuales las mujeres de las élites, por un lado, y los desposeídos, por el otro, reclamaban la exención de los derechos del ciudadano a toda la población.[234]

La Revolución Cubana, los movimientos anti bélicos estadounidenses anti Vietnam, los pacifistas, marginados, luchadores pro derechos raciales y feministas fueron motivados a levantarse y abogar por su respeto en el mundo ante los grandes poderes que les despojaban del valor humano merecido. Principalmente liderados por jóvenes, mujeres, disidentes políticos, desplazados y rechazados rurales y urbanos, afrodescendientes, latinos y otros, despertaron ante el control hegemónico de un establecimiento crudo, despótico e inigualitario para darse a respetar y ser escuchados y valorizados.

Durante esa época, el feminismo igualmente "irrumpió

---

[234] Antonio Gaztambide Géigel, "La revolución cultural mundial", en *Historias vivas: Historiografía puertorriqueña contemporánea* (San Juan: Editorial Postdata, 1996), 199.

162

en escena" con voces y deseos de lograr igualdad entre géneros. Los derechos civiles de las mujeres latinoamericanas eran cuestionables. En este feminismo se combinaron tanto la variante radical como la socialista. Aunque su preocupación principal fue dirigir las luchas de las mujeres contra el imperialismo y otras reivindicaciones políticas, también se interesaron por cosas más inmediatas como el desempleo, el cuido de niños, el derecho al divorcio y al aborto, así como la eliminación de leyes discriminatorias.

En general el *boom* de la revolución cultural tuvo vínculos en variadas facetas literarias y musicales. Hubo proyectos culturales por la diáspora puertorriqueña, como el *Nuyorican Poets' Cafe*, el cual dio expresión a nuevos jóvenes poetas que hacían poesía callejera. Al estar tan estrechamente vinculado Puerto Rico con los Estados Unidos, no es de extrañarse que hubo un impacto de todas las manifestaciones culturales en la isla. Todo lo acontecido en Estados Unidos se hizo sentir en Puerto Rico. Las manifestaciones masivas sociales y la rebeldía económica, política y social. Hubo un deseo igualitario entre los puertorriqueños en ser escuchados y en participar de la revolución cultural. Durante la misma época en cuestión hubo puertorriqueños que regresaron a la isla luego de muchos años de ausencia y otros de ascendencia boricua que llegaban por primera vez. Ellos traen consigo una ideología marcadamente distinta y la cultura estadounidense de la revolución.

La revolución cultural de los años '60 en Puerto Rico

¿Qué impacto tuvo la revolución cultural en Puerto Rico? ¿Cuáles fueron las repercusiones, si alguna? Según el historiador Mario Cancel, en los años '60 se inició en la isla una fase denominada como de izquierda revolucionaria. Estuvo asociada a los grupos armados y al Movimiento de Liberación Nacional. "La Revolución Cubana causó una ola de asechanzas en Puerto Rico. El FBI comenzó a realizar persecución con un cambio de táctica más 'científica' denominado *Counterintelligence Program* (COINTELPRO). Y así comenzó una época en la cual se cubre once años de persecución de los movimientos independentistas por parte de COINTELPRO utilizando estrategias muy severas, injustas, crueles e inhumanas".[235] El año de 1960, fue uno de radicalización de movimientos en Puerto Rico. Se creó el Movimiento Pro Independencia

---

[235] Mario R. Cancel Sepulveda, "La crisis del PPD (1960-1980: la política internacional", 8 de mayo del 2013. https://puertoricoentresiglos.wordpress.com/?s=1960 (accedido el 13 de marzo de 2018).

(MPI) y la Federación Universitaria Pro Independencia (FUPI). El FBI centró varios objetivos con respecto a los movimientos de independencia para Puerto Rico, entre los cuales figuraron buscar a puertorriqueños prominentes con acceso a Cuba para desarrollarlos como informantes y causar deserciones entre el movimiento.[236] La historiadora Ivonne Acosta es muy enfática en describir los excesivos abusos, persecuciones y conmoción causada por el FBI en Puerto Rico durante la década de 1960 a causa del estallido cubano y la histeria comunista inexplicablemente dirigida hacia los independentistas en plena Guerra Fría.

En Puerto Rico se manifestaron aires de malestar contra las instituciones del *status quo*. Se acrecentó una clara contra cultura popular, intensa, formada y dirigida hacia la política, incluyendo por ejemplo la flor psicodélica de los hippies, el arte, el deporte, la música, el teatro y la literatura en las insignias del Partido Popular Democrático (PPD).

La década de 1960 conmovió el firmamento de la estructura política, económica y social de Estados Unidos causando gran impacto en el mundo y en Puerto Rico. A partir del 4 de agosto de 1960 se desató en la isla un operativo de disrupción contra las organizaciones independentistas,

---

[236] Ivonne Acosta Lespierre, *El Grito de Vieques* (San Juan: Editorial Cultural, 2002), 28.

debido al valor que le daba a su causa la Cuba de Castro. El FBI desató en Puerto Rico una batalla en los medios, una persecución notoria contra todo lo que representara una posible amenaza hacia el gobierno local o las autoridades federales de Estados Unidos. Pero no merecía el asunto tan elevada histeria. "Todos los lunes llegaban informes de la División de Inteligencia de la Policía anunciando conspiraciones y acciones violentas, que nunca se concretaban. Ni el Gobernador Luis Muñoz Marín ni el Secretario de Estado, Roberto Sánchez Villela, les hacían mucho caso si no que se referían a ellos como otro informe de los histéricos".[237]

¿Cómo más se reflejó en Puerto Rico el impacto de la Revolución Cultural de los '60? Según el analista Juan Manuel García Passalacqua:

La crisis se ha producido, como era de esperar, por razones culturales: los miles de educandos puertorriqueños en las urbes del continente resienten el inglés como vehículo de expresión y revierten a nuestro vernáculo, el español. Esta situación ha promovido la adopción por el Congreso nacional y legislaturas estatales de proyectos para promover el bilingüismo, y acabar con el estigma de requerir la asimilación lingüística al migrante para poder labrarse un provenir, proyectos que han recibido el endoso del Tribunal

---

[237] Juan Manuel Passalacqua, *La séptima guerra: Memoria de la Revolución Cubana al Grito de Vieques* (San Juan, Editorial Cultural, 2000), 26.

Supremo de la nación...Como parte del malestar estudiantil de la década de 1960, *nuyoricans* en varias instituciones universitarias de Estados Unidos forzaron la creación de departamentos dedicados exclusivamente a la enseñanza de materiales referentes a los puertorriqueños, tanto de la isla como del continente. Su existencia por varios años en más de quince instituciones de nivel superior en Estado Unidos contrasta con su inexistencia en institución alguna en Puerto Rico. Una vez más, la fuerza de la nueva puertorriqueñidad se produce fuera de la Isla.[238]

Lo acontecido movilizó por igual a mujeres, jóvenes, grupos y sociedades etno-culturalmente subordinados, disidentes y perseguidos de todo tipo. Según el historiador Antonio Gaztambide fue un periodo crucial de marcada oposición a lo tradicional:

Estos jóvenes se rebelaron contra la vacuidad de las promesas del progreso capitalista patriarcal y contra las élites de poder modernas, que negaban en la práctica sus principios fundacionales. Recuerda que la Revolución Cultural comenzó en el más rico y poderoso de los países capitalistas, Estados Unidos, con el movimiento de los norteamericanos de origen africano por los derechos civiles. Esta fuerza abonó tanto a un feminismo renacido como al movimiento estudiantil contra la Guerra de Vietnam, pasando por los hippies y la cultura de la droga, y culminando en las rebeliones del Poder Negro y otros grupos subordinados, como los nativos, chicanos, y puertorriqueños. Gobiernos, medios políticos, intelectuales, académicos, y personas de todos los estamentos sociales, coincidieron en ese ámbito en la urgencia de cambiar el mundo, aunque las discrepancias

---

[238] Juan Manuel Passalacqua, *La alternativa liberal* (Río Piedras: Editorial Universitaria, 1974), 143.

prevalecieron en relación con las vías a seguir para lograrlo.[239]

En medio de todo el impacto de la revolución cultural en Puerto Rico hubo un cambio en la gobernación. Luego de casi dos décadas, Luis Muñoz Marín optó por no repostularse como gobernador para las elecciones de 1964, sucediéndole Roberto Sánchez Vilella y ganando éste. Sánchez Vilella, juramentó como segundo gobernador del Estado Libre Asociado (ELA) el 2 de enero de 1965. Durante su cuatrienio, de 1965 a 1968, hubo división interna entre el liderazgo del PPD, específicamente entre Muñoz Marín, que permanecía como presidente del partido, y Sánchez Vilella. La pugna estribó esencialmente en una de lucha de poder entre la vieja guardia del PPD y una nueva generación de liderazgo y gobierno. ¿Qué ocurrió? Los choques culminaron en la convención del partido celebrada en junio de 1968. Llegado el momento de votar por el candidato a gobernador, los delegados a la convención apoyaron abrumadoramente al escogido del alto liderato, el senador [Luis] Negrón López. Sánchez Vilella, cuya candidatura había sido descrita por Muñoz como 'peligrosa para la unidad del partido', fue derrotado por un margen de 11 a 1.[240]

---

[239] Gaztambide, "La revolución cultural mundial", 199.
[240] Francisco A. Scarano, *Puerto Rico: Cinco siglos de historia*,

Sánchez Villella no se quedó de "brazos cruzados" y decidió hacer campaña por cuenta propia, asumiendo la candidatura oficial de un nuevo partido político, el Partido del Pueblo (PP). Las elecciones de 1968 fueron históricas porque hubo también otro partido que participó por primera vez de una contienda política y terminó ganando, el Partido Nuevo Progresista (PNP). Este partido había sido fundado a finales de agosto de 1967 en Trujillo Alto por un ingeniero ponceño y dirigente republicano, Luis A. Ferré. La división del PPD y un fuerte incremento anexionista en el país, marcó la diferencia en las elecciones y en fin a la primera derrota del PPD en 28 años.

A mediados de la década de 1960 también fallecieron dos figuras puertorriqueñas prominentes. El líder nacionalista Pedro Albizu Campos falleció el 21 de abril de 1965 y el gran compositor aguadillano Rafael Hernández el 11 de diciembre de 1965. Hernández fue autor de las inmortales piezas musicales "Preciosa", "Lamento Borincano" y el "Cumbanchero".

A todo esto muchos jóvenes puertorriqueños de la Universidad de Puerto Rico, Recinto de Río Piedras (UPR), tuvieron encontronazos muy serios motivados sin duda por

(México: D.F. McGraw-Hill, 2004), 911.

los eventos que estaban sacudiendo a Estados Unidos y al mundo. Para el año 1969 existía un activismo violento entre los estudiantes de las universidades de Estados Unidos a causa de la Guerra de Vietnam y el servicio militar obligatorio como sucedió en las universidades de Columbia, Kent St. y Berkeley. En Puerto Rico, este activismo se canalizó en la UPR a través de una lucha para sacar el ROTC de la universidad. Gran parte del estudiantado y facultad se oponían a la militarización de la universidad. Rafael Hernández Colón, Presidente del Senado en ese entonces, recordó vívidamente el violento desenlace y describió el caos en sus *Memorias* de manera novelesca: "La Federación Universitaria Pro Independencia (FUPI) dirigió sus esfuerzos en contra de la enseñanza en la UPR de las ciencias y tácticas militares del ejército de los Estados Unidos, ROTC".[241]

La Asociación Universitaria Pro Estadidad (AUPE) y un comité a favor del ROTC, asumieron su defensa. El 26 de septiembre de 1969 hubo una protesta liderada por la FUPI en defensa de un joven convicto por negarse inscribirse en el servicio militar y se formó un motín en el campus, incendiando y destruyendo parte del edifico del ROTC. La

---

[241] Rafael Hernández Colón, *Vientos de Cambio: Memorias de Rafael Hernández Colón 1964- 1972*, (Ponce: Fundación Biblioteca Rafael Hernández Colón, 2010), vii.

FUPI reclamaba la destitución del presidente de la universidad, Jaime Benítez, una reforma universitaria y el cierre del programa militar. El motín dejó diez personas heridas y gran descontento entre los simpatizantes del ROTC.

Aproximadamente seis semanas después, el concilio de padres de estudiantes organizó una marcha a favor del ROTC y la paz estudiantil. Lo menos que hubo fue paz. Los manifestantes llevaron a cabo la marcha por la Avenida Ponce de León al negárseles el permiso en el interior del campus el rector de la UPR con esperas de evitar otro sangriento desenlace. Naturalmente, tanto los manifestantes, como la FUPI, llegaron a tener un encontronazo al acercarse los últimos al portón del recinto. Hubo gritos y consignas de parte y parte hasta que comenzaron a volar las piedras, se lanzaron palos, golpes y hasta bombas molotov, dejando numerosos heridos. Los defensores del ROTC y de la paz continuaron hacia la plaza de recreo de Río Piedras y rodearon el edificio y local del Movimiento Pro Independencia (MPI) e incendiaron las instalaciones.[242]

El 4 de marzo de 1970 Puerto Rico vivió otro trágico evento de represión policiaca y la lucha estudiantil. La UPR

---

[242] Hernández Colón, 142-144.

seguía siendo foco de resistencia. Profesores y alumnos solo creían en la universidad como un centro de estudio. Se desató otro motín y nuevamente se señaló a estudiantes independentistas como responsables de incendiar las instalaciones del ROTC. Jaime Benítez, presidente de la UPR, ordenó la entrada de la fuerza de choque. Hubo muchos disturbios. El ambiente estuvo tenso y peligroso. Antonia Martínez era estudiante graduanda de Pedagogía. Tenía 21 años de edad y se encontraba en el balcón de su hospedaje ubicado en la misma avenida de los tumultos. Desde allí observó a la policía golpear a un estudiante y le gritó, "abusadores". Un policía, cuya identidad se desconoce, desenfundó su arma y le disparó alcanzándola en la cabeza. La joven ni siquiera era militante. Simplemente se encontró en medio de la beligerancia y se indignó con lo que vio.[243] Martínez se convirtió en un símbolo de la resistencia estudiantil de la época. Fue un acto cobarde y de total injusticia e innecesario derramamiento de sangre inocente. Y para colmo, impune.

En conclusión, con el periodo de la Guerra Fría, se

---

[243] Gloria Ruiz Kuilan, "Hoy se cumplen 45 años del asesinato de Antonia Martínez Lagares", https://www.elnuevodia.com/noticias/politica/nota/hoysecumplen45 anosdelasesinatode antoniamart inezlagares- 2015027/ (accedido el 16 de marzo de 2018).

trasladaron a Puerto Rico algunas de las tensiones que se daban en el mundo. Introspectivamente hubo de todo. La sociedad de la posguerra fue una bien variada. Veteranos *baby boomers*, urbanistas, consumidores desmedidos. Las luchas y conflictos sociales en este escenario resultaron de inmediato afectadas por el clima de guerra ideológica y todo lo que conllevara a las aspiraciones autónomas de los pueblos colonizados, trayendo consigo la represión de los movimientos popular y nacional.[244] Entre Estados Unidos y Puerto Rico hubo resistencia social ante lo tradicional pero en cuestiones económicas, hubo desarrollo económico. Inestabilidad militar marcada. Una intensa lucha por igualdad y derechos civiles. Persecución política. Sufrimiento, dolor y llanto humano. Regocijo y júbilo comercial. Adicionalmente, los jóvenes principalmente le hicieron frente a todo lo tradicional de la sociedad. La música que se escuchaba, la vestimenta, ideología, libertinaje, promiscuidad, drogas. Desde Estados Unidos a Puerto Rico el impacto fue real. Al fin de cuentas fueron unas tres décadas de historia humana impactantes pero usuales porque a través de todos los tiempos ha prevalecido un denominador común llamado hombre y sus acciones han dejado claro que "no hay

---

[244] Gerard Pierre-Charles, *El Caribe contemporáneo* (México: Siglo XXI Editores, 1983), 54.

nada nuevo debajo del sol". Este sería el escenario dentro del cual llegarían a Puerto Rico los *nuyoricans*, baloncelistas de ascendencia puertorriqueña, a mediados de la década de 1960.

Los X Juegos Centroamericanos y del Caribe de 1966

Justo en pleno apogeo de la conflictiva era de la Guerra Fría y acontecimientos anti bélicos en la isla, se celebraron los X Juegos Centroamericanos y del Caribe en San Juan del 11 al 25 de junio de 1966. Participaron 18 países en 17 disciplinas deportivas y un total de 1,689 atletas. La participación de la delegación cubana fue el obstáculo principal que los organizadores del evento tuvieron que enfrentar:

"Tan pronto los líderes deportivos del País supieron que la Isla sería la sede de la justa deportiva, -la primera vez que Puerto Rico montaría una actividad deportiva de nivel internacional-, detectaron lo duro que iba a ser lograr que Estados Unidos aprobara los visados para Cuba. Ante el fracaso del Gobierno de Puerto Rico para obtener el visado, Cuba puso en marcha un plan para tener a los atletas cerca de la isla en caso de obtener los permisos. Toda la delegación cubana, sobre 250 personas, se montó en el buque Cerro Pelado, el cual se movilizó a Puerto Rico y se mantuvo a cinco millas náuticas de San Juan, días antes de los Juegos. En el barco los cubanos entrenaron mientras eran objetos de 'visitas' de aviones y embarcaciones norteamericanas que estaban muy pendientes al buque. Finalmente, la presión pública internacional tuvo efecto y Cuba pudo obtener los visados para participar, pero no para anclar su buque en aguas norteamericanas. Los atletas, acorde a su agenda de participación en los Juegos, eran transportados en lanchones a San Juan, directo al estadio Sixto Escobar, o al lugar en donde se desarrollaba la actividad deportiva en la que participarían".[245]

La asistencia total a las distintas instalaciones deportivas durante los 14 días de acción deportiva fue de 270,251 espectadores que dejaron en dinero unos $275,832.00, un ingreso importante si consideramos que el precio de los boletos era entre los 50 centavos y un dólar.[246] Los anfitriones boricuas tuvieron mucho que celebrar entre las disciplinas de atletismo, baloncesto, béisbol, boxeo,

---

[245] Raymond Pérez, "San Juan le hizo frente al reto de los X Juegos Centroamericanos", 19 de junio de 2017,
https://www.elnuevodia.com/deportes/otrosdeportes/nota/sanjuanleh izofrentealretodelosxjuegos centroamericanos-2332467/ (accedido el 10 de octubre de 2018).
[246] "Fue hace 27 años. X Juegos Centroamericanos y del Caribe", *El Nuevo Día*, 13 de junio de 1993,
https://web.archive.org/web/20140112210333/http://www.puertadeti erra.info/noticias/1993.htm (accedido el 3 de diciembre de 2018).

levantamiento de pesas, natación y otras. Pero entre todos, ¿cuál fue el más popular entre la fanaticada puertorriqueña? ¡El básquet![247] El baloncesto obtuvo el mayor apoyo de la fanaticada logrando el equipo boricua la medalla de oro por segunda ocasión en unos Juegos Centroamericanos y del Caribe y de forma invicta.[248] El equipo fue liderado por el estelar armador Juan "Pachín" Vicéns y el resto de la plantilla la compusieron Jaime Frontera, William "Bill" McCadney, Martín Anza, Evelio Droz, Ángel "Caco" Cancel, Miguel Silen, Johnny Báez, Richard "Richie" Pietri, Adolfo Porrata, Rubén Adorno y Teófilo "Teo" Cruz.

Tan solo cuatro días después, el 29 de junio de 1966, aviones de guerra de Estados Unidos comenzaron a bombardear las ciudades vietnamitas de Hanoi y Haiphong. Para diciembre del mismo año tenían 385,300 tropas estacionadas en el sur de Vietnam. Adicionalmente, contaban con 60,000 tropas costa afuera y otras 33,000 en Tailandia. La nación estaba dividida en torno a la validez o justificación de la participación en lo que aparentaba ser una intervención innecesaria para muchos. Hubo muchas protestas y

---

[247] Ibid.
[248] Puerto Rico ganó oro en baloncesto por primera vez en los XIX Juegos Centroamericanos y del Caribe de 1962, celebrados en Jamaica.

manifestaciones antibélicas en toda la nación y a lo largo de la década.

Fue específicamente durante la década de 1960 que sobresalieron los primeros *nuyoricans*, pero su efecto se vivió primordialmente en la década del '70. En esos diez años, solo 3 quintetos alzaron cetros a nivel nacional: los Piratas de Quebradillas ('70, '77, '78, '79), los Vaqueros de Bayamón ('71, '72, '73, '74, '75) y los Cardenales de Río Piedras ('76). ¿El factor común detrás de estas dinastías? ¡Los *nuyoricans*! Martín Anza, Alberto Zamot, Mariano "Tito" Ortiz, Raymond Burgos, Raymond Dalmau, Neftalí Rivera, Wilfredo Burgos, César Fantauzzi, Néstor Cora, Rubén Rodríguez, Rubén Montañez, Earl Brown y Luis Brignoni fueron principalmente los jugadores *nuyoricans* de mayor impacto en las franquicias campeoniles. Lideraban a sus equipos noche tras noche en los juegos. Tal hazaña evidencia una historia de gran impacto, una definitivamente para contar. ¿Por qué? Es la única manera de enmarcar justamente el legado que los *nuyoricans* dejaron en el baloncesto puertorriqueño.

IV

Los *nuyoricans*

Definición del término

¿Niuyorrican, nuyorican, nuyorriqueño o newyorican?
Las posibles variantes son muchas pero más importante es
que el origen del término radica en la unión de las palabras
anglosajonas *New York* y *Puerto Rican*. Típicamente y en sus
inicios, se le conoció como *nuyorican* a cualquier hijo de
puertorriqueños emigrados a Estados Unidos, nacido y
criado en la ciudad o estado de Nueva York. Por ende, alguien
pudiera identificar a los *nuyoricans* como puertorriqueños de
segunda generación. No obstante, la palabra también se le
puede aplicar a un puertorriqueño de primera generación,
nacido en Borinquen y de padres puertorriqueños, que
simplemente haya pasado una porción significativa de su
vida en Nueva York o el noreste de Estados Unidos y cuya
idiosincrasia y cultura haya sido fuertemente marcada por
ella. La idea general de la expresión *nuyorican* también
pudiese expandirse más y "arropar" la totalidad del espacio
geográfico norteamericano indistintamente de dónde uno
haya nacido o haya sido criado para entenderse un
puertorriqueño en Estados Unidos. No obstante, no sería

sorprendente leer, estudiar o escuchar en un futuro sobre los *Floridarricans*, *Orlandorriicans*, *Miamirricans*, *Texarricans*, o *Californiarricans*, entre otros, debido a la presente y marcada emigración puertorriqueña.

El término *nuyorican* surgió a mediados de la década de 1960. Desde finales del siglo XIX hubo puertorriqueños que emigraron a Estados Unidos pero no fue sino hasta concluida la Segunda Guerra Mundial que se llevó a cabo un verdadero éxodo puertorriqueño a Estados Unidos. La emigración fue muy aguda durante la década de los '50. El término *nuyorican* surgió literariamente en 1964 en el poemario de Jaime Carrero[249], "Jet neorriqueño/ *Neo-Rican Jetliner*". El vocablo se institucionalizó con el *Nuyorican Poets Café*, establecido en 1973 por Miguel Algarín y Miguel Piñero.[250] Otros autores fundacionales fueron el precursor literario Piri Thomas, Pedro Pietri, Tato Laviera y Sandra María Esteves.

---

[249] Fue pintor, dibujante, novelista, dramaturgo y poeta. Nació en Mayagüez, Puerto Rico en 1931 y estudió en el *Art Instruction Center* de Nueva York en 1949 y luego completó maestría en el *Pratt Institute* de Nueva York en 1957. Desde luego trabajó en el Departamento de Arte de la Universidad Interamericana de Puerto Rico en San Germán, el cual dirigió de 1979 a 1995. También hizo cursos avanzados de pintura en Florencia en 1961 y de historia del arte en la Universidad de Columbia en 1962.

[250] Jorge Duany, "Los escritores *nuyoricans*", 16 de febrero de 2017, https://www.elnuevodia.com/opinion/columnas/losescritoresnuyoricans-columna-2291650/ (accedido el 30 de marzo de 2018).

Los iniciadores del Café se apropiaron de la palabra *nuyorican* para subrayar el carácter bilingüe y bicultural de la comunidad puertorriqueña en Nueva York. Proveyó un espacio para representaciones públicas de índole cultural, manifestándose así exposiciones de poesía, música, teatro y artes visuales. "El Café comenzó como un lugar de reunión informal para escritores y artistas de origen boricua en la sala del apartamento de Algarín en el East Village de Nueva York. Buena parte de su poesía documentaba y denunciaba los problemas sociales de los barrios marginales de Nueva York, como la pobreza, la criminalidad y la adicción a drogas. Al mismo tiempo, la poesía *nuyorican* era una señal de resistencia colectiva ante circunstancias adversas".[251]

Como reflexión sobre las convivencias de la comunidad *nuyorican* fuera del ámbito deportivo, se puede analizar la creciente literatura *nuyorican* de la época. "Contenía numerosas referencias autobiográficas, donde predominaban el idioma inglés, la jerga callejera, el realismo, la política subversiva y una ruptura con los modelos literarios de la isla. Muchos autores articularon una imagen mítica de Puerto Rico y sus raíces africanas e indígenas. Los escritores *nuyoricans* compartían mucho con autores pertenecientes a

---

[251] Ibid.

otras minorías estadounidenses, como los afroamericanos y chicanos, en su rechazo de la opresión racial y de clase, la autoafirmación étnica, el lenguaje no estándar y la búsqueda de nuevas formas de expresión".[252] A fin de cuentas nadie debe criticar el amor o las significativas aportaciones de los *nuyoricans* hacia Puerto Rico. Hablar sobre la patria tampoco debe ser cuestión de división. Es muy personal y no debe ser motivo para que se le rechace al *nuyorican* que orgullosamente declare o sienta que su patria es verdaderamente Puerto Rico. Su dedicación es loable y se le respeta.

El término *nuyorican* entonces es uno que surge a causa del colonialismo y una emigración forzada, causando división en ocasiones, división innecesaria entre nativos y la diáspora. De colonialismo, porque al ser Puerto Rico invadido por Estados Unidos en 1898, la isla pertenece *a*, pero no es parte *de*. La ciudadanía estadounidense impuesta por la Ley Jones de 1917 facilita masivamente la migración circular puertorriqueña. La emigración de muchos fue y sigue forzosa porque miles no desean irse, pero las circunstancias obligan. Claro, no todos, porque siempre hay quienes eligen por sus propias cuentas, motivados por

---

[252] Ibid.

atracción.

Desde luego, y a través de las subsiguientes décadas, se fue creando separación entre una generación y la otra, la distancia geográfica creó una distancia ideológica entre los que preservaban lo natural de la isla y los que se fueron, por asimilarse a lo estadounidense. La diáspora, es conocida por ser un pueblo disperso fuera de su isla y que reflexiona desde "afuera". Fueron miles las familias puertorriqueñas las que sintiéndose cansadas y sin esperanzas de mejoría emigraron por los trabajos industriales disponibles en las ciudades nororientales. Nueva York tuvo durante los años '60 el núcleo más numeroso de población puertorriqueña. Miles y miles de puertorriqueños terminaban viviendo entre los sectores marginados y de bajos recursos. La pobreza, criminalidad, alcoholismo y drogadicción era siempre una realidad muy presente al tener que vivir entre ella. En consecuencia, los *nuyoricans* fueron asociados en un principio desde la isla con connotaciones negativas para referirse al emigrado puertorriqueño que volvía a la isla mostrando cambios en su comportamiento, en su forma de hablar y en sus costumbres. Desde la isla, los "nativos" consideraban a los *nuyoricans* "vendidos" a la cultura norteamericana y traidores del español. A muchos acá les aguardaba el miedo y simplemente les imponían falsos conceptos de estereotipos de que provenían de la calle, de que eran todos pandilleros problemáticos, alcohólicos o drogadictos. El poema *"Nuyorican"* de Tito Laviera publicado en 1985 revela muy bien los sentimientos y dilemas de esta realidad:

"Nuyorican"

Yo peleo por ti, Puerto Rico, ¿sabes?
Yo me defiendo por tu nombre, ¿sabes?
Entro a tu isla, me siento extraño, ¿sabes?…
(…) me desprecias, me miras mal, me atacas mi hablar,
mientras comes McDonald's en discotecas americanas…
así que, si tu no me quieres, pues yo tengo
un Puerto Rico sabrosísimo en que buscar refugio
en Nueva York…[253]

Una teoría del surgimiento de la palabra es que el término nació en Nueva York, y de forma similar a como se produce la apropiación del término *chicano* por parte de la comunidad de origen mexicano en el suroeste de Estados Unidos, se adopta el término *nuyorican* en reacción al rechazo que los isleños manifiestan contra ellos y como término de autoafirmación en el espacio norteamericano. Así, la palabra adquiere significados distintos según el individuo que lo utilice. No existe otro pueblo que tenga tal

---

[253] Tato Laviera, "Nuyorican", *American,* 1985, 53. https://enciclopediapr.org/encyclopedia/laviera-tato/ (accedido el 15 de abril de 2018).

historia de emigración e incorporación en Estados Unidos debido a su ciudadanía. Los mexicanos son el grupo mayoritario, pero es debido a su cercanía geográfica. Los cubanos, por medidas políticas que le fueron concedidas por años, y los puertorriqueños por nacimiento.

Para los habitantes del Barrio que ya se han identificado con el espacio neoyorquino y con la comunidad emigrada, el término es definitorio de un nuevo ser puertorriqueño, producto de la experiencia de la emigración en la sociedad norteamericana. Los años sesenta y setenta son realmente años de gran actividad en la comunidad puertorriqueña de Nueva York aunque también es una época en la que se consolidan otros grandes núcleos de población puertorriqueña en todo el país, especialmente en el noreste, medio oeste y California.[254]

Otra perspectiva sobre el origen del término *nuyorican* proviene interesantemente desde la isla. La misma determina que la palabra surge en Puerto Rico. Esto es así porque había diferencias entre los *nuyos* en cuanto a negritud física, el español como primer idioma versus el inglés, la vestimenta tipo pantalones de campana y *hippie*, peinados extravagantes o estilo afro, comida rápida, costumbres e ideología estadounidense, entre otras cosas más. Naturalmente se

---

[254] Virgina Sánchez Korrol, *From Colonia to Community: The History of Puerto Ricans in New York City* (Oakland: University of California Press, 1994), 28. http://www.uhu.es/antonia.dominguez/ pricans/puerto_rican_ migration.htm#_ftn1 (accedido el 14 de abril de 2017).

notaron las diferencias y surgió una división o resistencia. Tal vez en un mundo ideal todos se hubieran acogido como iguales y puertorriqueños, pero el orgullo nativo y sentido de pertenencia no lo permitió. Y este detalle es importante porque muchos *nuyoricans* no estuvieron de acuerdo con la palabra. Algunos sí, pero no todos. Hubo quienes se consideraron iguales o hasta más puertorriqueños que los propios criollos, boricuas 100%. Los defensores de esta posición argumentan que el término no surgió del lado de los *nuyos*, porque ellos no se llamaban así entre ellos mismos, ni siquiera en la isla. Tal vez una vez en Puerto Rico se hacían llamar americanos en los distintos pueblos por no dominar el español. No obstante, hay otra vertiente. Existe una noción de que el término sí fue acogido entre no pocos *nuyoricans* con orgullo, pues les sirvió para diferenciarse de los nativos que les parecieron muy tontos, moldeados a seguir instrucciones, tornarse demasiado sumisos y querer ser blancos. A algunos *nuyoricans* se les infundó el concepto de que la educación era para los blancos y no para los negros. A todo esto Nando Acosta establece que a los boricuas de Nueva York y Chicago nunca les ha gustado la palabra *nuyorican*. Él asegura que el grito de "¡Yo soy boricua, pa' que tú lo sepas!" nació en El Barrio en Nueva York.[255] Los *nuyoricans* estaban orgullosos de sus raíces y querían expresarlo a viva voz ante la incertidumbre y chabacanería de aquellos que les desprestigiaban.

Es un término socio-económico de vida y uno no tiene que necesariamente vivir en Nueva York para ser *nuyorican*. Es que meramente en sus orígenes los *nuyoricans* adoptaron formas de hablar y vivir de los afroamericanos de Nueva York porque allí se encontraron ambos grupos en su lucha y deseo por vivir.

Historia en perspectiva

La historia de la emigración puertorriqueña ha sido una evidentemente muy diversa, no homogénea. Esto es así porque hubo familias provenientes tanto del campo y áreas rurales como de la ciudad. Agricultores desplazados ante la vorágine de desarrollo industrial que los dejó confusos y perdido ante el nuevo horizonte ajeno a su realidad y otros boricuas que provenían de las ciudades o pueblos. Para algunos puertorriqueños el viaje a Nueva York se convirtió en un segundo desplazamiento ya que originalmente eran *de*

---

[255] Nando Acosta, grupo Historia de Puerto Rico, Facebook, 17 de marzo de 2018, https://www.facebook.com/groups/463821096968673/permalink/21 31535766863856/.

la isla[256] y por motivo de trabajo primero habían migrado a las ciudades urbanas del país. La realidad es que debido al olvido de agricultura de 1940 en adelante una amplia mayoría del país fue desplazada a las ciudades. Nueva York, no obstante, en nada se parecía a una ciudad puertorriqueña.

El cambio fue drástico y fuerte. Entonces, ¿quiénes exactamente dejaron a Puerto Rico para irse a trabajar a Nueva York? Jornaleros de la caña de azúcar y trabajadores comunes, músicos exitosos, diestros trabajadores de la industria de la aguja, médicos y parteras, pequeños inversionistas, botánicos, espiritistas, agrónomos prácticos, artesanos hábiles, artistas, cantantes y políticos. Lamentablemente, a muchos de estos boricuas nunca se les consideró sus habilidades ni dio una oportunidad en aquello que conocían sino que tuvieron que probar suerte en nuevos campos de trabajo, aquellos que estaban disponibles. O sea, se tuvo que recurrir a trabajar en fábricas, guiar taxi o servir de mesero o cocinero en un restaurante aunque en la isla hubiera ejercido el magisterio u otro trabajo de cuello blanco.[257]

La autora Clara Rodríguez clasifica la emigración

---

[256] Referencia utilizada como sinónimo del campo o municipios fuera de la zona metropolitana.
[257] Clara E. Rodriguez, *Puerto Ricans Born in the U.S.A.* (Boulder, Colorado: Westview Press, 1991), 2.

puertorriqueña en tres periodos: el arribo de los pioneros de 1900-1945, la gran migración de 1946-1964 y la migración de la puerta giratoria desde 1965 en adelante. La gran mayoría de los primeros puertorriqueños en emigrar a Estados Unidos lo hicieron estableciéndose en la ciudad de Nueva York, cerca de la calle *Atlantic* en Brooklyn, El Barrio en *East Harlem* y barriadas de *Manhattan* como *Lower East Side, Upper West Side, Chelsea, Lincoln Center* y hasta el *South Bronx*. Hubo puertorriqueños que se establecieron en Nueva York antes de 1900 pero no fueron grupos grandes. A Hawaii también emigraron otros, justo luego de la ocupación estadounidense de la isla y el Huracán San Ciriaco de 1899. Nueva York, no obstante, fue el centro de emigración boricua ya que coincidió con la apertura de nuevos empleos industriales y de agricultura en la ciudad. Se necesitaba mano de obra y los puertorriqueños buscaban empleo.

Durante la segunda ola de aproximadamente dos décadas fue que arribaron la mayor cantidad de boricuas hasta el nuevo fenómeno del siglo XX. Durante esta época hubo establecimientos en otras ciudades aparte de Nueva York y Chicago, como en Massachusetts, New Jersey, Connecticut, Pennsylvania y Ohio. Estas se dieron en menor grado en sus inicios y fueron creciendo sucesivamente. Durante el tercer periodo se continuó la emigración neta

189

puertorriqueña. Se formaron nuevas comunidades en la Florida, Texas, California y otros estados del medio oeste y oeste de la nación estadounidense. Para 1980, la mayoría de los puertorriqueños en Estados Unidos se encontraron fuera de Nueva York.[258]

¿Qué grado de educación tenían estos boricuas emigrantes? ¿Eran todos pobres, analfabetas y sin destrezas de trabajo? Estudios han demostrado que los puertorriqueños que emigraron durante la segunda ola migratoria lo hicieron con un mayor grado de escolarización que sus contemporáneos nativos. Un estudio de 1948 de sobre 1,000 puertorriqueños en Nueva York encontró que los boricuas en Estados Unidos tenían mayor grado de alfabetización que los que permanecían en la isla (93% a 74%); que solo un 26% de ellos no tenía habilidad de trabajo (*skilled*), que antes de emigrar habían estado trabajando (69%), y el 82% de ellos provenía de las ciudades más pobladas de Puerto Rico. Los boricuas en Estados Unidos durante la década de 1940 tenían el doble de escolaridad que los que residían en la isla.[259] Durante las décadas de 1950 y 1960 la escolaridad bajó gradualmente debido a un arribo mayor de familiares pedidos o invitados por seres queridos. Este grupo se describe como

---

[258] Rodríguez, 4.
[259] Ibid, 5.

predominantemente masculino, *unskilled* y del campo o áreas rurales de Puerto Rico.

El vaivén de la emigración

¿Cuán extensa fue la emigración puertorriqueña? Entre 1930 y 1940 el promedio anual de emigración según estimados aéreos fue de sólo 1,800 pasajeros; y entre 1941 y 1945 fue de 4,600. Desde la conclusión de la Segunda Guerra Mundial en adelante todas las estadísticas de emigración puertorriqueña fueron en significativo aumento. Entre 1946 y 1950 el promedio fue de 31,000 personas. Luego, durante la década de 1950 al '60, el éxodo fue de 45,000 puertorriqueños. El clímax llegó en el 1953 cuando unos 75,000 puertorriqueños abandonaron su patria.[260]

Ahora bien, ¿por qué optaron por emigrar tantos puertorriqueños? Teóricos como Lawrence R. Chenault y Oscar Handlin establecieron sus teorías de sobrepoblación de Puerto Rico como factor principal debido a mejoras en el campo de la salud y facilidades hospitalarias logradas bajo política estadounidense. Pero esas mejoras causaron una sobrepoblación que necesitó remediarse por medio del éxodo

---

[260] Francisco A. Scarano, *Puerto Rico: Cinco siglos de historia*, (México, D.F.:McGraw-Hill, 2000), 862.

a Estados Unidos. Otros teoristas apoyaron la versión mucho más lógica de un deseo y atracción por mejores y mayores oportunidades. Ha sido una combinación de pobres oportunidades y alto desempleo en la isla junto a un incremento nacional económico en Estado Unidos con variadas oportunidades de empleo y poco desempleo lo que ha interesado a los puertorriqueños en emigrar principalmente. Otros factores también lo fueron la educación, seguridad, familia, tratamiento especializado médico y hasta un espíritu de aventura sin igual. Aun así, el factor económico ha sido eje central en la mayoría de vidas boricuas.

La ciudadanía estadounidense de los puertorriqueños, claro está, ha sido muy importante para facilitar la emigración. Muchas compañías estadunidenses y empresarios consistentemente miraron a Puerto Rico con ansias de reclutar a boricuas. Esto hicieron a principio del siglo XX para que viajaran a Hawaii a trabajar en los campos de la caña de azúcar y la piña. Negociantes estadounidenses veían con "buenos ojos" a los puertorriqueños al considerárseles trabajadores útiles, con un grado adecuado de conocimiento en agricultura, el poder pagarles con salarios bajos y a pesar de que aún no eran ciudadanos estadounidenses, eran residentes de una isla bajo su ocupación.

El gobierno puertorriqueño también fue factor importante de la emigración boricua a Estados Unidos. Historiadores como Michael Lapp, Félix Padilla y Edwin Maldonado argumentaron que fue el propio gobierno el que tuvo gran culpa al querer empujar la emigración. A pesar de la constante negación del gobierno de tal señalamiento, Padilla mantuvo que el gobierno hasta le pidió a la Administración Federal de Aviación (FAA por sus siglas en inglés) proveerle a los puertorriqueños tarifas más económicas para viajar entre Puerto Rico y Estados Unidos. Lapp arguyó que la oficina gubernamental puertorriqueña de migración en Nueva York, facilitó la emigración.[261] El Partido Popular Democrático (PPD) empleó tres medios para promover y controlar la emigración: multiplicar el tráfico aéreo hacia Estados Unidos y abaratando el costo de los pasajes, esparciendo anuncios sobre oportunidades de empleo principalmente en el noreste de Estados Unidos, y fijando estándares mínimos en relación con el trato que debían recibir los obreros puertorriqueños. Estas medidas gubernamentales precipitaron el vaivén puertorriqueño[262] y

---

[261] Ibid, 7.
[262] Migración variada y alternativa; haberse trasladado hacia los Estados Unidos y luego de vuelta a Puerto Rico.

193

lamentablemente porque el estado entendió que para ordenar los problemas económicos de la isla era necesario hacerlo controlando el crecimiento poblacional.[263]

En resumidas cuentas, hubo boricuas que emigraron por razones forzosas y hubo otros que emigraron por razones de atracción. Los primeros prácticamente fueron obligados a emigrar por el mero instinto innato de supervivencia. Había que mantener una familia, y sin tierras, trabajo, comida o recursos que ayudasen o dieran esperanza, simplemente no había otra alternativa. El país también atravesaba por gran incremento poblacional y eso limitaba aún más las difíciles oportunidades que pudiesen encontrarse en la Isla. La Gran Depresión y la Segunda Guerra Mundial complicaron todo el panorama.

El segundo grupo más bien optó por salir siendo atraído por mejores oportunidades de vida, felicidad y posible éxito. En Estados Unidos, sin duda existió una gran demanda por trabajadores, especialmente en las grandes zonas de concentración industrial y en el área metropolitana de Nueva York. "Era tanto el interés en reclutar trabajadores boricuas que cuando el alcalde de Nueva York, Richard Wagner, viajó a Puerto Rico en 1953, declaró a su llegada que eran

---

[263] Scarano, 861.

bienvenidos en su ciudad todos cuantos quisieran la aventura de emigrar. ¡Había trabajo para todos!"[264] Y la realidad de este asunto es que ya fuese por desespero y desilusión en Puerto Rico o atracción hacia Estados Unidos, la razón principal de emigración puertorriqueña siempre lo fue una de índole económica. Virgina Sánchez Korrol analiza que:

The search for economic opportunity once again became the motivating factor propelling numbers of Puerto Ricans to migrate, first to the island's urban centers and then across the ocean. The internal migrant in Puerto Rican cities often became part of a pool of unskilled labor working for low wages, and family earnings were frequently supplemented by women's work. Chronic unemployment seasonably rose to alarming levels. The pressure of a labor surplus created a group geared for emigration.[265]

La sociedad puertorriqueña fue adquiriendo un carácter distinto en los años '60, precisamente a causa del crecimiento económico y el impulso industrial manejado por los líderes políticos de la isla desde 1940 en adelante. El historiador Francisco Scarano expone la realidad puertorriqueña de la época:

La población dibujaba un perfil cada vez más urbano y moderno a la vez que superaba viejos problemas de salud y

---

[264] Ibid.
[265] Virgina Sánchez Korrol, *From Colonia to Community: The History of Puerto Ricans in New York City* (Oakland: University of California Press, 1994), 28.
http://www.uhu.es/antonia.dominguez/pricans/puerto_rican_migration.htm#_ftn1 (accedido el 14 de abril de 2017).

supervivencia que la habían acosado durante siglos. Sin embargo, el hecho más trascendente de todo este periodo tal vez no haya sido la forja del resplandeciente complejo industrial ni el inicio de un equilibro poblacional nuevo. Lo más sorprendente quizás fue la emigración de cientos de miles de puertorriqueños hacia Estados Unidos.[266]

¿De acá o de allá?

¿Qué o quién es un *nuyorican* entonces? Cualquier puertorriqueño o descendiente que en algún momento de su niñez, adolescencia o juventud haya vivido en cualquier estado de Estados Unidos, principalmente entre la región del noreste, por un periodo de tiempo significativo. Adicionalmente, la persona debe haberse inmiscuido en la idiosincrasia y cultura estadounidense. De lo contrario sería más boricua puro que otra cosa. Y no es por crear controversia o división; es que simplemente ya hay una diferencia de por sí. Son dos mundos, dos culturas, dos idiosincrasias distintas.

El haber nacido y vivido en Estados Unidos da otro grado de formación, naturalmente. Permite envolverse entre otra comunidad. Originalmente se pensaba que los *nuyoricans* eran del estado de Nueva York y ya. Se pensaba así simplemente porque era el estado que mayor cantidad de

---

[266] Scarano, 860.

puertorriqueños acogió; la concentración era alta; la posibilidad de que un puertorriqueño tuviera un allegado en la región era real. La ciudad fue baluarte de la emigración puertorriqueña por décadas (y lo sigue siendo) por su gran disponibilidad de trabajo y cantidad de boricuas ya residentes. No obstante, ya para la década de 1960, por todas las grandes ciudades del noreste estadounidense había puertorriqueños tanto dentro como fuera de Nueva York.

Así es que el término surge como mirada a Nueva York y podría extenderse a la región de Nueva Inglaterra también. Estados como Massachusetts, Connecticut y Nueva Jersey le siguieron los pasos en cuanto a recepción de boricuas dada la cercanía geográfica. Así persistió la connotación original pero el término trasciende la localidad territorial. Por ende, debe entenderse al *nuyorican* en el contexto de la crianza y exposición originalmente estadounidense, independientemente dónde en la nación haya nacido o criado.

Desde el lado estadounidense otro nombre podría ser atribuido a un puertorriqueño/ estadounidense: *Puerto Rican American*. Pero sería un tecnicismo, un término no muy popular. Un posible uso de tal término sería un puertorriqueño nacido en la isla y que pasó a vivir décadas en Estados Unidos. El término también sería aplicable a un residente estadounidense de cualquier estado que tenga ascendencia puertorriqueña sin haber tenido exposición o contacto con sus raíces. Algo parecido a un *Italian-American* o *Mexican-American*.

La identidad en sí es algo muy personal, depende de la mentalidad de cada cual. En base a los ejemplos mencionados, alguien podría considerarse netamente como puertorriqueño viviendo en Estados Unidos. Tampoco es cuestión de nacer. Quien nació en Estados Unidos y a los pocos meses partió a Puerto Rico junto a su familia por el resto de su vida realmente no tiene nada de *nuyorican*.

¿Qué tal el estadounidense o descendiente de puertorriqueños nacido en Nueva York que llega a Puerto Rico por primera vez a los veinte años y nunca vuelve a irse? ¿Será siempre considerado un *nuyorican*? Probablemente sí, porque el factor determinante es el punto de crianza. Su primera exposición fue estadounidense. He ahí el término *nuyorican*, de Nueva York primero, pero de raíces puertorriqueñas. Dónde se obtuvieron los primeros años de desarrollo juvenil es parte vital de la comprensión del término. Por eso, aunque se viva fuera de la isla por años, si se nació en Puerto Rico, se será siempre puertorriqueño, a menos que la persona misma se haya desvinculado de su identidad. Yo soy *nuyorican* porque viví los primeros catorce años de mi vida allá, aunque nací acá; pero desde luego, llevo veinte acá. ¿Qué soy? Me identifico tanto como *nuyorican* como puertorriqueño porque conozco ambas culturas, domino ambos idiomas y comprendo dos idiosincrasias distintas. Soy un *nuyorican* nacional puertorriqueño con ciudadanía estadounidense.

Alguien podría preguntar entonces: ¿un *nuyorican* no es puertorriqueño? Acaso, ¿no puede ser lo mismo? Los *nuyoricans* son descendientes de puertorriqueños que han pasado la mayor parte de su vida en Estados Unidos. Aparte de su ascendencia puertorriqueña ¿qué los hace puertorriqueños? ¿Hablar español? ¿Conocer la cultura o historia del país? ¿Vivir en la Isla? ¿Comer arroz con gandules? ¿Tener un genuino aprecio y singular interés en los asuntos que se vive en el país? Claro está que no sólo nacer en la isla te hace puertorriqueño, ni tampoco hablar español. Pero, hay muchas cosas que sí te hacen puertorriqueño como lo antes expuesto. La identidad puertorriqueña es singular y no se puede menoscabar.

Hay mucho detrás de lo que te hace de cierto lugar y no se puede encerrar en un solo encasillado. Entre las características a considerar se debe identificar la ascendencia del puertorriqueño, el hablar el idioma, el haber vivido en el país por un tiempo ininterrumpido y prolongado, conocer la cultura y un interés genuino por el país. Los *nuyoricans* tienen su ascendencia y cultura, pero no comparten la misma idiosincrasia tan singular y auténtica de los isleños nativos. Con tiempo lo podrían hacer. Solo sería cuestión de interés y exposición. Ahora bien, no es que sea para menospreciar, indignar, socavar las raíces ni crear animosidad ni separación entre nosotros. Es simplemente una cuestión de comprensión acertada sobre la terminología de identidad y nacionalidad, correspondiente al origen de un grupo de individuos.

En el hogar de muchos *nuyoricans* los valores familiares se fundamentan sobre la identidad puertorriqueña. Hay muchos *nuyoricans* que no hablan español o sólo lo entienden y prefieren mejor el *Spanglish* como método de comunicación. No es que no sean puertorriqueños. Eso sólo lo decide uno mismo, pero hay un término que más apropiadamente identifica su identidad. Por medio del idioma predominante, la ubicación de la crianza y los rasgos culturales es que se establece la diferencia entre los unos y los otros.

Los *nuyoricans* típicamente son puertorriqueños de segunda generación, pero no todos. Son hijos de padres que nacieron en Puerto Rico pero ellos no. *Nuyorican* es su identidad. Su nacionalidad es puertorriqueña. Su ciudadanía es estadounidense. Su orgullo es genuinamente patriótico porque han vivido entre culturas, *inter-culturalmente*. Por eso es que se les ha retratado ondeando la bandera puertorriqueña con beneplácito. Han escuchado *La Borinqueña*, disfrutan de una buena *salsa*, gustan de pasteles y chuletas, hablan *Spanglish* en su mayoría o prefieren el inglés. Es una pequeña muestra representativa de su ascendencia puertorriqueña.

Jorge Duany establece que "convendría ensanchar la definición tradicional de la identidad nacional para incluir a 'los de afuera', que suelen sentirse tan boricuas como los de aquí".[267] También añade que "hoy en día, haber nacido en Puerto Rico, hablar español y residir en la isla no son marcas exclusivas de la puertorriqueñidad... 'el orgullo de ser boricua no tiene nada que ver con la geografía'".[268] Esto es un llamado a una reflexión meritoria y respetable. Pienso, no obstante, que los *nuyoricans* pueden sentirse como digan o quieran, pero seguirá existiendo una realidad que no es idéntica entre las partes. No es cierto que si yo hubiera nacido en Francia o me hubiera criado en Japón seguiría siendo puertorriqueño. Eso es una idealización bonita y patriótica pero irreal. ¿Es un chino-americano verdaderamente igual a

---

[267] Jorge Duany, "La nación en vaivén: identidad, migración y cultura popular en Puerto Rico" (San Juan: Ediciones Callejón, 2010), 32.
[268] Ibid.

los chinos nativos? No, a menos que haya vivido en China más allá de una corta estadía con familiares o que se haya realmente inmiscuido entre el diario vivir de ese pueblo.

Debe existir algún interés genuino o acercamiento fidedigno hacia la nación para realmente ser parte de. Esto no ha sido la experiencia general de toda la comunidad de la diáspora pero ciertamente ha existido entre un sector de la comunidad *nuyorican* y no es para menos. Así lo establece el antropólogo Jorge Duany:

Las comunidades diaspóricas siguen atadas a la Isla mediante una constante circulación de personas, dinero, bienes materiales y simbólicos, y tradiciones culturales. El surgimiento de múltiples identidades, tales como *chicagorrican, filirrican* y *florirrican*, así como de prácticas híbridas, como la salsa y el reggaetón, refleja los intensos y continuos intercambios entre la isla y la diáspora. Con frecuencia, la diáspora boricua ha nutrido un nacionalismo a larga distancia, al reclamar una identidad arraigada en la isla, aunque cada vez más diseminada por el continente norteamericano.[269]

---

[269] Jorge Duany, "La nación en la diáspora: las múltiples repercusiones de la emigración puertorriqueña a Estados Unidos", *Revista de Ciencias Sociales 17* 2007, 141 http://revistas.upr.edu/index.php/rcs/article/viewFile/7447/ 6064 (accedido el 26 de julio de 2018).

¿La patria?

Para la mayoría de los emigrantes puertorriqueños asentados en "El Barrio"[270], Puerto Rico siguió teniendo una fuerte influencia. Si bien nunca habían vivido en la isla, sus orígenes fueron un punto primordial de apoyo como una nueva generación que mantenía la necesidad de saber de dónde se viene y quién se es. Para los cineastas puertorriqueños Julio César Torres y Ricardo Olivero, directores del documental *Nuyorican Básquet*, "Puerto Rico siguió siendo la patria para todos ellos, aunque comenzaron a experimentar los problemas de sentirse ligados a un espacio en el que no habían vivido pero con el que seguían identificándose".[271] Muchos padres le inculcaron primordialmente la puertorriqueñidad a sus hijos y, claro está, sólo les hablaban en español en el hogar. Era natural que esa primera ola de emigrados recalcara la comida típica de la isla, sus días festivos, la música y sus costumbres particulares. Sus hijos vivirían una experiencia única: ser oriundos de una nación y formarse en otra. Así se crearon los *nuyoricans*, entre la fusión de lo estadounidense con lo puertorriqueño.

---

[270] Se refiere al asentamiento principal de boricuas en el Bronx de Nueva York.
[271] Sánchez Korrol, 28.

Las estadísticas reflejan que en el año 2000, el 64% de los puertorriqueños residentes en la ciudad de Nueva York hablaba bien el inglés, comparado con sólo el 28% en Puerto Rico. Inversamente, el 85% de los residentes de la isla sólo hablaban español en sus casas, mientras que casi el 25% de los boricuas en Estados Unidos sólo hablaban inglés.[272] A tal efecto Duany afirma que "la persistencia de la identidad puertorriqueña en la diáspora sugiere que los lugares de nacimiento y residencia son criterios cada vez menos útiles para captar el sentido de pertenencia nacional, arraigado en el origen familiar, las prácticas culturales, las lealtades personales y los lazos emocionales".[273] Concuerdo parcialmente, porque a pesar de la persistencia de la identidad puertorriqueña, sigue habiendo otro país que influye fuertemente de por medio. Esa doble exposición es precisamente parte de ser *nuyorican*.

Otro ejemplo similar a lo ocurrido con los puertorriqueños en Nueva York acontece en Florida:

La pujante comunidad boricua en la Florida demuestra que el sentido de pertenecer a una nación puede desbordar los límites territoriales, jurídicos, lingüísticos y políticos tradicionales. Ser puertorriqueño es cada vez menos una cuestión de idioma, residencia, ciudadanía o ideología; cada vez depende de una afiliación personal y colectiva boricua,

---

[272] Duany, 87.
[273] Ibid.

204

dondequiera y comoquiera que ésta se exprese. [274]

En las primeras décadas del siglo XXI muchos *nuyoricans* viven en la isla y han aportado en muchas otras facetas. Según el censo del 2000, la cantidad de residentes en Puerto Rico nacidos en Estados Unidos aumentó de 52,116 personas en 1960 a 245,589 en el 2000. El censo también demostró que la década del '70 fue la de mayor impacto en el retorno boricua a la isla. Esto a su vez coincidió con la integración de los *nuyoricans* al baloncesto nacional puertorriqueño. "Durante la década de 1970, el regreso masivo de puertorriqueños comenzó a alarmar a la opinión pública y al gobierno local. Estaban regresando muchos *nuyoricans*. Hubo residentes que se *panickearon*[275] y le achacaron a los *nuyoricans* numerosos problemas sociales en la isla como el desempleo, la criminalidad y la adicción a drogas".[276]

Para el 2016, casi el 20% de toda la población residente en Puerto Rico había vivido anteriormente en los Estados Unidos. En 1980, un informe de la Junta de Planificación de Puerto Rico demostró que los puertorriqueños que regresan de Estados Unidos "traen consigo una serie de patrones de

---

[274] Duany, 94.
[275] Del inglés *panic* que significa tener miedo o aterrorizarse.
[276] Duany, 97.

vida, valores morales y actitudes hacia la autoridad...
completamente distintos" de los nuestros.[277] De ahí que los
migrantes de retorno y sus descendientes sean estigmatizados
frecuentemente como "asimilados", "gringos", "pitiyanquis"
o "los de afuera".[278]

La antropóloga Gina Pérez argumenta que en Puerto
Rico la popular frase "los de afuera" se asocia comúnmente
con la delincuencia, el narcotráfico, la promiscuidad y el
desdén por el trabajo, la familia y la comunidad.[279] Aunque
eso pudiera ser cierto en algunos casos, no debe interpretarse
con una posición generalizada. No es de extrañarse que
muchos *nuyoricans* se sintieran discriminados y rechazados
por sus compatriotas, especialmente por no hablar bien el
español. Esto es irónico porque en un estudio del
Departamento de Educación de Puerto Rico en el 2004 se
calculó, de forma conservadora, que la lengua vernácula de
más de 14,000 estudiantes en las escuelas públicas no es el
español.[280] La gran mayoría de *nuyoricans* o boricuas que
regresaban a la isla no eran peligrosos, ni delincuentes, ni

---

[277] Ibid.
[278] Puertorrriqueños o *nuyoricans*, descendientes de puertorriqueños, residentes de Estados Unidos
[279] Gina Pérez, *The Near Northwest Side Story: Migration, Displacement and Puerto Rican Families* (Oakland: University of California Press, 2004), 161.
[280] Duany, 98.

narcotraficantes, ni perversos, ni vagos, ni solitarios ni malhechores. No era justo para ellos, los *nuyoricans*, verse pensados de manera tan despectiva por aquellos que consideraban "suyos".

Orígenes del *nuyorican* básquet

Puerto Rico perdió cerca de un millón de habitantes entre 1945 y 1970. Entones, ¿qué tuvo que ver tal migración con el baloncesto nacional puertorriqueño? Jorge Duany lo explica de la siguiente manera:

Las comunidades diaspóricas forman parte de la nación puertorriqueña porque siguen vinculadas a la Isla mediante una intensa y frecuente circulación de personas, identidades y prácticas, así como capitales, tecnologías y mercancías. Por lo tanto, la nación puertorriqueña ya no puede circunscribirse a la Isla, ya que está constituida por dos fragmentos distintos pero densamente entretejidos: el de Puerto Rico propiamente y el de las comunidades diaspóricas asentadas en Estados Unidos continental.[281]

La emigración puertorriqueña de los '40 y '50 inadvertidamente permitió que se forjase décadas luego un vínculo económico, político y social entre la descendencia de

---

[281] Jorge Duany, "Nación, migración, identidad: Sobre el transnacionalismo a propósito de Puerto Rico", 62. http://biblioteca2012.hegoa.efaber.net/system/ebooks/11454/original /Transnacionalismo_migracion_e_identidades.pdf (accedido el 14 de abril de 2017).

esos puertorriqueños que emigraron y los residentes naturales que nunca se vieron expuestos al Estados Unidos continental. En otras palabras, "la diáspora ha ensanchado las fronteras territoriales y lingüísticas de la nación...Puerto Rico se ha convertido en una nación transnacional, un país atravesado por sujetos migrantes que van y vienen desde Estados Unidos y otros países caribeños".[282]

Durante la década de 1960, muchas franquicias del Circuito de Baloncesto Nacional (CBS), la liga de baloncesto nacional de Puerto Rico, pusieron la mira sobre posibles prospectos. Con tal de incrementar sus posibilidades de triunfo, tuvieron que tomar en cuenta el mejor talento disponible, dondequiera que fuera. Debido a las constantes migraciones puertorriqueñas había una buena cepa viviendo en el exterior que se podría considerar. El problema es que el reglamento de la liga dictaminaba que para poder jugar en el torneo del CBS los jugadores tenían que residir en Puerto Rico.

En el baloncesto el término *nuyorican* no era utilizado solamente en referencia a los canasteros nacidos en Estados

---

[282] Jorge Duany, "La nación en la diáspora: las múltiples repercusiones de la emigración puertorriqueña a Estados Unidos", *Revista de Ciencias Sociales 17* 2007, 141 http://revistas.upr.edu/index.php/rcs/article/viewFile/7447/6064 (accedido el 26 de julio de 2018).

Unidos de padres puertorriqueños. Para la liga, todo aquel que tres años antes de venir a jugar a la isla estaba fuera del país, se consideraba *nuyorican*. Durante la década de 1960 la regla para poder jugar en el torneo nacional establecía que previo a poder jugar, se tenía que establecer residencia por al menos un año previo. Se tornaría polémica la medida a mediados de la década con el caso del jugador Mariano "Tito" Ortiz, de los Vaqueros de Bayamón.[283] Al entonces no considerarse los *nuyoricans* como nativos, sólo se le permitía a cada franquicia un máximo de dos jugadores en su plantilla hasta que uno de los dos se nativizara. Ese proceso se tardaba dos años. En ese entonces se le daba permiso para firmar a otro. Eran por así entenderlo, refuerzos.

Interesantemente, los puertorriqueños que regresaron a la isla o *nuyoricans* que vinieron a Puerto Rico por primera vez debido a sus raíces puertorriqueñas, lo hicieron al igual que sus antecesores, cuando emigraron a Nueva York, también por aspectos económicos. Claro, vinieron a jugar baloncesto, pero más allá del deporte, así fue que se ganarían la vida. El Puerto Rico que hizo que sus antepasados salieran para conseguir empleo, ahora les brindaba una oportunidad a

---

[283] Entrevista personal a Jorge Francisco "Paquito" Rodríguez Jiménez, dirigente, narrador y líder federativo de baloncesto. Entrevista realizada en Canóvanas, Puerto Rico el 28 de enero de 2018.

los descendientes de regresar a la isla por la misma razón.

En el campo deportivo esto permitió que muchos jóvenes puertorriqueños aprendieran a entretenerse jugando baloncesto en las calles del Spanish Harlem, donde se concentraron exclusivamente los primeros puertorriqueños que arribaban a Estados Unidos. Allí, ya se había comenzado a jugar desde 1947, cuando Holcombe Rucker regresó de la Segunda Guerra Mundial y comenzó una liga de baloncesto al aire libre, predominantemente entre la comunidad afroamericana. Resulta que los boricuas y los afroamericanos se encontraron allí.

Como maestro al fin, Rucker se percató de que muchos jóvenes no tenían "nada que hacer" durante el verano. Harlem, prácticamente había quedado rezagada al olvido, considerada un *ghetto*[284], y del cual no se esperaba mucho. Por ende, los muchachos que jugaban allí lo hacían teniendo una oportunidad de transcender socialmente y sobre las burlas de las cuales eran sujetos en la ciudad.[285]

Rucker organizó torneos que tuvieron muchísimo auge.

---

[284] Parte de una ciudad, típicamente un área subdesarrollado y de bajos recursos ocupados por minorías.
[285] Doug Merlino, "Rucker Park, Harlem: The Wallstreet of Playground Basketball", http://bleacherreport.com/articles/657703-rucker-park-harlem-the-wall-street-of-playground-basketball, 8 de abril de 2011 (accedido el 12 de marzo de 2018).

Tal es así que hasta el presente es emblemático de cuán fuerte es la cultura baloncelística, e inclusivo puertorriqueña, en la ciudad. Sin duda alguna, los jóvenes fueron contagiados por esa "fiebre" y aprendieron a jugar en las calles y escuelas de la ciudad.

También es vital reflexionar sobre la convivencia boricua-afroamericana y sus similitudes. Se podría pensar que fueron los puertorriqueños los que mayormente se infiltraron en las comunidades afroamericanas del Bronx, pero son ambos grupos los que se asentaron de igual manera en la ciudad, muy cercanos el uno del otro. Eran toda gente de bajos recursos, pobre.

Muchos negros se habían trasladado a la gran urbe procedentes del sur, igualmente en busca de empleo y mejor calidad de vida. Al igual que los puertorriqueños, vivían en residenciales públicos llamados *projects,* o despectivamente conocidos como *ghettos.* Las desigualdades y falta de educación prevalecieron en ambos grupos. Tanto los boricuas como los afroamericanos fueron y siguen siendo grupos minoritarios en muchas ocasiones marginados por el resto de la población. Muchos caen en vicios o delincuencia por la falta de orientación y oportunidades.

No obstante, ambos pudieron convivir y ayudarse mutuamente. Muchísimos son los ejemplos de boricuas que se relacionaron, congraciaron, contrajeron matrimonio y procrearon junto a los afroamericanos de Nueva York y otras ciudades. Esto influyó en el deporte del baloncesto ya que si un puertorriqueño se casaba o juntaba con una afroamericana, muy probablemente el apellido hispano prevalecería y el escucha o reclutador podía identificar más fácilmente la puertorriqueñidad de algún futuro jugador. Si fuese la madre con un estadounidense de tez negra, pues conllevaba mayor investigación, pero en las calles de Harlem se "regaban" las noticias y se descubría mucho talento.

Hasta cierto punto había un sentido de hermandad entre ambos grupos y sin duda tuvieron sus luchas compartidas. Por ejemplo, en el acceso a la educación, por salud y vivienda, con sus *landlords* o dueños de apartamentos, esto debido a que durante las décadas de los '60 y '70 hubo una tendencia de los *landlords* en quemar sus propios edificios para ahuyentar a sus inquilinos y así cobrar los seguros de vivienda. Tal práctica afectó principalmente a los boricuas y a los negros. Por ende, fue en medio de estas circunstancias peligrosas y lamentables que se criaron muchos jóvenes puertorriqueños. En su búsqueda de diversión o mero pasatiempo, el recurso que siempre estuvo presente para ambos grupos lo fue la cancha de baloncesto. Allí el juego tomó otras dimensiones. Atletismo, velocidad, dribleo, *donqueos*, juego *fancy* y alegre, fogosidad y prestigio porque era la única manera para muchos darse a conocer y respetar.

A los *nuyoricans* les encantaba el baloncesto. Para muchos, es de origen puro el refrán: *"Ball is life"*. En la cancha, y con una bola, el puertorriqueño y el afroamericano se podían escapar de las complicaciones de la calle y las dificultades de la vida. Era el deporte predilecto. Ir a tirar o jugar en las tardes frente a vastas multitudes le abría a muchos una posible fama, al menos, entre los de la comunidad. Era una tremenda oportunidad para lucirse y divertirse a la misma vez. Y había oportunidades para todos ya que el número de canchas era abundante. Habría fácilmente en algunos casos hasta 20 o 30 alineadas en una misma cuadra.

Inicialmente, las canchas fueron utilizadas por los afroamericanos y los boricuas se les unieron. No tardó mucho para que la fusión entre ambos fuese unísona. Los afroamericanos no obstante, tenían su estilo de juego particular, su hablar personal, su vestimenta única, su propio lingo y ellos se entendían entre sí. Al unírsele los boricuas se formó un estilo en sí solo. Uno híbrido y espectacular. Una combinación de las raíces isleñas que se había adquirido a través del tiempo con el juego extravagante de los negros: el *nuyorican* básquet.

Acrobático, llamativo, extravagante al pasarse el balón por entre medio de las piernas y pasar el balón por la espalda, el *razzle-dazzle* o jugadas de confianza y tiros finos, el *trash talking* o hablar de más con el objetivo de lucirse o enfurecer al rival fueron elementos que se aprendieron en las canchas del Bronx y luego fueron traídos a la liga de Puerto Rico con la llegada de los primeros *nuyos*. Previo a su arribo, su estilo de juego era simplemente inexistente en las canchas de la isla. En Nueva York, era un juego al aire libre en la calle, allí era que se aprendía a jugar baloncesto. *Street ball*. Simplemente era un juego distinto, informal, que se llevó a otro nivel. Hubo puertorriqueños a quienes no les gustó el nuevo estilo, porque acá eran tradicionales, y les parecía terrible el "lucimiento" de los jugadores en la cancha. Y es que habían sido moldeados por estadounidenses puristas y dirigentes organizados. No estaban abiertos al cambio. Les resultó chocante como los negros y boricuas jugaban; lo veían como una falta de respeto. No obstante, fueron más los aclamos de una fanaticada que quedaba anonadada con los nuevos protagonistas de la cancha. La popularidad del juego de los *nuyoricans* fue sumamente contagiosa:

Allí [Nueva York] es que ellos [los *nuyoricans*] tienen contacto directo con los negros, aprenden toda la 'guapería' -malicia- de la calle, los elementos de pase de fantasía, los *donqueos* que trajeron una dinámica más activa y moderna... No todos se criaron en sitios bonitos, sino alrededor de edificios quemados y sucios, donde existía un ambiente bien difícil y donde la pobreza era bien constante. Ser criado en Nueva York era significado de violencia.[286]

De esta manera fue entonces como se "preparó la escena" para el "gran estreno" de la llegada de los baloncelistas *nuyoricans* a Puerto Rico. Sin saberlo, ellos [los *nuyos*] llegarían a "quedarse con el *show*". Y aquellos que "pagarían por su boleto de admisión", quedarían más que satisfechos con el "espectáculo" presentado.

---

[286] "Documental cuenta historia de baloncelistas de Puerto Rico desarrollados en Nueva York", https://www.efe.com/efe/usa/puerto-rico/documental-cuenta-historia-de-baloncestistas-puerto-rico-desarrollados -en-nueva-york/50000110-2748629 (accedido el 20 de noviembre de 2017).

V

Mariano "Tito" Ortiz y Raymond Dalmau

La década trascendental

Si bien la década de 1950 fue para el baloncesto puertorriqueño la época dorada, la década de 1960 debe ser recordada como la de mayor trascendencia. ¿Por qué? En primer lugar, Puerto Rico terminó en cuarto lugar en las Olimpiadas de Tokio de 1964, cayendo ante Brasil en el partido por el bronce, 76-60.[287] Ha sido en términos de posición, la mejor actuación de toda la historia del baloncesto puertorriqueño. En segundo lugar, y sin saberlo Puerto Rico en ese momento, el baloncesto nacional estaba al umbral de una "revolución". A partir del cuarto lugar de Tokio 1964, todo aparentaba ser solo cuestión de tiempo el ganarse una medalla Olímpica en el baloncesto masculino. Puerto Rico había demostrado estar entre los mejores países del mundo con una plantilla prácticamente completa de jugadores nacidos y desarrollados en la isla. No obstante, este equipo contó con la integración fundamental de un estadounidense

---

[287] Olympic Games Official Website, "Tokyo 1964 Basketball", https://www.olympic.org/tokyo-1964/basketball (accedido el 16 de febrero de 2018).

nacido en Brooklyn que llegó a Arecibo en el 1958 "a trabajar en la industria destilera de la ciudad y se nacionalizó para jugar con los Capitanes y la selección nacional".[288] Su nombre fue William "Bill" McCadney. Tras la llegada de McCadney a Puerto Rico comenzó una historia que transformaría el Baloncesto Superior Nacional y reconceptualizaría la identidad patria.

En términos generales, el baloncesto estaba creciendo y expandiéndose como deporte alrededor del mundo. Otros países igualmente estaban desarrollando su baloncesto. Puerto Rico no se podía "quedar de brazos caídos" o confiar excesivamente en sí mismos. Debía seguirse trabajando el deporte, buscando mejoría en todos los aspectos de juegos. Así lo entendían la Federación de Baloncesto de Puerto Rico (FBPUR) y el Circuito de Baloncesto Superior (CBS), por lo que se continuó trabajando el baloncesto con miras a mejorar el desempeño del '64 en los futuros compromisos internacionales.

Previo a la década de 1960, el desempeño internacional se nutría exclusivamente del desarrollo de los jugadores nativos y del éxito de las franquicias nacionales. Es decir, los

---

[288] Raúl Álzaga, "Arecibo honra a Bill McCadney", 25 de febrero de 2016, http://www.indicepr.com/elnorte/noticias/2016/02/25/56379/arecibo-honra-a-bill-mccadney/ (accedido el 30 de junio de 2018).

jugadores debían "pulir" destrezas y fundamentos en y durante los meses de competencia del CBS. La preparación y el desempeño de los jugadores de la liga nacional les servían de buena exposición y experiencia. Sería lo ideal para catapultar la selección puertorriqueña a mayores triunfos. No era correcto pretender que el baloncesto nacional puertorriqueño pudiese alcanzar una mejoría internacional sin primero mejorar la calidad en el ámbito nacional.

Los apoderados de las franquicias del CBS querían ganar e hicieron precisamente lo necesario para ello, poniendo la mirada en la diáspora puertorriqueña de Nueva York. La idea era reforzarse. El fin primordial de un equipo en el deporte es triunfar. Los apoderados miraron hacia Nueva York puramente en búsqueda de mayor talento. Idóneamente buscaban encontrar un nuevo astro, a un joven canastero de ascendencia boricua. El estatus político de Puerto Rico, que incluía la ciudadanía estadounidense para los puertorriqueños, fue vínculo natural y factor atractivo para la búsqueda de potenciales baloncelistas en Nueva York, porque podrían jugar en Puerto Rico sin necesidad de visas u otros documentos de naturaleza inmigratoria, y así fortalecer el baloncesto nacional. Nueva York era el lugar predilecto para la nueva encomienda porque había cientos de miles de boricuas residentes en la ciudad cuyos abuelos, padres, tíos, primos y otros habían emigrado años antes. Adicionalmente, se consiguieron "buenos canasteros" porque el baloncesto colegial estadounidense y la NBA estaban aumentando la calidad del deporte. Los jóvenes emulaban a los jugadores colegiales y *enebeístas*.[289] La competencia era feroz; el desarrollo mayor, las oportunidades muchísimas.

La principal liga de baloncesto en el mundo, la NBA, en la década de 1960 aumentaba en popularidad a diario. El grado técnico de la liga era por mucho el mejor del mundo. El baloncesto precisamente después de 1945 fue creciendo porque luego de la Segunda Guerra Mundial, muchos soldados pudieron regresar a sus hogares y se interesaron en practicar el baloncesto. En las calles de las distintas comunidades de todo Estados Unidos, personas de todas las edades comenzaron a jugar organizadamente.

Nueva York fue uno de los primeros baluartes del baloncesto. Era un deporte popular y uno necesario para "sacar a muchos jóvenes de la calle". Fue entonces cuando el empeño boricua por mejorar su baloncesto nacional, luego de un cuarto lugar en las Olimpiadas de 1964 y el creciente impacto del baloncesto estadounidense en Nueva York, coincidieran para llevar a Puerto Rico a su revolución

---

[289] Jugadores de liga profesional de baloncesto de Estados Unidos, la Asociación Nacional de Baloncesto (NBA, por sus siglas en inglés).

nuyorican a partir de la temporada de 1965. Fue precisamente en esa época que varios canasteros oriundos de Nueva York, pero de ascendencia puertorriqueña, fueron encontrados, firmados y traídos a la isla a jugar con un ímpetu nunca antes visto. ¿Las expectativas? Altas. Eran jugadores desarrollados en otro ambiente y con gran potencial. ¿El resultado? Irrumpieron en la liga CBS y dejaron en la misma una huella imborrable y muy apreciable.

La revolución *nuyorican*

Luego de los sobresalientes éxitos de Puerto Rico en haber ganado la medalla de plata en Caracas en los Juegos Centroamericanos del '59, quinto lugar en el Mundial de Chile del '59, medalla de plata en los Juegos Panamericanos de 1959 en la ciudad de Chicago, medallas de oro en los Juegos Centroamericanos de 1962 y '66 celebrados en Kingston, Jamaica y San Juan, Puerto Rico respectivamente y terminar en la cuarta posición de los Juegos Olímpicos de Tokio, 1964, la fanaticada boricua reaccionó entusiasmada, vigorosa y positiva. Los primeros años del baloncesto de la década de 1960 transcurrieron como una mera continuación de los '50. Hubo una serie de resultados mixtos, algunos positivos e inspiradores y otros no tan memorables. Pero había buenas expectativas para el desarrollo del baloncesto.

En el ámbito local, los Leones de Ponce dominaron la primera mitad de la década del '60, ganando cinco títulos. Capitaneados por los estadounidenses Howard Shannon, Jack McKenney y Red Holzman, unidos a los locales, los selváticos ganaron los campeonatos de 1960, 1961 y de 1964-66. Fue entre medio de este dominio ponceño que iniciaría una nueva era: la *revolución nuyorican*. Tras los cinco campeonatos de los Leones de Ponce, culminaba otra, la era dorada nativa.

Precisamente, debido al dominio absoluto de los Leones de Ponce en la primera mitad de la década de los '60, que las demás franquicias del CBS estaban ansiosas por tener el mismo éxito. Querían competir, querían ganar, y buscaron la manera de derrocar a los campeones. ¿Cómo lograr amasar el necesario talento para conquistar el deseado éxito? La respuesta llegaría desde el exterior…y no tardaría.

Los primeros *nuyoricans* y los canasteros "fuera de regla"

Los Vaqueros de Bayamón fueron agresivos en su reclutamiento de talento y pudieron acercarse a un joven toabajeño que cambiaría su historia para siempre. Para la temporada de 1965 llegó a las filas del baloncesto bayamonés Mariano "Tito" Ortiz, pero no sin antes verse envuelto en drama. El hecho de que fuese criado en Nueva York, de padres puertorriqueños, estableció un precedente de elegibilidad para el baloncesto nacional puertorriqueño. Aunque ya otros *nuyoricans* habían jugado anteriormente en Puerto Rico, el CBS no había pensado todavía en institucionalizar el concepto de *nuyorican*, ni había visto la isla un jugador con un estilo de juego tan *fancy*.

Con "Tito" Ortiz surgió el debate sobre los *nuyoricans* en el baloncesto nacional y se magnificó. Previo a Ortiz no había ocurrido polémica sobre jugadores *nuyoricans*. Hubo jugadores como los hermanos Phil y Joe Barreras que participaron en el torneo nacional más de una década previo a la campaña de 1965 pero ninguno tuvo un impacto revolucionario como ocurriría con los canasteros *nuyoricans* que irrumpieron en el baloncesto nacional de Puerto Rico de 1965 en adelante.

Los hermanos Barreras habían llegado a jugar en la isla para la temporada de 1948 y jugaron como nativos. Joe era regular del equipo de la Universidad de St. John's y fue campeón de anotaciones en su primera temporada con los Cangrejeros de Santurce. Los hermanos misteriosamente se ausentaron de las temporadas del '49-'51 pero volvieron en 1952 y jugaron hasta 1955. Joe formó parte del equipo nacional que participó de los VII Juegos Centroamericanos y del Caribe celebrados del 5 al 20 de marzo de 1954 en la

Ciudad de México. Puerto Rico ganó bronce en esa competencia. Luego de retirarse como jugador, dirigió a los Piratas de Quebradillas una década después, en el 1964. Joe se destacó como un gran jugador mucho antes de la década trascendental de los *nuyoricans*.

Por otro lado, mientras los Leones de Ponce dominaban el CBS durante la temporada de 1960 y Bayamón intentaba reforzarse, los Piratas de Quebradillas no ganaron ni un solo partido terminando con record de 0-21. No hay forma de lucir peor en una competencia deportiva que irse sin victorias. Debido a esta dificultad que tenía la franquicia quebradillana y por ser un equipo importante por su tradición e historia,[290] la liga les concedió la oportunidad de firmar a dos jugadores que no residieran en Puerto Rico. Así lo describió el baloncelista, entrenador y maestro quebradillano Ivan Igartúa:

Los Piratas firmaron a Joseph Hall, un militar de 6'3" de la base Ramey de Aguadilla. El escucha de los Piratas en los Estados Unidos, Monchín Maldonado, consiguió al otro jugador, Allan Hernández de 6'5" de estatura. Hernández, de ascendencia boricua (de Isabela) y nacido en los Estados Unidos, era la estrella de la Universidad de Long Island. Se había convertido en el cuarto jugador en la historia de la

---

[290] El primer equipo en Quebradillas se formó en el 1926 y se escogió el nombre de "Piratas" porque eran temidos por su bravura y decisiones. Ver carta de Manuel González Mejías a Manuel Hernández del 25 de octubre de 1971 en Iván G. Igartúa Muñoz, *La guarida del Pirata: 1823-1970* (San Juan: Bibliográficas, 2006), 27.

universidad en anotar más de 1,000 puntos en los cuatro años de participación. Monchín, fue a buscarlo acompañado por Hiram Manuel Gómez y Reinaldo Martínez. Lo encontró en la cancha de la universidad practicando. Monchín logró que Allan aceptara venir a jugar en el verano con los Piratas.[291]

Básicamente, los Piratas fueron ayudados por la liga para poder mejorar su rendimiento en cancha, debido a su pobre temporada. Los quebradillanos lograron reforzarse con Allan Hernández para la temporada de 1961, "quizás el primero de todos los *nuyoricans* modernos".[292] El asunto es que se le permitió su participación como refuerzo, o sea como jugador *fuera de regla*.

Hernández tuvo una destacada actuación en su primera y única temporada en Puerto Rico. Para mediados de temporada lideraba la liga en promedio de puntos por juego (ppj) con 23.4. Concluyó su participación jugando 15 partidos, totalizando 342 puntos y promediando 22.8 ppj.[293] Interesantemente, nunca regresó a la liga. Según Igartúa, él se fue disgustado al no poder hacer el equipo nacional.[294] Ese

---

[291] Iván G. Igartúa Muñoz, *La guarida del pirata: 1823-1970* (San Juan: Bibliográficas, 2006), 222.

[292] Fufi Santori, *El Basket Boricua: 1957-62*, tercer tomo (Aguadilla, PR: Quality Printers, 1987), 175.

[293] Archivo del Baloncesto Superior Nacional, "Hernández, Arlan", https://www.bsnpr.com/ jugadores/jugador.asp? id=207&e= (accedido el 18 de mayo de 2018).

[294] Entrevista de José J. Ruiz Pérez a Iván Igartúa Muñoz, ex jugador y dirigente quebradillano. Realizada en Quebradillas, Puerto Rico el

año, con Hall y Hernández en plantilla, Quebradillas concluyó con récord de 3 victorias y 17 derrotas, una mejoría mínima. Hernández no regresó para la temporada de 1962 y Quebradillas volvió a lucir muy pobre. Terminaron la temporada de 1962 sin victorias y 14 derrotas.[295]

Para la temporada de 1963 los Piratas consiguieron permiso para fichar y jugar con dos nuevos refuerzos estadounidenses fuera de regla: James Scott y Julius Meyers. Nuevamente, fue como otra concesión de la liga y una excepción. Esto fue permitido para que el equipo pudiese competir en términos comparables con los mejores equipos de la liga, dado los resultados negativos de la franquicia corsaria en certámenes pasados. Ambos jugadores procedían del estado de Georgia, eran colegiales y fuera del baloncesto también trabajaban en el Supermercado Medina, del apoderado Carlos Heriberto Medina. Scott era un "gigantón" de 235 libras en 6' 10". Myers, de 22 años, zurdo e imponente donqueador.[296] El torneo de 1962 lo ganó Santurce bajo la dirección de Fufi Santori, y Río Piedras en el '63 bajo Lou Rossini. En 1963 Quebradillas ganó 5 juegos y concluyó con 16 derrotas con Meyers y Scott. Aún con ayuda, Quebradillas

---

18 de mayo de 2018.
[295] Luis F. Sambolín, *Sétimo Anuario de Baloncesto de Sambolín*, San Germán, Puerto Rico: Offset Rosado, 1.
[296] Igartúa, *La guarida...*: 237.

no lució bien; en absoluto.

Para la campaña de 1964 los Piratas mejoraron con las repeticiones de Scott y Meyers pero volvieron a jugar por debajo de .500[297] con 10 victorias y 11 derrotas. Scott promedió 22.3 ppj y Meyers 20. Para la temporada de 1965 los Piratas perdieron los servicios de su estelar Julius Meyers porque impresionó a un escucha con su desempeño en el CBS durante la temporada de 1964 y fue contratado en Estados Unidos. Cuando la noticia llegó a las oficinas centrales, la liga lo declaró jugador profesional, lo cual lo hizo inelegible para jugar en Puerto Rico. Adicional a esto, James Scott llegó tarde al inicio del torneo de 1965 por estar jugando con el Club Real Madrid en España. Los Piratas le pidieron al CBS autorización para poder fichar un jugador nuevo pero debido a las mencionadas ausencias el arranque de temporada fue muy pobre y Quebradillas no pudo recuperarse.

Sustitución de Meyers

En Puerto Rico, tan reciente como en 1965 aún no existía el término *nuyorican*. El caso es que el equipo de Quebradillas le solicitó al Circuito de Baloncesto Superior (CBS) sustituir al jugador Julius Meyers, al no poder retener

---

[297] Una expresión que implica tener igual número de victorias y derrotas.

sus servicios para la temporada de 1965. Al discutirse el incidente en una reunión de la liga, el periódico *El Mundo,* detalló lo acontecido de la siguiente manera:

Otra petición que se discutirá en su fondo es la del equipo de Quebradillas para sustituir al jugador Julius Meyers por un jugador que esté en el ejército de los Estados Unidos o que sea hijo de padres puertorriqueños aunque haya nacido en los Estados Unidos.[298]

Tres días después, los resultados de la reunión fueron publicados y se volvió a describir a los *nuyoricans* no como *nuyoricans,* sino como continentales de padres puertorriqueños:

El Circuito de Baloncesto Superior de Puerto Rico autorizó a los Piratas de Quebradillas a sustituir al gigante Julius Meyers durante la próxima temporada. Meyers, quien según el presidente de la AAU participó en tres partidos de la Liga Profesional del Este en los Estados Unidos, podrá ser sustituido por un miembro de las Fuerzas Armadas o un continental que haya residido en la Isla durante los seis meses anteriores al inicio de la temporada. Puede también ser un continental de padres puertorriqueños que viva en los Estados Unidos o un puertorriqueño residente fuera.[299]

El jugador que Quebradillas terminó firmando en sustitución de Meyers fue Frank Sokol, un militar estacionado en el Fuerte Buchanan de 6' 3" de estatura. Iván

---

[298] "Baloncesto da reunión el domingo", *El Mundo*, 10 de abril de 1965, 36.

[299] "Autorizan sustituir a Meyers", *El Mundo,* 13 de abril de 1965, 21.

Igartúa lo describe como un jugador del "*backcourt*; versátil que podía jugar en las posición 2 o 3".[300]

Lo importante, no obstante, de la cita sobre el caso de Julius Meyers, es notar la omisión o inexistencia de la palabra *nuyorican* y la utilización específica de "continental de padres puertorriqueños que viva en los Estados Unidos o un puertorriqueño residente fuera". Esto es muy importante porque va a ser durante la misma temporada del '65 que se discutiría la participación de un jugador *nuyorican* a través del caso de Mariano "Tito" Ortiz.

Nunca antes había existido tanta polémica por la participación de un jugador no nacido en Puerto Rico en la historia del CBS. Ocurrió un debate de participación interesantemente, dada la excepción de la liga que se les había concedido específicamente a las franquicias de Quebradillas y San Juan en el 1963 y con el solo propósito de ayudarles a competir. La excepción le permitía a esas dos franquicias el reclutamiento de jugadores no nativos: "El apoderado de las Águilas de San Juan, Juan Elías, partirá próximamente para la ciudad de Nueva York, con el fin de gestionar personalmente los jugadores "fuera de regla" a los que tienen derecho las Águilas para el próximo torneo".[301]

---

[300] Igartúa, *La guarida...*: 247.
[301] Pepo Talavera, "Baloncesto Superior", *El Mundo,* 3 de mayo de

Se rumoraba que muchos canasteros no estarían activos para el inicio de la campaña que iniciaba el 28 de mayo de 1965. Eso era un problema que afectaría la calidad del torneo. "Vienen caras nuevas y a lo mejor ocupan los puestos de las luminarias que por alguna u otra razón no pueden participar".[302] Claramente leemos sobre la intención del apoderado de la franquicia de las Águilas de San Juan, Juan Elías, de viajar a Nueva York a reclutar a dos jugadores 'fuera de regla', ante la necesidad de atraer nuevos jugadores a la liga debido a la indisponibilidad de muchos nativos regulares.

El caso Mariano "Tito" Ortiz

Al igual que Ponce y Quebradillas, Bayamón y el baloncesto tienen tradición de muchos años. Hubo participación organizada de este equipo desde la década de 1930. En ese año el equipo comenzó en lo que se conoce como la Asociación Deportiva de Puerto Rico (ADPR). Ganaron su primer campeonato en el año 1933 y luego repitieron en el '35. Para esa época, aun no eran conocidos como los Vaqueros. Eso no ocurrió hasta 1955 cuando *Espasas Dairy* apadrinó al equipo.[303] Bayamón había dejado

1965, 29.
[302] Ibid.
[303] Héctor Cruz, "Historia", Vaqueros de Bayamón,

de existir del panorama del baloncesto nacional durante la Segunda Guerra Mundial y luego retornaron en el 1954 como los Azules de Bayamón. Desde que levantaron su cetro en el 1935, no habían logrado emular el éxito. Entrando a la década de 1960, Wilburt Parkhurst se convirtió en el apoderado de los Vaqueros y en conjunto con Héctor "Hetin" Reyes[304] "inyectaron" al equipo un nuevo impulso por confeccionar un equipo contendor.[305] Durante la primera mitad de la década de 1960 los Vaqueros fueron un equipo promedio, del montón. Una idea vital puesta en vigor por Parkhurst y Reyes fue la de buscar auspicios y siguieron el modelo del club de baloncesto del Real Madrid de la Liga Española recaudando una cuota mensual.[306]

La visión de la nueva administración Vaquera fue crucial para el fomento de un equipo competitivo. En el 1959, Bayamón terminó con 11 victorias y 10 derrotas y en la cuarta posición. En el '60 su marca fue de 8 victorias y 13 derrotas y terminaron en la penúltima posición. En el '61

---

http://www.vaquerosahi.com/nueva/historia/ (accedido el 30 de junio de 2018).

[304] Parte de la junta de operaciones del equipo y apoderado desde 1971.

[305] Entrevista de José J. Ruiz Pérez a Héctor Manuel "Hetin" Reyes Morales, apoderado de los Vaqueros de Bayamón de 1971 a 1981. Realizada el 28 de mayo de 2018.

[306] Reyes se complace mucho del éxito financiero de esta estrategia. Ibid.

terminaron con marca de 5 victorias y 14 derrotas y en el '62 terminaron con 4 victorias y 10 derrotas, respectivamente. Consecuentemente, los Vaqueros querían mejorar su plantilla y conocieron sobre un buen prospecto, aunque incorporarlo a la liga fue un caso sencillo que se tornó complicado.

Un hijo de puertorriqueños emigrados, aunque nacido en Toa Baja, fue reclutado y fichado por los Vaqueros de Bayamón para jugar en el venidero torneo del CBS de 1965. El apoderado del quinteto, Wilbert Parkhurst, presentó el fichaje de Mariano "Tito" Ortiz ante la liga y el 24 de mayo de 1965 se emitió declaración oficial de la propia liga que no dejó a la franquicia metropolitana satisfecha. La decisión en el caso del jugador "Tito" Ortiz por medio del secretario ejecutivo del CBS, Ricardo "Dickie" Cruz, estableció que Ortiz no era elegible debido a que no reunía los requisitos del reglamento en la disposición de residencia. La noticia no fue nada agradable para la franquicia bayamonesa debido a que frustraba sus grandes aspiraciones con "Tito". El periodista Luis Romero Cuevas lo describió así: "un joven y versátil atleta de 20 años, seis pies, una pulgada y media, potencial extraordinario para el baloncesto y otros deportes…nacido en Toa Baja pero radicado en Nueva York desde los 3 años de edad, de padres puertorriqueños y estudiante de escuela superior tanto en "la Gran Manzana"[307] como en el estado de Carolina del Norte".[308]

El 25 de mayo de 1965 el apoderado de Bayamón, Wilbert Parkhurst, aclaró que "Ortiz nació en Toa Baja y que se propone probar que tiene residencia en la isla". Ciertamente quería a "Tito" en su equipo esa temporada y estaba convencido de que la liga había errado en su determinación. Por ende, continuó su insistencia y el 26 de mayo del '65 el CBS se reunió por la noche en sus oficinas en Río Piedras para discutir la reconsideración solicitada por el apoderado de los Vaqueros de Bayamón, sobre el caso del jugador Mariano "Tito" Ortiz Marrero, quien fue declarado inelegible por el secretario ejecutivo Ricardo "Dickie" Cruz, alegando que no cumplía con los requisitos del reglamento del CBS en el caso de residencia. En la vista se reunieron Parkhurst, el presidente del CBS, Clemente Pérez Martínez, Cruz, Ortiz y sus padres Lelis Mariano Ortiz y Ana María Marrero y el asesor legal de Bayamón, licenciado Mario Rodríguez Matías. La parte del Reglamento del CBS que fue discutida fue el Artículo 71 (sobre elegibilidad de jugadores) y establecía lo siguiente: "Será elegible para participar en los

---

[307] Nombre popular de la ciudad de Nueva York.
[308] Luis Romero Cuevas, "Elogian a Mariano Ortiz", *El Mundo*, 11 de junio de 1965, 51.

torneos anuales del CBS toda persona que haya nacido en Puerto Rico y tenga además su domicilio en Puerto Rico, seis meses antes del comienzo del torneo, o toda persona nacida en Puerto Rico que haya residido en Puerto Rico en forma ininterrumpida durante los tres años inmediatamente anteriores al comienzo del torneo que desea participar".[309]

Lo que allí se determinó no fue publicado sino hasta el 28 de mayo de 1965 en el periódico *El Mundo* y se dio a conocer que el Presidente del CBS, licenciado Clemente Pérez Martínez, ratificó la decisión original del secretario ejecutivo, declarando inelegible a "Tito" Ortiz.

La impugnación de la validez del contrato de Ortiz la había plantado José Garriga, apoderado de Rio Piedras, alegando que el mencionado jugador no tenía la residencia de seis meses que estipulaba el reglamento del CBS. La resolución dictada por el presidente del Circuito es final e inapelable. Sin embargo, existe la probabilidad de que el novato Ortiz pueda jugar en el torneo con el equipo de San Juan o Quebradillas, debido a que estos equipos tienen derecho a dos jugadores fuera de regla.[310]

El caso no paró ahí. Se tornó en toda una novela con la participación del aspirante joven canastero, especialmente si se considera que la resolución determinaba que la misma era

---

[309] Luis Romero Cuevas, "CBS ve hoy la apelación del caso Ortiz", *El Mundo*, 26 de mayo de 1965, 22.

[310] Luis Romero Cuevas, "Resuelve M. Ortiz no es elegible", *El Mundo*, 28 de mayo de 1965, 23 y 27.

final e inapelable. Pero no; Parkhurst no se dio por vencido y el 29 de mayo de 1965 solicitó otra reconsideración en el fallo contra Tito Ortiz mediante el asesor legal del equipo, Mario Rodríguez Matías. El abogado de Bayamón expresó:

… informó que el presidente del CBS le indicó durante la apelación de inelegibilidad del jugador Ortiz, que había dictado una resolución explicativa donde fundamentaba la razón de su negativa…y que si entendía que su resolución no estaba fundamentada en jurisprudencia y que si lo convencía que la jurisprudencia citada no era aplicable al caso y podía convencerlo de que su determinación final era errónea, él estaba en disposición de celebrar una nueva vista de reconsideración y si lo convencía, él [Clemente Pérez Martínez] permitiría la participación de Ortiz con el Bayamón.[311]

Tan pronto el licenciado Rodríguez Matías recibió declaración de parte del CBS, se acogió a tal declaración y procedió a solicitar otra reconsideración.

Finalmente, dos semanas después, el caso se resolvió y los Vaqueros de Bayamón recibieron gratas noticias de que su sensacional jugador podría participar en el actual torneo.

---

[311] Luis Romero Cuevas, "Solicitarán nueva vista caso Ortiz", *El Mundo,* 29 de mayo de 1965, 34.

Se celebró una nueva vista y el presidente Pérez Martínez emitió un telegrama al apoderado de los Vaqueros de Bayamón, Wilbert Parkhurst, en el que expresó lo siguiente: "He declarado con lugar reconsideración caso Mariano Ortiz Marrero. El secretario ejecutivo registrará su contrato con equipo Bayamón. Enviaré resolución por correo".[312] Dos semanas de intensas negociaciones finalmente permitieron que Ortiz procedería a realizar su debut con los Vaqueros en su cancha local, "Pepín" Cestero, frente a los Cangrejeros de Santurce el miércoles, 9 de junio de 1965 y con el número 17.

El impacto de Mariano "Tito" Ortiz

"Tito" llegó a Bayamón con buena experiencia colegial y de paso, la expectativa con él era que fuera una "verdadera estrella."[313] Según los expertos, Ortiz era un candidato potencial para el premio de Novato del Año y también para integrar el equipo nacional de Puerto Rico para junio de 1966. ¡Con tal razón hubo tanta polémica por dejarle jugar en el 1965! Había muchas ansias en el CBS de ver jugar a Ortiz porque lo veían cómo un jugador con grandes

---

[312] Luis Romero Cuevas, "CBS decide caso favor Bayamón: Mariano Ortiz puede jugar", *El Mundo*, 8 de junio de 1965, 21-22V
[313] Talavera, "Baloncesto Superior", *El Mundo,* 9 de junio de 1965, 18.

potencialidades. Cuando el dirigente Kenneth Robbins se enteró de que "Tito" había recibido aprobación para participar en el torneo de 1965, afirmó lo siguiente: "Bueno, Wilbert [apoderado] ya tengo las herramientas para ganar el campeonato, aunque haya perdido tres juegos corridos. De ahora en adelante, la responsabilidad es mía". Bill McCadney, jugador estelar de los Capitanes de Arecibo también tuvo grandes elogios sobre Ortiz al observarlo jugar en un juego de exhibición añadiéndole a su compañero Juan Cepero que "si Quebradillas o San Juan tuvieran en sus filas a Ortiz, entrarían en las finales, el Bayamón debe ganar el campeonato con él. Durante el juego, no pude detenerlo. Es un extraordinario baloncelista".[314]

Es evidente que según los expertos las probabilidades de que "Tito" tuviera éxito en el CBS eran muy altas. Sería un jugador muy destacado. Aparte del baloncesto, Ortiz también era gran atleta de pista y campo, natación y béisbol. Nació en el barrio Pájaros, de Toa Baja el 25 de julio de 1944. Su familia se trasladó a Nueva York en el 1947 y fue allá donde sobresalió deportivamente. Fue un atleta total. Su reporte de exploración establecía unas cualidades defensivas extraordinarias, gran destreza en el manejo del balón de

---

[314] Romero Cuevas, "Elogian a Mariano Ortiz", *El Mundo*, 11 de junio de 1965, 51.

baloncesto y excelente donqueador.[315] Los escuchas tenían razón porque Ortiz no decepcionó en lo más mínimo. Promedió un doble-doble durante su primera campaña con números de 14 puntos y 10 rebotes en 18 partidos ganándose, incluso, el premio a Novato del Año.

Apodado el *"Gemini IV"* por el legendario comentarista deportista Manuel "Manolo" Rivera Morales, Ortiz justificó el apodo con su gran salto y juego vertical. Tenía un impresionante juego aéreo, por así describirlo. Su crianza en el *Spanish Harlem* de Nueva York junto a su familia no fue nada fácil. A menudo eran conocidas las peleas de gangas, delincuencia, alcohol, drogadicción, y una vida no muy ideal. Su participación activa en el *Boys Club* le enseñó "de todo" y lo mantuvo alejado de la calle, ganándose el respeto de los jóvenes del barrio por su buen desempeño como baloncelista. El deporte le ayudó en el sentido de protegerlo de la vida callejera.

Luego de completar la escuela secundaria en Nueva York, "Tito" se mudó a Carolina del Norte para iniciar sus estudios universitarios. Ortiz se enteró de la liga puertorriqueña por medio de un primo, Martín Anza, activo con los Vaqueros de Bayamón y jugador también del equipo

---

[315] Ibid.

238

nacional durante la década de 1960. Anza le invitó hablándole de la liga y de su posibilidad de representar a Puerto Rico. Ortiz tenía oferta de los Boston Celtics, pero debía completar sus estudios universitarios, restándole aún dos años más. "Tito" optó por venir a Puerto Rico y al ser aceptada su participación en la liga y el equipo nacional, no volvió a mirar hacia Estados Unidos. Ortiz prosiguió sus estudios en Puerto Rico y completó una maestría en Educación Física de la Universidad Interamericana donde también tuvo de compañeros a otros *nuyoricans* como Raymond Dalmau, Neftalí Rivera e Hiram "Hanky" Ortiz.[316]

Es con "Tito" que inicia una nueva era en el baloncesto nacional: la revolución *nuyorican*. Previo al debut de Ortiz, Puerto Rico ya había contado con la participación de al menos un puñado de jugadores *nuyoricans*: los hermanos Barreras, Joe y Phil en las décadas de 1940 y 50, Martín Anza con los Vaqueros de Bayamón en el 1960 y Allan Hernández y Alberto Zamot que debutaron en 1961 con Quebradillas y Bayamón, respectivamente. Estos jugadores habían nacido en Nueva York o habían vivido gran parte de su juventud allá. Tuvieron buenos desempeños, pero no llegaron a trascender

---

[316] "Nuestras Leyendas: Tito Ortiz", https://www.youtube.com/ watch?v=wuwRvON35KM&t= 412s (accedido el 31 de mayo de 2017).

entre la fanaticada ni revolucionar el deporte en la isla. Por ende, es que fue con Ortiz que despuntó toda la revolución. Su estilo de juego fue lo que marcó la diferencia. Fue tan bueno que de 1965 en adelante todos los equipos querían añadir *nuyoricans*. Su impacto fue tan grande que durante la década de 1970 la liga limitó los *nuyoricans* a solo dos por equipo. Cuando estos jugadores cumplían tres años jugando en el país, podían ser "nativizados". Entonces, los apoderados podían firmar a otros *nuyoricans*.[317]

Bayamón no había ganado campeonato alguno desde 1935 cuando firmaron a "Tito" en el 1965. El resultado de ganar un cetro no fue inmediato, pero los Vaqueros mejoraron significativamente y ganaron los campeonatos de 1967, 1969, y cinco corridos desde el 1971 hasta el 1975. Junto a "Tito" los Vaqueros contaron también con los *nuyoricans* Martín Anza, Alberto Zamot, Rubén Rodríguez, Rubén Montañez y Luis Brignoni, entre los más renombrados. El impacto *nuyorican* fue indudable. "Tito" dejó una huella sumamente impresionante al destacarse como líder anotador, luciendo como figura clave de la franquicia metropolitana y también formando parte del

---

[317] Entrevista de José J. Ruiz Pérez a Héctor Manuel "Hetin" Reyes Morales, apoderado de los Vaqueros de Bayamón de 1971 a 1981. Realizada el 28 de mayo de 2018.

equipo nacional en múltiples instancias. De no haber sido por "Tito" y compañeros *nuyoricans*, Bayamón no hubiera ganado siete campeonatos en nueva años.

Ahora bien, tampoco debería permitirse una incongruencia o falsedad de la realidad histórica puertorriqueña. El baloncesto nacional boricua de antaño no era malo ni estaba en una etapa inicial. Era un baloncesto fuerte internacional y competitivo. No es como si de la noche a la mañana los *nuyoricans* transformaron por completo al baloncesto isleño ni fueron los grandes responsables del destacado lucimiento internacional. No, el baloncesto puertorriqueño pre revolución *nuyorican* era "bueno" y tenía sus merecedores galardones. Cuán "bueno" sería otra pregunta. El básquet boricua simplemente era diferente, parte de otra época. Los triunfos internacionales de los '50 y su gran gesta de 1964 atestiguaron que había talento. Por ello, la escuadra nacional boricua estaba entre las mejores cuatro del mundo. El comentarista deportivo y ex baloncelista Fufi Santori abordó la diferencia entre las dos épocas, la que incluía a los destacados nativos del '50 y la que contó con la aportación los *nuyoricans* del '60:

Aunque Tinajón [Raúl] y Pachín [Juan] Vicéns hacían maravillas con el balón [durante la década de 1950] y muchas veces hubiera podido tildárseles de *fancy players,* la verdad es que esas jugadas *fancy* tenían un propósito práctico dentro del juego. No así con "Tito" Ortiz que daba la

241

impresión que jugaba así para divertirse y para divertir al público. Su dribleo por debajo de las piernas, tan común ahora, para su época fue único y para colmo, aprovechando su descomunal despegue, institucionalizó el donqueo. El nuevo Vaquero [equipo de Bayamón] se convirtió en una sensación y en un ídolo para la fanaticada bayamonesa.[318]

El arribo de Raymond Dalmau

A 82 kilómetros al oeste de Bayamón, la franquicia de Quebradillas intentaba, al igual que la de los Vaqueros, construir un equipo ganador. La ciudad no podría ser más distinta. Municipio mucho más pequeño que la "ciudad del chicharrón", lejos de la zona metropolitana y de muchísimo menor población, por lo que es realmente una franquicia de pueblo. Un equipo de mucha historia y tradición desde sus inicios en el 1926. Los Piratas son el mayor símbolo representativo de la ciudad. Quebradillas realmente no logró éxito en la liga, a pesar de la ayuda de la liga en autorizarle y permitirles jugar con los canasteros fuera de regla que se les otorgó a principios de década. Al igual que sucedió con los Vaqueros, su gesta transformadora ocurrió con la inclusión masiva de jugadores *nuyoricans*. Para el torneo de 1966 la franquicia trazó sus planes de temporada, contando jugar sin

---

[318] Fufi Santori, *El Basket Boricua: 1957-62*, tercer tomo (Aguadilla, PR: Quality Printers, 1987), 175.

mucha diferencia a como lo habían hecho en el pasado. No obstante, darían inesperadamente con una grata sorpresa. Su fichaje del joven *nuyorican,* tal y como lo había hecho Bayamón un año antes con "Tito" Ortiz, añadió nuevas esperanzas. Y así cambió por completo la suerte de los Piratas de Quebradillas, una movida que los cementaría entre las grandes franquicias del baloncesto puertorriqueño. El nombre de este jugador era Raymond Dalmau Pérez.

En el 1966, este joven *nuyorican* empacó maletas y viajó a la isla para perseguir una de las mayores pasiones de su vida. Era la primera vez que salía de su residencia en Nueva York. También era la primera ocasión que pisaba un avión para conocer la tierra de sus progenitores. Viajó solo a Puerto Rico con apenas 17 años. Ningún familiar le esperaba en el aeropuerto. Solo las personas que le extendieron la invitación de viajar. Llegó con un equipaje liviano. Un par de zapatillas era lo más valioso entre sus pertenencias.[319]

Dalmau nació en la ciudad de Nueva York el 27 de octubre de 1947. Sus padres habían nacido en la isla pero habían emigrado a la ciudad de los grandes rascacielos y Raymond hizo toda su vida allá sin saber mucho sobre Puerto Rico hasta su arribo en 1966. Criándose en las calles de Nueva York y aprendiendo a jugar baloncesto en las canchas

---

[319] Carlos Rosa Rosa, "50 años de baloncesto de Raymond Dalmau", https://www.elnuevodia.com/deportes/baloncesto/nota/50anosdebaloncestoderaymonddalmau-2167663/ (accedido el 28 de agosto de 2017).

243

de Harlem, donde salían los que llegarían a ser los mejores jugadores de la nación, Dalmau apareció en la era exacta que lo necesitaba el baloncesto puertorriqueño y en la cual escuchas y reclutadores de la liga, buscaban talento sobresaliente.

El proceso de cómo ficharon a Raymond Dalmau es bastante jocoso en realidad. Es la historia de cómo unos boricuas van por toda la ciudad de Nueva York buscando un canastero descendiente de puertorriqueños que estuviera dispuesto a viajar a la isla a jugar baloncesto y ganar partidos. ¿Suena fácil y divertido? Para la temporada de 1966 los Piratas aún tenían derecho a dos jugadores fuera de regla luego de las salidas de Myers y Scott. En aquel entonces, los jugadores de ascendencia puertorriqueña eran reconocidos como importados porque los casos eran pocos y se debía residir en la isla previo a la participación del torneo.

En este caso, Dalmau fue reclutado en primera instancia por Raymond Burgos, un amigo *nuyorican*, para reforzar a los Piratas de Quebradillas. Burgos era estrella del Colegio Wagner en Staten Island y fue fichado con el respaldo de tener el mejor tiro de brinco de la ciudad. Con la firma de Burgos, los Piratas tenían a su armador y solo les faltaba "un hombre grande" al cual le pudiesen confiar la posición de pívot.

Pochi Badía, apoderado de los Piratas, puso su mirada en la ciudad de Nueva York y contactó a su amigo Ramón "Monchín" Maldonado Abrams, quebradillano residente en "La Gran Manzana" y líder deportivo de su comunidad, para que le ayudara a conseguir aquel pívot grande que el equipo necesitaba en sustitución de Meyers y Scott. "Monchín" había logrado conseguir a Allan Hernández en el 1961. Desde Puerto Rico, Badía envió a Burgos para que se encontrara con "Monchín" y le asistiera. "Monchín" y Burgos se encontraron en Nueva York y comenzaron su búsqueda visitando canchas y escuelas y preguntándole a contactos, periodistas y amigos *nuyoricans* por todo Brooklyn, entre la *East NY Aviation School*, El Barrio, y la *Benjamin Franklin School*.[320] Fue precisamente en la escuela Franklin que Monchín solicitó permiso a las autoridades para hablar con algunos alumnos y fueron referidos a la cafetería de la misma para que hablaran con un tal "*Mr. All City All Star*", fuertemente reclutado por los mejores colegios de la nación. Al acercarse el joven referenciado, Burgos se comunicó en inglés para explicarle la razón de la visita. El joven era Raymond Dalmau y aceptó "sin tener la mínima idea de lo que le esperaba, pero estaba emocionado por jugar

---

[320] Igartúa, *La guarida...*: 259.

y cobrar por jugar lo que le gustaba a tan solo los 17 años de edad".[321]

Dalmau medía 6'4" de estatura, lo cual no era la altura esperada por Monchín, así que le preguntó rápidamente si podía *donquear*. Dalmau lo miró sorprendido por la pregunta y se echó a reír. De ahí partieron los representantes de los Piratas al hogar de Dalmau para poder recibir la autorización de la madre del joven. Luego de una breve conversación en la cual los Piratas le aseguraron a la señora madre que Raymond podría completar sus estudios en Quebradillas, el camino quedó preparado para que Dalmau abordara un avión el próximo día.[322] Así de rápido y así de "sencillo" se dio con el fichaje del mayor de los astros del baloncesto quebradillano, con una anécdota que parece sacada más de una fantasía que de la realidad. Que un joven de esa edad milite en el Baloncesto Superior Nacional (BSN) con tan grandes expectativas es inimaginable en el 2018.

¿Cómo se acopló Dalmau a su nueva vida? No fue fácil. Eran dos mundos totalmente distintos. Demás estar decir que las diferencias entre Nueva York y Quebradillas son

---

[321] Carlos Rosa Rosa, "50 años de baloncesto de Raymond Dalmau", https://www.elnuevodia.com/deportes/baloncesto/nota/50anosdebal oncestoderaymonddalmau-2167663/ (accedido el 28 de agosto de 2017).
[322] Igartúa, *La guarida…: 259-260.

abismales, algo del "cielo a la tierra". Raymond era puertorriqueño en esencia, pero sus padres no le habían hablado mucho de Boriquén. Quería conocer sus raíces y jugar basquetbol. Su primera impresión de Puerto Rico fue la siguiente: "Cuando voy a la cancha veo que está al lado de un cementerio y es de cemento con capacidad como para 400 personas. Veo que tiene una verja alrededor y que las mallas son de cadenas. Era algo muy diferente a lo acostumbrado en Nueva York. Pero lo importante para mí era que era una cancha de baloncesto".[323] Su contrato le pagaría $25 mensuales, que para Dalmau era "filete", hospedaje en el centro del pueblo y comida en un restaurante. Raymond tuvo que acostumbrarse a compartir la vivienda con otros compañeros de equipo y a dormir con un mosquitero.

Su primer partido fue contra los Cangrejeros de Santurce y anotó 12 puntos. Similar a Tito, había grandes esperanzas con él. Su formidable juego y rendición se percibió de inmediato. Sus habilidades eran superiores a la mayoría de los jugadores de la liga.

Desde mediados de 1965 en adelante todos los equipos

---

[323] Carlos Rosa Rosa, "50 años de baloncesto de Raymond Dalmau", https://www.elnuevodia.com/deportes/baloncesto/nota/50anosdebaloncestoderaymonddalmau-2167663/ (accedido el 28 de agosto de 2017).

de la CBS comenzaron a buscar *nuyoricans* con más ímpetu que nunca antes, precisamente para poder destronar a Ponce y debido al desempeño positivo de Ortiz y Dalmau. El juego *nuyorican* era nuevo, distinto y llamativo, por lo que los otros apoderados reaccionaron. "Allá" había un banco de talento muy bueno. Bayamón y Quebradillas comenzaron la práctica de fichar e incorporar a *nuyoricans* porque tuvieron la visión de mirar en esa dirección ante su necesidad de mejorar competitivamente. Por así decirlo, fueron los que perfeccionaron la práctica de reclutamiento y fichaje. Realmente no fue muy difícil.

En esencia fueron los mismos jugadores quienes se recomendaban entre sí porque se conocían. Habían jugado anteriormente en las calles, escuelas y colegios. Sabían quiénes jugaban y quiénes no. Por eso, cuando surgía una oportunidad, un apoderado pedía recomendaciones y los propios *nuyos* se recomendaban entre sí. Era como jugar en el barrio. Existía un torneo y faltaba un jugador, el dirigente preguntaba entre los mismos compañeros y surgían nuevos nombres. Tan pronto surgían los nombres los apoderados activaban sus contactos en Nueva York y así comenzaba la búsqueda. Así fue que Bayamón y Quebradillas cambiaron su mala suerte y lograron montar tremendos "trabucos".

El impacto de Raymond Dalmau

Es importante destacar que para la década de 1960 en Puerto Rico solo se jugaba baloncesto en verano, durante los meses de mayo, junio y julio. Raymond estaba en tercer año de escuela superior por lo que llegó a la isla al acabarse las clases. Previo a cada inicio de temporada del CBS, el gran núcleo de jugadores de los Piratas de Quebradillas jugaba todo con el equipo de la escuela superior de Quebradillas. En un juego, Dalmau anotó la asombrosa cifra de 115 puntos en un partido contra la escuela superior de Utuado el 14 de enero de 1967, la mayor hazaña en el baloncesto de escuelas superiores.[324] El marcador final del partido fue 126-36 a favor de los Piratas. De los 115 puntos, estos se dividieron en 49 canastos de campo y 17 tiradas libres.[325]

Pero Raymond no jugó solo. La administración Pirata aprovechó el momento y firmó a otros *nuyoricans* también. En cuanto a los *nuyos* que le seguirían los pasos a Dalmau y le acompañarían en la plantilla Pirata estarían Raymond Burgos, quien debutó la misma temporada de 1966, Hiram "Hanky" Ortiz debutó para la temporada de 1967, luego llegó Neftalí Rivera en el 1969, Wilfredo "Chiqui" Burgos en el

---

[324] Juan Cepero, "Raymond Dalmau encesta 115 en juego baloncesto", *El Mundo*, 16 de enero de 1967, 34.
[325] Ibid.

1970, John Candelaria en el 1971, Manuel Figueroa, Néstor Cora y Steve Dalmau en el 1973, Antonio "Tony" Babín en 1975 y César Fantauzzi en 1977. Todos eran amigos y se traían unos a otros. Cuando Quebradillas ganó tres cetros consecutivos, del '77 al '79 casi todo el cuadro era *nuyorican*. De no haber sido por los *nuyoricans,* Quebradillas hubiera seguido siendo un equipo muy pobre, como siempre lo había sido. Estos *nuyos* marcaron la diferencia para la franquicia quebradillana.

Debe quedar claro que el líder de este equipo siempre fue Raymond Dalmau. Finalizó su primer año segundo en anotaciones al acumular 351 puntos en 19 partidos (18.4 puntos y 8.3 rebotes por juego). Tuvo éxito de inmediato por su estilo de juego tan variado y distinto al conocido en la isla. Cuando llegó a la liga estaba acostumbrado a jugar a un alto nivel. Acá no estaban acostumbrados a ver a un jugador de esa estatura con la habilidad de driblear, brincar y tirar a larga distancia. Era el "paquete" completo, un fenómeno de atracción.[326] Los hombres grandes solo jugaban cerca del canasto y como Dalmau tenía tantos recursos se le hizo fácil dominar a los jugadores de menor estatura.

---

[326] Entrevista de José J. Ruiz Pérez a Iván G. Igartúa Muñoz, ex jugador y dirigente de los Piratas de Quebradillas. Realizada en Quebradillas, Puerto Rico el 28 de mayo de 2018.

Fue precisamente en la década de 1970 cuando toda la mala fortuna cambió para los Piratas de Quebradillas. Atrás quedaron los malos desempeños de los '60 cuando la franquicia logró amasar una colosal dinastía con cuatro títulos nacionales (1970, '77, '78, '79) y cuatro sub campeonatos ('72, '73, '75, '76). Posteriormente, Raymond y los Piratas obtuvieron otros dos subcampeonatos (1980 y 1982). Así que Dalmau fue partícipe de 10 series finales en un periodo de 13 temporadas. Fue una gesta impresionante. Y él se convirtió en la cara del baloncesto en Quebradillas. Tanto así que el coliseo hogar de los Piratas de Quebradillas lleva su nombre: Coliseo Raymond Dalmau. Eso es impacto trascendental.

Dalmau tuvo una carrera muy impresionante. Acumuló 20 temporadas, todas con los Piratas. Se retiró con 36 años y en un nivel alto de competencia al promediar 21.3 puntos en 1985. En 16 de sus 20 temporadas, Dalmau promedió 20 puntos o más. Terminó su carrera con 11,592 puntos (líder histórico al momento de su retiro) en 537 juegos para una media de 21.6 puntos, a la vez que recuperó 5,673 rebotes para un promedio de 10.6. En la historia del BSN, Dalmau ocupa la quinta posición entre los líderes de puntos en la historia y la cuarta en rebotes. Absolutamente fue uno, si no el más grande de entre los jugadores del baloncesto nacional puertorriqueño, y el *nuyorican* más exitoso también. Pudiendo aún seguir jugando a un alto nivel Raymond contestó: "Me retiré porque estaba cansado mentalmente".[327]

Tras su retiro, Dalmau emprendió una larga carrera como técnico en el BSN sin poder alcanzar un cetro. Fue nombrado dirigente del año en seis ocasiones. Igualmente dejó su huella en el equipo nacional por más de una década. Lo hizo como jugador y también como dirigente. Participó en tres Olimpiadas y en tres Campeonatos Mundiales. Pero sus mejores logros internacionales vinieron como técnico, incluyendo una victoria ante Estados Unidos en el Premundial de 1989 en Ciudad de México y el cuarto lugar en el Mundial de Argentina de 1990. Hasta el día de hoy se le conoce cómo figura emblemática de la era revolucionaria de los *nuyoricans,* representante digno que transformó al baloncesto nacional de Puerto Rico, junto a otros canasteros *nuyoricans,* y atrajo a las masas a las canchas del país como nunca antes visto.

Cuando Quebradillas llegó a la final de 1970, no lo había hecho en treinta y tres años. Para la temporada de 1937 perdieron la final contra el equipo de Vega Baja y desde

---

[327] Carlos Rosa Rosa, "50 años de baloncesto de Raymond Dalmau", https://www.elnuevodia.com/deportes/baloncesto/nota/50anosdeb aloncestoderaymonddalmau-2167663/ (accedido el 28 de agosto de 2017).

entonces ninguna franquicia quebradillana se había vuelto a acercar al título de la liga. Una verdadera gesta gloriosa para el baloncesto quebradillano fue realizada bajo el protagonismo de los *nuyos*. Con la incorporación de los *nuyoricans*, el pueblo miró con mejores ojos al regreso de la diáspora,[328] [los *nuyos*] elevaron la calidad de baloncesto nacional, permitieron el crecimiento del deporte local porque fueron un mayor recurso que abundaron para permitirse la expansión de equipos a otros municipios y se convirtieron en verdaderas leyendas nacionales. Fueron aclamados al tornarse en un tipo de súper héroes nacionales. Quebradillas es en la actualidad una de las franquicias de mayor popularidad precisamente por la gloria que le dio a la ciudad el equipo Pirata durante la década de 1970 y gracias a los *nuyos*. Bayamón y Quebradillas fueron los dos mejores equipos de la época revolucionaria. Fue una rivalidad sin precedentes. Los de la ciudad versus los de la isla. Este versus oeste. Todo el mundo les quería ver jugar. Sería lo equivalente a lo vivido en el 2018 entre los *Cleveland Cavaliers* y los *Golden State Warriors*. Como los dos primeros *nuyoricans* trascendentales en arribar durante la

---

[328] Porque en muchas ocasiones la percepción de los *nuyoricans* era negativa. En ignorancia había quienes los asociaban con afroamericanos callejeros con una cultura muy distinta a la criolla.

253

década de 1960, "Tito" Ortiz y Raymond Dalmau jugaron como nativos y tuvieron un impacto efectivo, inmediato y nunca olvidado en las canchas de Puerto Rico.

VI

Impacto y legado de los *nuyoricans* en el baloncesto nacional de 1970-1988

Los *nuyoricans* de la dinastía Vaquera desde 1967 hasta 1975

El baloncesto nacional de Puerto Rico tuvo como protagonistas a Mariano "Tito" Ortiz y a Raymond Dalmau durante la *revolución nuyorican*, pero cabe destacar que Martín Anza y Alberto Zamot son dos excepciones que debutaron en la liga previo al estallido de la gran explosión de jugadores *nuyoricans*. Anza fue uno de los mejores anotadores de los Vaqueros en los '60 y se retiró en el 1972. Apodado "El Señor", cursó sus estudios de escuela superior en la *High School of Commerce* en Nueva York y a nivel colegial en *Wagner* donde anotó sobre 1,000 puntos en tres años. En el 1963 fue el campeón anotador de la liga y durante su carrera ganó tres campeonatos con los Vaqueros. También estuvo activo con la selección nacional durante toda la década del 60. Concluyó su brillante carrera en el CBS jugando 11 temporadas, participando en 192 partidos y anotando 2,362 puntos.[329] Fue parte del "Primer Equipo

---

[329] Archivo Oficial del Baloncesto Superior Nacional de Puerto Rico,

255

Todo Puerto Rico" de 1964 y el equipo nacional de las Olimpiadas de Tokio.

Alberto Zamot nació en Utuado el 19 de noviembre de 1942 y se fue para Estados Unidos a los 5 años de edad. Regresó a Puerto Rico luego de culminar sus estudios de escuela superior en el 1958. Jugó toda su carrera con los Vaqueros desde 1961 hasta 1974. Promedió 11 puntos por juego (3,367 en total). Fue un armador de 5', 9" de estatura. Fue parte del equipo nacional que concluyó en la cuarta posición de las Olimpiadas Tokio, 1964 y del equipo nacional de las Olimpiadas de 1968 en Ciudad de México. Fue galardonado con ser parte del *"Segundo Equipo Todo Puerto Rico"* en 1968 y 1970. Aun reside en Bayamón, Puerto Rico.

Otros destacados baloncelistas *nuyoricans* en el equipo de los Vaqueros fueron Rubén Rodríguez, Rubén Montañez, Luis Brignoni, Roberto Valderas. Rubén Rodríguez jugó toda su carrera y veintitrés temporadas con los Vaqueros de Bayamón comenzando a sus 15 años de edad en el 1969. Rodríguez nació en Nueva York el 5 de agosto de 1953 y ganó ocho campeonatos, cinco corridos desde 1971 hasta 1975. Con la selección nacional jugó en los Mundiales del

"Anza, Martin",
https://www.bsnpr.com/jugadores/jugador.asp?id=1594&e= (accedido el 7 de julio de 2018).

'74 y '78, dos Olimpiadas (1972 y 1976), dos Centrobasket (1973 y 1977), tres Juegos Panamericanos (1975, 1979 y 1983) y dos Juegos Centroamericanos (1978 y 1982). Jugó 23 temporadas excepcionales totalizando 11,549 puntos (18.3 ppj) y 6,178 rebotes (9.8 rpj). Su posición era delantero fuerte y pívot. Estadísticamente, ha sido el Vaquero más destacado de todos los tiempos. Con tal razón se le galardonó con el nombramiento del Coliseo Municipal de Bayamón, Coliseo Rubén Rodríguez, honor a quien honor merece, ¡un *nuyorican*!

Rubén Montañez nació el 14 de febrero de 1950. Jugó 16 temporadas con Bayamón desde 1969 a 1984. Totalizó 6,270 puntos (14.3) y 2,680 rebotes (6.1 rpj). Luis Brignoni nació el 9 de noviembre de 1953. Jugó 15 temporadas en el BSN, ocho de ellas con Bayamón de 1972 a 1979. Luego jugó con los Cardenales de Río Piedras del '79 al '82, regresó a los Vaqueros para la temporada del '83, se trasladó a los Cariduros de Fajardo en el 1984 y culminó su carrera con los Criollos de Caguas del '85-'86. Brignoni totalizó 3,922 puntos (8.4 ppj).

Roberto Valderas nació el 19 de noviembre de 1959. Comenzó su carrera con los Capitanes de Arecibo durante la temporada de 1974 y luego jugó 10 temporadas con los Vaqueros de Bayamón hasta su retiro en el 1984. Fue conocido por ser fajón y agresivo en el lado defensivo de la cancha y un jocoso comediante en el camerino y fuera de la cancha. Totalizó 2,353 puntos (9.6 ppj).

Los *nuyoricans* de la dinastía Pirata de 1970 a 1979

Siguiendo también los pasos de "Tito" Ortiz y Raymond Dalmau en torno a los *nuyoricans* trascendentales del baloncesto nacional de Puerto Rico estuvieron Neftalí Rivera, Néstor Cora, César Fantauzzi, Manuel "Manny" Figueroa e Hiram "Hanky" Ortiz. Neftalí debutó con los Piratas de Quebradillas en el 1969 y se estableció como el mejor *shooting guard* o escolta, no solo de aquella temporada sino de todos los tiempos del básquet boricua. Impresionaba por su velocidad y agilidad en el brinco, dotes físicos que complementaba con un buen manejo del balón y una precisión excepcional en sus tiros a media y larga distancia. Rivera jugó con los Piratas desde 1969 hasta 1981, y terminó su carrera en el BSN con dos temporadas con los Leones de Ponce entre 1982 y 1983. En total, jugó 15 temporadas en el BSN, logrando un total de 7,482 puntos en su carrera, para una media de 19.2 ppj.

Neftalí Rivera también brilló con la selección nacional. En 1969 fue el mejor anotador del CentroBasket en Cuba y participó en dos Juegos Olímpicos, Múnich 1972 y

Montreal 1976. Además, fue parte de la escuadra nacional que fue anfitriona en la isla del Mundo Basket 1974[330]. Su mayor gesta, no obstante, es que aún mantiene el récord de puntos anotados en un solo juego, 79, el 22 de mayo de 1974 contra los Taínos de Mayagüez.[331] En ese entonces no existía la línea de tres puntos, lo cual es sumamente difícil imaginarse lo grande que fue su hazaña. Aún con una línea de tres puntos en el baloncesto moderno, es muy difícil que pueda quebrarse tal marca en el BSN. Rivera falleció en San Juan el 23 de diciembre del 2017, a sus 69 años. Fue pieza clave de la dinastía Pirata de los '70 y será siempre recordado

---

[330] Del 3 al 14 de julio de 1974, Puerto Rico montó la Copa Mundial de Baloncesto por primera y única vez en la isla. Como sede principal se jugó en el Coliseo Roberto Clemente en San Juan pero también se albergaron partidos de clasificación en la Cancha Solá Besares de Caguas y el Auditorio "Pachín" Vicéns de Ponce. Adicional a Puerto Rico participaron otras 13 naciones: Unión Soviética, Yugoslavia, México, Brasil, República Central de África, Estados Unidos, España, Argentina, Filipinas, Cuba, Canadá, Checoslovaquia y Australia. En el partido final, la Unión Soviética derrotó a Estados Unidos, 105-94. Puerto Rico fue dirigido por "Armandito" Torres y el equipo lo conformaron: Héctor Blondet, "Joe" Pacheco, Raymond Dalmau, Neftalí Rivera, Jimmy Thordsen, Luis Brignoni, "Tito" Ortiz, Rubén Rodríguez, Rubén Montañez, Michael Vicéns, "Teo" Cruz y Charlie Bermúdez. Esta escuadra tuvo en definitivo una de las mayores representaciones *nuyoricans* de nuestra historia nacional al contar con 11 canasteros que nacieron o se desarrollaron fuera de la isla. Puerto Rico concluyó el evento con marca de 2 victorias y 7 derrotas y finalizando en la séptima posición.
[331] "Muere el exbaloncelista Neftalí Rivera", ELNUEVODIA.COM, 23 de diciembre de 2017, https://www.elnuevodia.com/deportes/baloncesto/nota/muereelexbaloncelistaneftalirivera-2384676/ (accedido el 16 de febrero de 2018).

como uno de los mejores de todos los tiempos.

Néstor Cora fue la tercera opción de la ofensiva pirata que dominó la liga nacional a finales de los '70, detrás de Dalmau y Rivera. Nació en Nueva York el 23 de enero de 1956 y jugó de escolta y delantero. Llegó a Puerto Rico en el 1973 y jugó 14 temporadas con los Piratas de Quebradillas. Fue jugador sobresaliente de la dinastía Corsaria de 1977-1979. De 1987 a 1989 terminó su carrera respectivamente con los Mets de Guaynabo, Atléticos de San Germán y Maratonistas de Coamo. Así totalizó 13.6 ppj y 4.8 rpj en 17 temporadas.[332] En el 2018 reside en la ciudad de Nueva York.

César Fantauzzi fue fichado originalmente por los Atléticos de San Germán para la temporada de 1974. Jugó 12 temporadas y ocho de ellas a nombre de los Piratas ayudando fundamentalmente a la creación de la dinastía quebradillana. Nació el 27 de julio de 1957 y en el BSN también jugó para los Indios de Mayagüez y Maratonistas de Coamo. Totalizó 4,591 puntos (14.6 ppj) y 2, 395 rebotes (7.6 rpj).[333]

Manuel "Manny" Figueroa jugó 17 temporadas en el baloncesto nacional de Puerto Rico (1973-1989). Jugó sus

---

[332] Baloncesto Superior Nacional, "Cora Davis, Nestor", https://www.bsnpr.com/jugadores/jugador.asp?id=1712&e= (accedido el 1 de diciembre de 2018).

[333] Baloncesto Superior Nacional, "Fantauzzi Basanet, César", https://www.bsnpr.com/jugadores/jugador.asp?id=354&e= (accedido el 1 de diciembre de 2018).

primeras 12 temporadas con Quebradillas antes de pasar a jugar con los Indios de Mayagüez, Brujos de Guayama, Polluelos de Aibonito y Criollos de Caguas para cerrar su carrera del '85-'89. Totalizó 4,842 puntos (10.2 ppj) y 4,050 rebotes (8.5 rpj) en 475 partidos.[334]

Hiram "Hanky" Ortiz llegó a la isla en el 1965 con beca para jugar baloncesto y estudiar en el Instituto Politécnico de Puerto Rico, hoy día Universidad Interamericana de San Germán. Debutó en nuestra liga local con los Piratas en el 1967 y jugó todos los 12 años de su carrera con Quebradillas. Totalizó 1,692 puntos, 782 rebotes y 631 asistencias. Su mejor temporada fue en 1969 cuando promedió 12.7 ppj, 5.9 rpj y 6 apj.[335]

Los otros nuyoricans

Bayamón y Quebradillas fueron las franquicias baluartes que dominaron la competencia de la liga del baloncesto nacional puertorriqueño durante toda la década de 1970 pero no eran las únicas franquicias. Por ende, es importante recalcar que hubo otros *nuyoricans*, fuera de la

---

[334] Baloncesto Superior Nacional, "Figueroa Ascencio, Manuel", https://www.bsnpr.com/jugadores/jugador.asp?id=1553&e= (accedido el 1 de diciembre de 2018).
[335] Baloncesto Superior Nacional, "Ortiz, Hiram F", https://www.bsnpr.com/jugadores/jugador.asp?id=907&e= (accedido el 1 de diciembre de 2018).

"Ciudad del Chicharrón"[336] y del Guajataca,[337] que fueron jugadores tan excepcionales que son bien recordados a través de todo el 100 x 35[338].

San Germán fue otro de los primeros quintetos en traer *nuyoricans* al baloncesto nacional, solo que no del despunte ni la fama que acarrearon "Tito" Ortiz, Raymond Dalmau, Neftalí Rivera y Rubén Rodríguez. Richie Pietri jugó con los Atléticos por 20 temporadas desde 1961 hasta 1981. Pietri totalizó 6,380 (13.2 ppj) y 2,209 (4.6 rpj). Tuvo su mejor temporada en el 1965 cuando promedió 19 puntos por juego y fue el Jugador Más Valioso de la temporada. Otro fichaje atlético importante fue el de César Fantauzzi en el 1974, pero lo perdieron luego de tan solo dos temporadas al irse Fantauzzi a jugar para los Indios de Mayagüez y posteriormente a los Piratas de Quebradillas.

El *nuyorican* más extraordinario de la década de 1970 fuera de las dos dinastías de Bayamón y Quebradillas lo fue Héctor Blondet. Puede ser recordado como el representante genuino del baloncesto callejero nuyorquino debido a su dribleo *fancy y no look passes*. He ahí el origen de su apodo "El mago". Debutó con los Capitanes de Arecibo para la

---

[336] En Referencia a Bayamón.
[337] En referencia a Quebradillas.
[338] Dimensiones geográficas del espacio territorial de Puerto Rico.

temporada de 1970 e inmediatamente se convirtió en una estrella. Causó sensación en la "Villa del Capitán Correa"[339] también por su dominio de las cinco posiciones y gran manejo de balón, que le permitió fungir de armador con sus seis pies y tres pulgadas de estatura. Jugó para el equipo nacional luciendo grandemente en los Juegos Panamericanos de 1971 en Cali, Colombia, en las Olimpiadas del '72 de Munich, Alemania y también en los Juegos del '76 en Montreal, Canadá. También formó parte de la escuadra de MundoBásket de 1974, celebrado en San Juan. En total jugó 13 campañas desde 1970 hasta 1983 vistiendo el uniforme de seis distintas franquicias: Capitanes de Arecibo, Cardenales de Río Piedras, Titanes de Morovis, Indios de Mayagüez, Gallitos de Isabela y Mets de Guaynabo. Participó en un total de 328 partidos totalizando 5,361 puntos (16 ppj) y 328 rebotes (6.6 rpj).[340]

Blondet nació el 12 de mayo de 1947 en Brooklyn, Nueva York. Sus padres, Carlos y Pureza, eran oriundos del sur de la isla, Santa Isabel y Salinas respectivamente, y emigraron a la "Gran Manzana" en la década de 1930. Héctor

---

[339] En referencia a Arecibo.
[340] Archivo Oficial del Baloncesto Superior Nacional de Puerto Rico, "Blondet Texidor, Héctor 'El Mago'", www.bsnpr.com/jugadores/jugador.asp?id=872 (accedido el 17 de noviembre de 2017).

se destacó desde su infancia en los deportes gracias a las escuelas públicas de la ciudad, así como lo había hecho "Tito" Ortiz. Tan destacado fue que recibió una beca para jugar baloncesto y fue a estudiar al colegio *Saint John's Preparatory*. Luego de un año se trasladó a la escuela por excelencia del baloncesto en Brooklyn, *Boys High School*. Allí tuvo la experiencia de jugar junto a otros canasteros que hasta llegarían a ser estrellas de la NBA como Kareem Abdul Jabbar, Nate "Tiny" Archibald, Dean Meminger y Connie Hawkins.[341]

Para 1968 se encontraba estudiando en *Murray State University* cuando recibió una llamada del apoderado de los Capitanes de Arecibo, Eddie Álvarez, para que jugara con su franquicia. Luego de consultarlo con sus padres y recibir su autorización, Héctor accedió a jugar en Puerto Rico y llegó en mayo de 1970. No le fue fácil ya que hubo quienes refutaron su puertorriqueñidad y por ende, cualificación para jugar en la liga. La cuestión es que había nacido en Nueva York y dada la competitividad de la liga, hubo apoderados que querían evidencia de que era hijo de puertorriqueños. Tal actitud de los apoderados no era nueva.

---

[341] Ibid.

Carlos "Charlie" Bermúdez Torres nació el 1ro de julio de 1951 en Santurce. Fue centro de la selección nacional para los Juegos Panamericanos y del Caribe de 1979 celebrados en San Juan, Puerto Rico.[342] Llegó a la "Isla del Encanto" para la temporada de 1970, al igual que Héctor Blondet. La liga dejó jugar a Bermúdez, pero no a Blondet. ¿Por qué? Sencillamente porque "Charlie" había nacido en la isla, pero Héctor no. La controversia "dio de qué hablar" porque la fanaticada local tenía mucho deseo de verle jugar. Era bueno en el sentido de que serviría para mayor competencia por lo que eventualmente la liga tuvo que acceder a hacer ordenadamente un reglamento que fundamentalmente terminó permitiendo la participación en la liga de los nacidos de padre y madre puertorriqueño, no importando donde habían nacido; o sea, *nuyoricans*.[343]

Jugó 15 temporadas, dividiendo su carrera entre los Leones de Ponce (3 temporadas), Santos de San Juan (4 temporadas) e Indios de Canóvanas (8 temporadas). Con sus 6" 6' de altura y 200 libras fungió de pívot, lo que era

---

[342] Entrevista de José J. Ruiz Pérez a Iván Igartúa, jugador, dirigente y escritor baloncelista. Realizada el 6 de junio del 2015 en Quebradillas, Puerto Rico.
[343] Genaro "Tuto" Marchand, documental *Nuyorican Basket 79: Puerto Rico 1979: Baloncesto, migración y Guerra Fría*, Filmes Filigrana, dirigido por Julio José Torres y Ricardo Olivero Lora, 2017.

realmente impresionante porque no era común poder batallar entre rivales gigantes con esa estatura. No obstante, fue descrito con "corazón" y más gallardía que jugadores más altos.

"Charlie" es recordado como uno de los mejores delanteros en la historia de la liga y uno de los jugadores más consistentes de nuestra selección nacional. Sus estadísticas así lo demuestran. Para la temporada de 1978 fue galardonado como Jugador Más Valioso (JMV) y Mejor Defensa también. Anotó un total de 6,267 puntos en su carrera (15 ppj), 4,884 rebotes (12 rpj) y participó en un total de 422 partidos. Uno de los mayores éxitos de Bermúdez fue ser el capitán del equipo de baloncesto de los VIII Juegos Panamericanos del '79, y ser abanderado de la delegación de Puerto Rico. Ese equipo fue la máxima expresión de talento *nuyorican* en nuestra historia al estar formado por 9 *nuyos*: Georgie Torres, Néstor Cora, Raymond Dalmau, Rubén Rodríguez, Charlie Bermúdez, César Fantauzzi, Roberto Valderas, "Willie" Quiñones y Ángelo Cruz. Los únicos baloncelistas boricuas nacidos, criados y desarrollados en Puerto Rico de ese equipo lo fueron Mario "Quijote" Morales y Ángel "Cachorro" Santiago. Michael Vicéns completó la plantilla del equipo. Nació en Estados Unidos pero creció y se desarrolló en la isla.

Para la temporada de 1971 los Cardenales de Río Piedras firmaron al centro de 6'9" de estatura y 220 libras Earl Brown. Jugó 12 temporadas en el BSN, 7 con los Cardenales y 5 con los Metropolitanos de Guaynabo. Totalizó 2,992 puntos y 3,245 rebotes en 279 partidos. Ayudó a su conjunto a ganar el campeonato de 1976 y tuvo su mejor temporada en 1977 cuando promedió 17 puntos por juego y 14.4 rebotes por juego, perdiendo la final contra Quebradillas en su intento de revalidar su título de 1976.

Héctor Olivencia nació en el Bronx de Nueva York y jugó 15 temporadas en el BSN (1974-1991) con tres franquicias distintas: Caguas ('74-'80; '90 y '91), Ponce ('81-'82) y Canóvanas ('83-'86), con quien ganó dos campeonatos. Fue un anotador excepcional luciendo con 8 temporadas donde promedió sobre 20 ppj. En el 1979 promedió 29 ppj y 7 rpj, sin duda alguna una temporada de excelencia. En sus 15 temporadas acumuló 8,007 puntos, 2,580 rebotes y 709 asistencias. Olivencia fue parte del equipo nacional y aguarda grandes recuerdos de haber jugado en la isla:

Cuando llegué a Puerto Rico, los *nuyoricans* que estaban en ese momento, estaban deslumbrando a la gente aquí. Conocías anteriormente a jugadores como 'Tito' Ortiz y Raymond Dalmau. Pero en la época entre 1974 y como hasta 1980 o 81, entró un boom de *nuyoricans*; Georgie Torres de

Fajardo, Wes Correa de Morovis, este servidor, Ángelo Cruz, Charlie Bermúdez… tú puedes nombrar un montón. No solo es que los atletas eran buenos, es que los dirigentes eran buenísimos también. Creo que por eso fue una época gloriosa. Eso le dio un boom al baloncesto del país, y no solo para los pueblos, sino también para el equipo nacional. Hoy día caminas por los *malls* (centros comerciales), vas a los restaurantes, y todavía la gente reconoce a uno. Eso es una satisfacción gloriosa. Eso para mí es de gran contentamiento, porque los fanáticos agradecieron mi desempeño. Eso para mí vale mucho.[344]

Georgie Torres arribó a Puerto Rico y debutó con los Cariduros de Fajardo en el 1975. Escolta y alero de 6'4" de estatura. Es el mejor anotador en la historia del Baloncesto Superior Nacional con 15,863 puntos en 679 partidos para un promedio de 24.4 ppj y 5 rpj. Fue un buen tirador de tres puntos encestando 989 canastazos de larga distancia a un promedio de 37%. Extraordinariamente, participó en 26 temporadas desde 1975 hasta el 2001 jugando hasta sus 44 años. Mayormente jugó para los Cariduros de Fajardo donde permaneció por 15 años. Ganó tres campeonatos, todos tarde en su carrera (con Bayamón y Santurce). Jugó con la selección nacional en los mundiales de 1978 en Filipinas y

---

[344] Antolín Maldonado Ríos, "Héctor Olivencia rememora el pasado de gloria del BSN", 18 de febrero de 2017, https://www.elnuevodia.com/deportes/baloncesto/nota/hectorolivenc iarememoraelpasadode gloriadelbsn-2292607/ (accedido el 15 de marzo de 2018).

1990 en Argentina y en las Olimpiadas de 1996 en Atlanta. Es el líder de todos los tiempos en tiros libres anotados con 3,098.

Willie Quiñones nació en Bayamón el 22 de febrero de 1956 y se mudó a Estados Unidos a temprana edad junto a su familia. Debutó en el 1976 y jugó 20 temporadas excepcionales, 15 de ellas con los Criollos de Caguas. En el 1992 pasó a jugar con los Maratonistas de Coamo, Gigantes de Carolina en el '93, Vaqueros de Bayamón y Criollos de Caguas nuevamente en el '94 para finalmente culminar con los Titanes de Morovis en 1995. Ganó tres campeonatos en el BSN y jugó en el Mundial de 1978 en Manila. Filipinas. Anotó 11,012 puntos (19 ppj) y 3,604 rebotes (6.2 rpj). Fue un gran anotador, jugador clave de su equipo siempre, luciéndose en ambos lados de la cancha. Es el tercer jugador de todos los tiempos en tiros libres anotados con 2,491.[345]

---

[345]Archivo Oficial del Baloncesto Superior Nacional de Puerto Rico, "Líderes", https://www. bsnpr.com/ estadisticas/lideres.asp?anio=0&liga=1&serie=1&d=&mes=&dia= &l=&tabla=&grupo=BS26&B1=Ver (accedido el 2 de julio de 2018).

La segunda ola, 1977-1988

Durante la década de 1980 se inició la segunda ola de *nuyoricans* destacados. Fue una continuación de la revolución del '60 pero atrás quedó la época gloriosa de los jugadores *fancy*. Durante los '80 se destacaron otros *nuyoricans*. Entre ellos, los de mayor impacto fueron Ángelo Cruz, llegado en 1977 a los Cangrejeros de Santurce; Wes Correa, en 1981 a los Titanes de Morovis; James "Jimmy" Carter, en 1987 a los Brujos de Guayama y Orlando Vega en 1988, a los Piratas. Con ellos se cerró una época, la época gloriosa de los *nuyoricans* que cambiaron la manera de jugar baloncesto en el país y dejaron un gran recuerdo en la liga.

La historia de Ángelo Cruz es posiblemente la más trágica de entre los *nuyoricans* que han jugado en Puerto Rico. Jugó 16 temporadas en el baloncesto nacional (BSN), de 1977 al '90 con los Indios de Canóvanas y de 1991 a 1993 con los Titanes de Morovis. Fue un gran armador anotador que participó en 399 partidos acumulando 5,905 puntos (14.8 ppj) y 1,933 asistencias (4.8 apj). Cruz es descrito como:

Un ídolo del baloncesto nacional; ágil, veloz y atrevido. Para más de un fanático del deporte, el más excitante jugador del BSN y del equipo nacional de su época. El más mortífero lanzador de cestas para ganar juegos "no aptos para cardiacos" en el segundo final...Sus seguidores –y- los fanáticos rivales-, pagaban cualquier cosa por verlo en acción pues tenían muy claro que era un "fuera de serie".[346]

Cruz desapareció a mediados de la década de 1990. Tenía problemas de drogadicción y no queriendo afectar a su familia partió a Estados Unidos sin dar anuncio alguno a sus seres queridos y dejando atrás todas sus pertenencias. Desde ese momento en adelante nadie sabe sobre su paradero real, aunque posiblemente no sea nada alentador. Rumores dicen que fue visto deambulando por las calles de Nueva York por un tiempo hasta que más y más personas comenzaron a echarle de menos. Una historia muy lamentable para quien fuese un favorito del equipo nacional y de la escuadra borincana de las Olimpiadas de 1988 en Seúl, Corea del Sur. Cruz fue el segundo mejor anotador de ese conjunto nacional durante el torneo e inclusivo tuvo una magnífica actuación para Puerto Rico ayudando a conquistar por segunda vez en la historia un triunfo sobre Yugoslavia, el 24 de septiembre de 1988. Ángelo tuvo un "partidazo" al anotar 18 puntos y lograr 6 asistencias en la victoria boricua 74-72. En el equipo de Yugoslavia estaban los "enebeístas" Dino Radja, Drazen Petrovic, Vlade Divac y Toni Kukoc. Cruz nunca será olvidado.

---

[346] "Desaparece un ídolo del baloncesto", ELNUEVODIA.COM, 20 de septiembre de 2009, https://www.elnuevodia.com/deportes/baloncesto/nota/desapareceun idolodelbaloncesto-792980/ (accedido el 8 de julio de 2018).

Wesley "Wes" Correa fue otro de los principales canasteros *nuyoricans* de la década de 1980. Correa fue un jugador franquicia[347] de los Titanes de Morovis por 16 temporadas desde 1981 hasta 1998. Jugó 441 partidos amasando un total de 9,870 puntos (22.4 ppj) y 2,958 rebotes (6.7 rpj). También fue excelente tirador de tiro libre (87%) y tres puntos (40%). Se encuentra en la duodécima posición entre los mejores anotadores de todos los tiempos del Baloncesto Superior Nacional de Puerto Rico (BSN). Participó del Preolímpico de 1984 y en el Campeonato Mundial de España 1986. Su impacto en el baloncesto boricua fue fenomenal:

En los '80, mencionar su nombre hacía temblar a los defensas contrarios y ponía a gozar a los fanáticos del baloncesto en Puerto Rico. Desde el principio, el alero, de 6'6" de estatura, exhibió su poder ofensivo al promediar 17.2 puntos por juego en su temporada de novato. También demostró una característica inusual en la liga: la capacidad de desempeñarse de la posición uno a la cuatro al contar con el manejo de balón de un armador y el talento para "rebotear" en la pintura, de un delantero fuerte. Tenía un estilo pausado, pero vistoso. No era el jugador más atlético dentro del tabloncillo, pero sí dominaba el juego con su tiro a corta, media y larga distancia. Y tenía algo más importante: el instinto 'matador' en los momentos cruciales. Fue un brillante jugador en el 'clutch' por más de una década.[348]

---

[347] Canastero principal del equipo.
[348] Carlos Rosa Rosa, "Wes Correa pasa sus días ayudando a

James "Jimmy" Carter, alias "El Presidente", nació en Nueva York el 27 de marzo de 1964 y es considerado uno de los mejores armadores de todos los tiempos del baloncesto nacional de Puerto Rico. Es el líder indiscutible de la liga en asistencias con un total de 3,025 (5.6 apj). Adicionalmente, fue un prolífico anotador que jugó en 543 partidos y totalizó 10,148 puntos (18.7 ppj) en 20 temporadas principalmente con los Brujos de Guayama, por lo que tiene su número 11 retirado oficialmente por dicha franquicia y a pesar de nunca haber ganado un campeonato. Fue parte del equipo nacional del Mundial de Argentina, 1990, los Juegos Panamericanos de 1991 en La Habana y del equipo Olímpico de 1992 en España.

Aparte de todos los grandes galardones individuales de Carter dentro de la cancha, su mayor impacto para Puerto Rico lo ha logrado luego de su retiro como baloncelista. Esto es así porque Carter es uno de varios *nuyoricans* que han permanecido en la isla luego de su pase por la liga. En el 2018 Carter se instaló en el municipio de Guayama y comenzó a fungir como Gerente de Comunicaciones y Recaudación de Fondos en el Ejército de la Salvación. Es una "leyenda viva"

---

envejecientes en Nueva York, 24 de septiembre de 2016, https://www.elnuevodia.com/deportes/baloncesto/nota/wescorreapas asusdiasayudandoaenvejecientesen nuevayork-2244345/ (accedido el 8 de julio de 2018).

en el pueblo, un querendón muy apreciado y respetado. El joven Wilfredo Díaz le hizo el siguiente comentario a Carter en su lugar de trabajo en el 2017: "Hay jugadores que ganaron campeonatos para su equipo, pero no tuvieron el impacto que tú has tenido en este pueblo, jugadores con campeonatos que no fueron un buen ejemplo para la juventud".[349] Así las cosas cuando uno combina haber sido un jugador de un "estilo vistoso, fluido y con explosividad", con servir de gran ejemplo para la sociedad fuera de la cancha, el impacto de vida dejado sobre esta tierra es realmente invaluable.

El último canastero *nuyorican* de gran impacto en el baloncesto nacional de Puerto Rico lo fue Orlando Vega:

Vega fue reclutado en el 1988 por el apoderado "Tito" Cordero para venir a jugar en el BSN. Con 20 años debutó con los Piratas de Quebradillas e impactó la liga con un juego explosivo y versátil. Promedió 18.6 puntos en su temporada de novato. Retornó en las siguientes dos temporadas, "quemando" la liga con promedios de 24 y 29 puntos por juego, respectivamente. Era una de las estrellas del torneo. Y en medio de su éxito en la liga, Vega vio detenida su carrera baloncelística en el 1991. Fue arrestado en Estados Unidos por un caso de drogas y cumplió tres años y medios en prisión. Reflexionado sobre las malas decisiones

---

[349] José A. Sánchez Fournier, "James Carter es un 'soldado' al servicio de Guayama", 8 de abril de 2017, https://www.elnuevodia.com/deportes/baloncesto/nota/jamescarteres unsoldado alserviciodeguayama-2308823/ (accedido el 4 de julio de 2018).

que tomó declaró: "A veces tomas malas decisiones y necesitas a tus padres. Si quizás hubiera tenido a mis padres no hubiera tomado malas decisiones en mi vida, pero estaba solo en las calles. Creo que eso me costó para no haber llegado a la NBA.[350]

Para el reconocido dirigente nacional de Puerto Rico, Flor Meléndez, uno de los factores más significativos del impacto de los *nuyoricans* en el baloncesto nacional de Puerto Rico es precisamente los jugadores que permanecieron en la isla luego de concluidas sus carreras. Meléndez entiende esta importancia porque significa que el país tuvo gran efecto en ellos. El quedarse a contribuir plenamente en la sociedad, cuando "no tenían que hacerlo", ofreciendo clínicas de baloncesto a niños y entre la comunidad, aportaron mucho más de lo que podían hacer viviendo de la fama de la cancha.[351] Uno de estos jugadores lo ha sido precisamente Orlando Vega. Su ejemplo en Quebradillas es inspirador y digno de respeto.

Yo tengo mucho que agradecerle a Puerto Rico. Jugar aquí fue muy bueno para mí. Mi padre era puertorriqueño, pero no hizo nada por mí. Me crie en Nueva York y en Washington, D.C. Nunca me gustó el término *nuyorican*. Lo

---

[350] "Orlando Vega: 20 años de libertad", ELNUEVODIA.COM, 16 de febrero de 2014.
https://www.elnuevodia.com/deportes/baloncesto/nota/orlandovega2 0anosdelibertad-1713099/ (accedido el 8 de septiembre de 2017).
[351] Entrevista de José J. Ruiz Pérez a Flor Meléndez, ex jugador y dirigente del equipo nacional de Puerto Rico. Realizada en el Coliseo Arquelio Torres de San Germán el 28 de junio del 2018.

veo despectivo y quien se refería a mí así, no le respondía. Es algo que divide y separa. ¿Por qué? Hay todo tipo de color aquí: blanco, negro, crema. Todos somos puertorriqueños. Jugué con gran placer por Puerto Rico. No jugué por dinero como hacen muchos. En cierta ocasión no pude ir a Atlanta a jugar en los Juegos del '96 y lo sufrí. Nunca me olvidaré de eso. Mi mayor recuerdo con el equipo nacional es haber ganado medalla de oro en Rusia en los Juegos de la Buena Voluntad de 1994. La liga ha cambiado mucho hoy en día. Antes había muchos más jugadores puertorriqueños de Puerro Rico propiamente que "de afuera" como está ahora y eso tiene que cambiar. No hay el mismo despunte de talento. Se paga demasiado hoy en día a jugadores que no producen. Hoy la liga no es suficientemente física.[352]

Tanto ha amado a Puerto Rico Vega que en el 2018 reside en la ciudad de los Piratas y ganándose la vida trabajando con niños y jóvenes en el desarrollo del baloncesto en Quebradillas porque "este país ha sido muy bueno conmigo".[353]

El impulso de la televisión

¿A qué se debió el *boom* repentino de los *nuyoricans* en el baloncesto nacional de Puerto Rico a partir de la década de 1960? Desde los años '60, el baloncesto puertorriqueño

---

[352] Entrevista de José J. Ruiz Pérez a Orlando Vega, exjugador *nuyorican* de los Piratas de Quebradillas del Baloncesto Superior Nacional de Puerto Rico. Realizada en el Coliseo Ismael "Chavalillo" Delgado de Aguada el 27 de mayo del 2017
[353] Ibid.

comenzó a ganar espacio en los medios de comunicación y en el gusto de los seguidores que, hasta ese momento eran fanáticos masivos del béisbol. El impacto de la televisión dentro de la revolución *nuyorican* de los '70 fue valioso. Fue un factor muy importante para destacar el despunte que tuvieron los jugadores en la liga y el crecimiento del baloncesto como el deporte popular del país. El baloncesto nacional se comenzó a transmitir por primera vez por televisión durante la temporada de 1962 pero durante la década de 1970 tuvo mayor producción.[354] Los *nuyos* eran buenos de por sí. Al añadirle la publicidad de la televisión, fueron catapultados a la fama total. Más y más fanáticos acudían a las canchas del país a verlos jugar y, con las espectaculares narraciones radiales de Manuel Rivera Morales, y posteriormente Ernesto Díaz González, el impacto fue grande. El pueblo pudo ver a estos jugadores con mayor facilidad. Los partidos televisados le brindaron muy buena exposición a los *nuyoricans* y al pueblo les encantó. El baloncesto nacional se tornó en el deporte más popular de Puerto Rico. La NBA aún no alcanzaba atracción masiva en la isla por ende, el espectacular entretenimiento inyectado

---

[354] Entrevista de José J. Ruiz Pérez a Carlos Uriarte, periodista e historiador deportivo. Comunicación personal, 22 de noviembre de 2018.

por los *nuyoricans* al baloncesto nacional atrajo y cautivó a una fanaticada masiva:

Nuestro campeonato nacional de verano se convirtió en fuente inagotable de canasteros talentosos así como de árbitros, oficiales de mesa y dirigentes. El deporte resultó mercadeable. Esta repentina revolución resultó importantísimo en la formación del equipo nacional. La televisión irrumpió en Puerto Rico en 1954 con la creación de WKAQ Telemundo, canal 2, y Wapa, canal 4, pero no fue hasta pasada la década del '60 y a principios del '70 cuando realmente comenzó a tener gran auge la televisión en los hogares.[355] Fue un momento cumbre porque la televisión local estaba en sus fases iniciales; el producto difundido era estrictamente nativo y era lo que se transmitía. Entrando en la década de los '80, eso cambió. Llegó el cable tv y se convirtió en la gran competencia del producto criollo. El cable tv y su programación estadounidense arribó a mediados de los ochenta. El público puertorriqueño se dejó seducir y comenzaron a exigir mayores criterios de calidad a la programación que antes encontraba maravillosa.[356]

La televisión le dio un gran impulso al baloncesto. Sin lugar a duda, ayudó a catapultar al deporte como nunca antes. Es importante entender que fue vital para lograr el estrellato de los *nuyoricans* precisamente a mediados de la década de 1960. Las secuelas han continuado porque tan reciente como

---

[355] Fufi Santori, "El basket boricua", 15 de febrero del 2015, http://blogs.elnuevodia.com/la-batatita-de-fufi/2015/02/15/el-basket-boricua/ (accedido el 8 de julio de 2018).
[356] Tatiana Pérez Rivera, "Seis décadas", 23 de marzo de 2014, http://www.puertadetierra.info/ noticias/tv/hist/historia_television.htm (accedido el 8 de julio de 2018).

en el 2017, el BSN logró extender su contrato con WAPA Televisión para continuar sus transmisiones en vivo y en exclusivo.[357] Con 3 y 4 juegos televisados semanalmente, ningún otro deporte en Puerto Rico recibe tanta promoción como el baloncesto. Y no es para menos, se trata de oferta y demanda.

¿Por qué fue tan trascendental y significativa la llegada de los *nuyoricans* a mediados de 1960? Así lo describe Carlos J. Guilbe:

Cuando se tome el deporte como un elemento importante en la historia de los países veremos otra historia de Puerto Rico. Ese día aflorarán muchos nombres y eventos que solo conocen los seguidores del deporte. No solo fueron "Tito" Ortiz, Raymond Dalmau, Neftalí Rivera, Rubén Rodríguez y otros, parte de una generación de boricuas que trajeron una visión diferente del deporte a nivel local y olímpico, sino que crearon una de las rivalidades más polarizadas entre regiones del país: Vaqueros vs Piratas… Bayamón era lo urbano, ciudad grande y moderna. Jugaban un sistema ordenado y disciplinado. Por otro lado, los Piratas de Quebradillas representaba "la isla", pueblito pequeño y lejos de San Juan. Tenían un ataque de guerrilla despiadado contra sus contrincantes. Su uniforme negro parecía una bandera pirata y llegaban al área metropolitana con miles de fanáticos. Las canchas Pepín Cestero en Bayamón y Pedro Hernández en Quebradillas eran verdaderos "infiernos" para los visitantes. Esta rivalidad era narrada con pasión por Manuel Rivera

---

[357] "BSN se queda en Wapa 2", ELNUEVODIA.COM, 9 de octubre de 2013, https://www.elnuevodia.com/deportes/baloncesto/nota/bsnsequedae nwapa2-1615556/ (accedido el 8 de julio de 2018).

Morales......En la década de 1970 todos fuimos, por algún momento, Pirata o Vaquero.[358]

Los *nuyos* dejaron una huella imborrable. No solo por traer un nuevo estilo de jugar al baloncesto, sino que mejoraron la calidad total del torneo del Circuito de Baloncesto Superior (CBS)/ Baloncesto Superior Nacional (BSN), tanto en lo atlético como en competitividad y hasta en lo técnico. El pueblo sonreía, la afición baloncelística crecía y las concurrencias a las canchas del país comenzaron a sobre pasar las de la liga profesional de béisbol por primera vez en la historia. ¿Quién habría de imaginarse un estadio Hiram Bithorn colmado con más de 17,000 personas presenciando un partido final de baloncesto entre Bayamón y Río Piedras en 1969?[359] Fue solo el comienzo de algo mucho más grande: el baloncesto como deporte nacional.

---

[358] Carlos J. Guilbe, Facebook, 23 de diciembre de 2017, https://www.facebook.com/cguilbe (accedido el 11 de febrero de 2018).

[359] Fufi Santori, *El Basket Boricua: 1957-62*, tercer tomo (Aguadilla, PR: Quality Printers, 1987), 177.

VII

El baloncesto como deporte nacional

"Una trapo 'e bola"

Difícilmente se imaginaría el mundo lo trascendental que sería un mero invento recreativo a finales del siglo XIX con "una trapo 'e bola". Sin que el Dr. Naismith[360] tuviera la menor idea en el 1891, el baloncesto se convertiría en todo un fenómeno deportivo internacional, en entretenimiento masivo, en ejercicio benéfico, en un negocio total, en carrera profesional de vida de miles y devoción rutinaria de millones. ¡Y Puerto Rico no fue la excepción! No es secreto alguno que en la isla se goza de la afición al boxeo, al béisbol y al baloncesto, pero el básquet es el que en las postreras décadas se ha convertido en el deporte nacional del país.[361] La cuestión sobre el deporte nacional es en definitiva un tema debatible pero el baloncesto es el deporte que más apela a la emoción de los puertorriqueños. Incluso, la liga nacional, el Baloncesto Superior Nacional (BSN), utiliza desde el 2009

---

[360] El inventor del baloncesto.
[361] "Baloncesto: El corazón deportivo de Puerto Rico". https://siemmmpresaludable.com/entretenimiento/baloncesto-el-corazon-deportivo-de-puerto-rico/ (accedido el 19 de febrero de 2016).

281

el *slogan*, "pura pasión".[362]

El torneo de la liga del BSN se juega ininterrumpidamente desde 1930.[363] Puerto Rico ha jugado un baloncesto reglamentado a través o durante ocho décadas. La temporada del 2018 fue la nonagésima en la historia. En todos esos años solo un torneo quedó incompleto: el de 1953.[364] La final se disputaba entre Ponce y San Germán pero

---

[362] "Ramos se une a la 'Pasión'", ELNUEVODIA.COM, 15 de abril del 2009, https://www.elnuevodia.com/deportes/baloncesto/nota/ramosseuneal apasion-557062/ (accedido el 22 de febrero de 2018).

[363] El torneo del BSN "nació" en plena crisis económica (1930) y ni siquiera se detuvo durante la Segunda Guerra Mundial de 1939-1945.

[364] El torneo del Baloncesto Superior Nacional (BSN) de 1984 también se detuvo en plena postemporada debido al caso del jugador de los Leones de Ponce, David Ponce. Diversos apoderados presentaron dudas y sospechas en torno a la legibilidad genuina de participación del jugador. La liga inició una investigación y sus hallazgos demostraron que el equipo de Ponce había entregado documentación falsa. La nacionalidad del jugador era estadounidense y no contaba con ascendencia puertorriqueña, requisito primordial para participar en el BSN. El caso de Ponce llegó a tener serias repercusiones, suspendiéndose al jugador y confiscándose los partidos del equipo de los Leones. Los apoderados del equipo ponceño procedieron a radicar un caso en el Tribunal Federal cuya ordenanza fue permitir la participación de Ponce. Jenaro "Tuto" Marchand, entonces Presidente de la Federación de Baloncesto de Puerto Rico, tomó la decisión de suspender el torneo y apeló al Circuito de Apelaciones de Boston. Poco después, y en plena suspensión del torneo, llegó desde Boston la resolución del Circuito de Apelaciones a favor de la determinación de la liga, no permitiéndose la participación de Ponce. Resuelta la controversia el BSN concertó La Copa Olímpica, un torneo final para concluir la temporada de 1984. Los Indios de Canóvanas obtuvieron el campeonato.

hubo una pelea entre Francis Ramírez y Lilo Becerra. "El incidente ocurrió como a los 36 segundos del tercer cuarto. Encontrándose el partido 44-41 a favor de San Germán, Francis y Lilo lucharon por el balón y hubo 'pito' del árbitro varias veces, señalando 'bola entre dos'[365], pero los jugadores no dejaron su forcejeo. Fue entonces cuando Francis le tiró un puño a Lilo al éste [Lilo] estar sentado en la cancha agarrado a una pierna de Francis.[366] Ponce empató la serie en el segundo partido de la serie pero al próximo día, el Administrador de Parques y Recreo, Julio Enrique Monagas, suspendió a Ramírez de los Atléticos, indefinidamente.[367] El equipo de San Germán pidió que se suspendiera el tercer partido a lo que solicitaban una reconsideración ante la liga. Tal decisión llevó a los equipos a tener serias discrepancias en el itinerario del resto de la serie porque Ponce alegó que sus jugadores 'Pachín' Vicéns, Arnaldo Hernández, Martín Jiménez y el dirigente Howard Shannon tenían que partir fuera de la isla el domingo, 13 de septiembre y no iban a poder completar a tiempo.[368] Al no

---

[365] En inglés *Jump ball*. Se refiere a una jugada donde no hay posesión de juego claramente establecida por lo que el árbitro principal acude al anotador oficial del partido para determinar posesión oficial.
[366] Miguel Rivera, "San German ganó a Ponce, 70-69, con tirada libre de 'Pototo'". *El Mundo*, 7 de septiembre de 1953. 18.
[367] Miguel Rivera, "Ponce decidió anoche retirarse del torneo de baloncesto", *El Mundo*, 10 de septiembre de 1953. 18.
[368] Ibid.

poder transarse una solución favorable entre ambas franquicias, Monagas suspendió el torneo el 10 de septiembre de 1953, por lo que no hubo campeón.[369]

La temporada del baloncesto nacional se ha jugado con un promedio de 8 equipos, especialmente durante las décadas de 1950 y 1960. Las franquicias participantes durante dichas décadas incluyeron a Bayamón, Río Piedras, Santurce, San Juan, Quebradillas, Arecibo, San Germán y Ponce. La menor cantidad de franquicias con las cuales se ha llevado a cabo un torneo ha sido cinco y ha ocurrido en cuatro ocasiones: 1934, 1940, 1942 y 1945.[370]

La mayor cantidad de equipos con el cual se ha contado para la celebración de un certamen del BSN fue en el 1996, con 18 equipos participantes. Esa es una cifra incomparable a otros deportes puertorriqueños. Tener 18 franquicias en una isla "de 100 x 35"[371] es prácticamente impensable hasta en naciones de mayor extensión territorial. Franquicias nuevas han atraído consistentemente sobre 5,000 fanáticos por

---

[369] "Monagas dio orden quitar los tableros". *El Mundo*, 11 de septiembre de 1953. 17.

[370] Entrevista de José J. Ruiz Pérez a Ibrahim Pérez, autor del libro *Los Héroes del tiempo: Baloncesto en Puerto Rico (1898-1950)*. Realizada el 5 de marzo de 2018.

[371] Es una expresión popular utilizada como medida geográfica redondeada de Puerto Rico. La isla es irregular pero realmente se acerca más a una medida de 112 millas de longitud por 40 millas de latitud.

partido como fue el caso de los Leones de Ponce en el 2013[372] y los Santeros de Aguada en el 2016. Sobre 250,000 fanáticos asistieron a ver juegos del BSN durante la temporada del 2013.[373] A modo de comparación, la final del BSN del 2007 fue la más vista en vivo en la historia con sobre 80,000 espectadores presenciando los siete partidos.[374] Más de 14,000 fanáticos llenaron el Coliseo Manuel "Petaca" Iguina de Arecibo en dos ocasiones y para el séptimo y decisivo juego, unas 19,000 almas abarrotaron el Coliseo José Miguel Agrelot de Santurce para presenciar una final épica en la cual finalmente se impusieron los Cangrejeros, 102-97.[375] Estas cifras no han sido igualadas por ningún otro deporte en Puerto Rico.

Las rivalidades regionales o entre pueblos también son vitales para el baloncesto nacional y demuestran lo fuerte que

---

[372] Luego de recesar las temporadas de 2011 y 2012, Ponce regresó para la temporada del 2013 y registró un espectacular promedio de sobre 9,000 fanáticos por juego.
[373] "Notable aumento en la asistencia a los juegos del BSN", PRIMERAHORA.COM, 7 de mayo del 2013, http://www.primerahora.com/deportes/baloncesto/nota/notableaumentoenlaasistenciaalosjuegosde lbsn-918943/ (accedido el 9 de febrero de 2018).
[374] Raúl Álzaga, "Santurce vs Arecibo 2007 ¿La mejor final del BSN?", 24 de mayo del 2016, https://www.primerahora.com/deportes/baloncesto/nota/santurcevsarecibo2007lamejorfinaldelbsn-1154994/ (accedido el 12 de octubre del 2018).
[375] Ibid.

es el baloncesto en Puerto Rico. Sin importar que sean juegos de temporada regular, las canchas se llenan a capacidad para estos partidos regionales. Ejemplo de ello lo serían las riñas entre los Leones de Ponce y los Atléticos de San German, los Piratas de Quebradillas y los Capitanes de Arecibo, los Brujos de Guayama y los Leones de Ponce, los Vaqueros de Bayamón contra los Metropolitanos de Guaynabo, los Gallitos de Isabela y los Piratas de Quebradillas y más recientemente los Santeros de Aguada y Piratas de Quebradillas y los Indios de Mayagüez y Santeros de Aguada. "No hay cosa que más contribuya al entusiasmo por el deporte de una juventud en un pueblo de la isla que tener un equipo representándola en una competencia a nivel nacional".[376] Es algo que gusta. Una atracción de pueblo. La corta distancia le añade una chispa singular a los partidos. La riña tiende a gustar por el derecho localista de atribuirse una victoria. Tales rivalidades son positivas para el deporte porque las fanaticadas siempre responden al llamado cuando hay un buen producto de por medio y crea un ambiente de mayor intensidad.

A los deportistas profesionales típicamente les gusta jugar ante un estadio repleto. Mientras más fanaticada, mejor.

---

[376] Fufi Santori, *Tiempo y escoar* (Mayagüez: Antillean College Press, 1987), 124.

Hay mucho en juego. Se quiere complacer a los fanáticos. Se quiere ganar. Y como rival, es hasta más emocionante. Ganar en la "carretera", cuando el juego se celebra en cancha ajena, es una gesta lograda en desventaja. Así las cosas, en el torneo nacional, hay "guerrilla" en el sentido de que se está jugando entre municipios, por lo que los fanáticos están dispersados por región. Pero cuando Puerto Rico juega internacionalmente, el país se une en apoyo a su equipo nacional. Bajo este panorama se es uno en contra del rival. Siempre y cuando no se trate de partidos internacionales, las rivalidades locales son necesarias.

Desde el 2017 se puede ver jugar a la escuadra nacional puertorriqueña de baloncesto hasta tres veces al año, incluso como anfitrión, debido a los nuevos parámetros de clasificación de la FIBA. La popularidad del juego en Puerto Rico luce sólida. Para el partido del 1ero de julio de 2018 entre México y Puerto Rico en el Coliseo Roberto Clemente de San Juan, se agotaron todos los boletos. Sobre 9,000 fanáticos boricuas pudieron apoyar a los suyos en persona y disfrutar del triunfo, 84-79. El juego fue parte de las clasificatorias de FIBA Américas rumbo a la Copa Mundial 2019, a celebrarse en China. En la isla el despliegue ha sido tan exponencial que el equipo nacional de baloncesto es simplemente apodado "Los 12 magníficos".[377] Es el equipo del país. Cada vez que juegan acaparan los titulares de los principales periódicos. Las redes sociales se activan a niveles virales.[378] En la calle se discuten las plantillas y posibilidades de triunfo. Adultos, jóvenes, mayores y menores, mujeres y hombres, todos quieren ver los partidos de la selección nacional. Ganen o pierdan, llenan de orgullo o dan de qué

---

[377] Rafael Bracero, ex periodista y presentador de deportes para Wapa Televisión por 35 años fue quien acuñó el popular apodo. Según relató el propio cronista a José J. Ruiz Pérez el nombre le surgió en el 1960 debido a su afición personal por las películas y el gran impacto taquillero del film de acción *The Magnificent Seven*. La trama de la película gira alrededor de siete pistoleros profesionales estadounidenses que acuden a la ayuda de los habitantes de un pueblo mexicano cerca de la frontera con Estados Unidos que son asediados por una banda de malhechores. Steve McQueen y Charles Bronson jugaron roles protagónicos en la película y cuya participación sirvió para catapultar sus carreras exitosas en Hollywood. Así el nombre y la trama de la película permaneció con Bracero a través de los años. De igual manera él vivió la época de oro del baloncesto puertorriqueño de los '50 y la época revolucionaria de los '60 y orgullosamente recordaba a los excelentes "Tinajón" Feliciano, Teófilo Cruz, "Pachín" Vicéns, Johnny Báez, "Tito" Ortiz, Raymond Dalmau y Rubén Rodríguez, entre otros. Luego, al ser contratado a principios de la década de 1980 por Wapa Televisión para laborar como ancla deportivo nocturno fue que entonces pudo dar a conocer el popular estribillo. Como narrador de los juegos internacionales de la escuadra nacional entrelazó a los *Magnificent Seven* con los canasteros del equipo de baloncesto del país. Sus vivencias le habían hecho saber que Puerto Rico había tenido por décadas un equipo nacional compuesto de 12 canasteros sobresalientes, los mejores de la isla. Fue por ello que Bracero les llamaría "Los 12 magníficos" y el tiempo ha sido testigo de la apropiada acogida del apodo entre los fanáticos del deporte al tornarse el nombre como sinónimo del equipo nacional y sobresalir por cuatro décadas.

[378] Que se propaga como si fuera un virus.

288

hablar porque los "analistas de las redes y sofás" no dejan escapar nada en su crítica pos-juego. "Los 12 Magníficos" unen a Puerto Rico cuando ganan al poder celebrar victoria pero también suele separar a los boricuas cuando pierden porque hay cierto sector del país que tan pronto puede hacerlo comienza a señalar a un culpable o aborda múltiples causas del fracaso.

Y es que al ser humano naturalmente no le gusta perder. Los ánimos de la nación no son iguales el día después de una dolorosa derrota nacional. De igual manera un triunfo eleva el espíritu de un pueblo. Hay alegría, festejo, paz y movimiento de capital, todo lo cual es impactantemente posible únicamente por medio de la selección nacional, de exposición internacional, de soberanía deportiva. Esto es evidentemente ejemplo de "nacionalismo banal". Un sentir de aprecio y orgullo pero únicamente durante las victorias. Es el problema de idealizar la identidad nacional. Ese apego, aprecio y orgullo debería estarlo sin importar los resultados. En las buenas y las malas. En las altas y las bajas. En las victorias o las derrotas. Con los nativos o los *nuyoricans*.

Que los "12 Magníficos" jueguen ante "casa" llena en su propia tierra es un evento de grandes proporciones. El baloncesto es capaz de gran impacto económico, político y social; por ello se le debe grandemente. El básquetbol puertorriqueño indudablemente seguirá creciendo y desarrollándose a más de un siglo de su creación y entrada magistral ante el mundo, y ello se ha logrado tanto por apoyo incondicional como por "nacionalismo banal".

La fanaticada acude a ver estos partidos de baloncesto y llenan los coliseos a capacidad porque indiscutiblemente disfruta de un buen espectáculo, es leal a su equipo y ama su baloncesto. El básquetbol es un deporte mucho más internacional que el béisbol, el otro deporte más popular en la isla. El básquet es un deporte más emocionante y más fácil de seguir que los demás. La final de la NBA, por ejemplo, es transmitida en 215 países y en 47 idiomas distintos. Fácilmente podría pensarse que el baloncesto es un deporte jugado en unos 200 de esos países.

El baloncesto es el deporte nacional puertorriqueño porque se proyecta como ningún otro. Ningún otro deporte vende tanta mercancía como lo hacen las franquicias de la liga. En mayo del 2018 el BSN celebró su nonagésima temporada consecutiva. Todas las regiones del país han sido representadas en alguna temporada por medio de equipos de la capital, región central, oeste, norte, sur y este. Es el deporte que más juegos televisados transmite con contrato multianual con WAPA TV. Durante la temporada del 2013 se logró un acuerdo entre ambas entidades para televisar por WAPA 2 y

WAPA América hasta cuatro juegos semanales y como mínimo unos 70 partidos por temporada.

Las cifras han lucido espectaculares para el BSN dado que la sintonía de los partidos ha aumentado considerablemente desde la temporada del 2012. Ejemplo de ello lo fue el partido por el campeonato entre los Piratas de Quebradillas y Leones de Ponce del 2013 que fue sintonizado en 267 mil hogares en Puerto Rico, para un total de casi un millón de televidentes.[379] Igualmente, el BSN se transmite por radio a través WKAQ 580 AM varias veces a la semana. Adicional a ello, cada franquicia tiene su propia transmisión local para cada partido. El baloncesto nacional en Puerto Rico se vende y se mueve muy bien. No hay otro mercado de deporte en la isla que genere igual demanda y tales cifras lo evidencian. "El baloncesto es muy popular entre las audiencias hispanas, y es un placer para nosotros ofrecer los partidos de la Liga de Baloncesto Superior Nacional exclusivamente a nuestros televidentes y socios de distribución. Es una oportunidad única para que nuestros anunciantes puedan llegar a la fanaticada del baloncesto en

---

[379] Sara Del Valle Hernández, "Wapa transmitirá nuevamente los juegos del BSN", 9 de octubre de 2013, http://www.primerahora.com/entretenimiento/tv/nota/wapatransmiti ranuevamentelosjuegosdelbsn-960791/ (accedido el 16 de febrero de 2018).

Estados Unidos", dijo José E. Ramos, presidente de WAPA Televisión.[380]

Frases populares: Impacto de Ernesto Díaz González y Manuel Rivera Morales

Si el baloncesto en Puerto Rico tiene una sólida base es en gran parte gracias a la televisión y la radio. Ambos medios han ayudado significativamente en la difusión del deporte. Han despuntado la popularización de frases inventadas y utilizadas por emoción o meramente para añadirle chispa al partido. Son parte de un *lingo* o repertorio lingüístico de nuestro baloncesto nacional. Frases típicas como: "gulú, gulú y pa' fuera", "¡échale!", "¡yúpiti!", "¡saaaaaalsa!","de lagrimita", "rico chachachá", "por el cristal", "tirada libre de dos", "sigue con el yoyo", "¡y va a seguir!" y "¡aaaaagua pa' los gallos!" de Ernesto Díaz González,[381] son frases coloquiales ampliamente reconocidas e imitadas por la fanaticada tanto dentro como fuera del tabloncillo del

---

[380] Inter News Service, "Wapa América en EE.UU. transmitirá los juegos del BSN", 27 de marzo del 2013, https://www.metro.pr/pr/deportes/2013/03/27/wapa-america-ee-uu-transmitira-juegos-bsn.html (accedido el 16 de febrero de 2018).

[381] Narrador deportivo con más de 50 años de experiencia. Voz emblemática del BSN, como lo fuera Manuel Rivera Morales (1923-2000), "El Olímpico", y pionero de las narraciones de juegos de baloncesto en Puerto Rico.

baloncesto nacional. "Gulú, gulú y pa' fuera" es utilizada cuando un balón lanzado da varias vueltas en el cilindro aparentando que va a entrar pero finalmente sale del aro. El "¡échale!" es utilizado cuando un gran canasto es encestado o para resaltar un canasto de tres puntos, al igual que el "¡Yúpiti!". "¡Saaaaaaalsa!", una de las frases más famosas de Díaz González es utilizada cuando hay una ventaja de por más de veinte puntos en el partido. "De lagrimita" significa que un canasto fue logrado milagrosamente. El "rico chachachá" es utilizado cuando un jugador corre con el balón. "Por el cristal" se usa en referencia a un canasto logrado a través del uso del tablero. "Tirada libre de dos" es un canasto de media distancia. "Sigue con el yoyo" significa que un jugador driblea en exceso. "¡Y va a seguir!" es utilizada cuando un jugador continúa encestando canasto tras canasto. Finalmente el "¡Aaaaagua pa' los gallos!" es utilizada prácticamente en los últimos segundos del partido cuando el mismo está ya asegurado o por concluirse. Díaz González cuenta que lo obtuvo de su infancia cuando su padre lo llevaba a la gallera.

Mi papá me llevaba mucho a las peleas en la gallera de Manolín Monge. Recuerdo que siempre había alguien que pasaba por las jaulas de los gallos que acababan de pelear para echarles agua a ver si revivía a algunos. Gritaba 'agua pa' los gallos'. Y eso se me quedó. Lo relacioné con algo así como

'¡se acabó el juego! y decidí utilizarlo hace poco y pegó.[382]

Previo a Ernesto Díaz González la eminencia narrativa del baloncesto puertorriqueño recayó sobre el trujillano Manuel Rivera Morales, "El Olímpico".[383] Morales narró juegos entre las décadas del 1960 al 1980 y muchas de sus frases son aún bien recordadas. Entre ellas: "ayúdalos divina pastora", "apúntenlo", "*wooooonderful*", "manos arriba", "yo lo conozco", "son de goma", "este juego no está apto para cardiacos", "falla", "ahí va", "apúntenlo", "sennnnnsacional" y "¡qué juego, señoras y señores, qué juego!"[384] ¿Qué significado tenían? "Ayúdalos divina pastora" se usaba

---

[382] Raúl Álzaga, "Voces del básket: entre el 'Sensacional' y el 'Rico chachachá'", 10 de septiembre de 2013, http://www.primerahora.com/deportes/baloncesto/nota/vocesdelbask etentreelsensacionalyelrico chachacha-videos-952711/ (accedido el 28 de febrero de 2018).

[383] Manuel Rivera Morales en su tiempo fue reconocido internacionalmente por la emotividad que le imprimía a las narraciones de los juegos de baloncesto. Fue narrador, maestro de ceremonias, declamador, comentarista hípico y publicista. En 1964, recibió la medalla como el mejor y más dramático narrador de juegos de baloncesto del mundo. En 1970 recibió el premio Codazaos, como mejor narrador del mundo. En el 1972 fue elevado al Pabellón de la Fama del Deporte Puertorriqueño. La Carretera 181 de Trujillo Alto lleva su nombre y es también conocida como Expreso Manuel Rivera Morales. El Baloncesto Superior Nacional (BSN) le dedicó la temporada de 1998.

[384] Municipio de Trujillo Alto: Ciudad en el campo, "Manuel Rivera Morales, El Olímpico", 8 de febrero de 2013, http://www.gobierno.pr/TrujilloAlto/SobreTrujilloAlto/Nuestra+gen te/Biografias+de+ Trujillanos+Distinguidos/Manuel+Rivera+Morales.htm (accedido el 1 de marzo de 2018).

cuando clamaba por la bendición divina para un jugador en la ofensiva; "apúntenlo" en referencia a un canasto; "*wooooonderful*" luego de una jugada excepcional; "manos arriba" para describir una cesta de tres puntos, aquella que realiza un árbitro para confirmar canasto; "yo lo conozco" como preeminencia de lo que podría hacer un jugador o con la facilidad que tenía para poder atinar un canasto; "son de goma" cuando se maravillaba como un jugador se levantaba del piso como si nada hubiera pasado luego de recibir un golpe; "este juego no está apto para cardiacos" cuando precisamente no lo estaba, o sea, un juego tenso, lleno de emociones; "falla" cuando un jugador no atinaba con su tiro al canasto; "ahí va" cuando un jugador se dirigía al canasto; "apúntenlo" cuando se marcaba efectivamente un tiro; "sennnnnsacional" cuando se lograba una jugada excepcional y "¡qué juego, señoras y señores, qué juego!" se entiende por sí solo al haberse disfrutado plenamente un partido. Este léxico fue revolucionario. Trastocó la fibra de la fanaticada para realmente "vivirse" los partidos con pura adrenalina. Hizo de los partidos de baloncesto muy emotivos. Su impacto perdura en el baloncesto moderno con la nueva cepa de narradores y comentadores del baloncesto nacional.

¿Por qué el baloncesto?

Al considerarse el baloncesto como deporte nacional, la cifra de asistencia a los partidos es muy respetable. En 2018 diecisiete municipios tienen canchas profesionales disponibles para albergar una franquicia del BSN si sus finanzas así lo permiten: Mayagüez, San Germán, Aguada, Ponce, Coamo, Guayama, Humacao, Fajardo, Manatí, Trujillo Alto, Bayamón, Caguas, San Juan, Guaynabo, Quebradillas, Arecibo y Carolina. Interesantemente, el baloncesto se juega de forma organizada en casi todos los pueblos costeros de la isla. La duración de la liga en sí misma se extiende por aproximadamente cinco meses al año, desde abril, hasta agosto.

La abundancia de cancha y extensión de temporada es posible porque el baloncesto es llamativo, pasional, de acción y con facilidad para jugar. Esto, debido a que se puede jugar solo, con pocos o varios jugadores, entre 6, 8 ó 10 como máximo. O sea, no es difícil concretar un buen partido. A tal realidad también se le puede añadir la información de que existen en promedio unas 25 canchas de baloncesto por municipio en Puerto Rico y en comparación unos 5 parques de béisbol por municipio.[385] Esta cifra hace que el número de

---

[385] Entrevista de José J. Ruiz Pérez a Gerald Pérez, líder recreativo y colaborador de Comunidades Especiales del Departamento de

canchas de baloncesto en la isla se acerque a 2,000 canchas. Incluso, es de admirar el hecho de que el baloncesto es un deporte sumamente económico para jugar para comenzar a jugar. Lo único que hace falta es un balón, que puede conseguirse fácilmente en cualquier cadena de tiendas por departamento, *Super Store* o en línea, por unos veinticinco dólares en comparación con otros deportes donde se necesitan guantes, bates, múltiples bolas, equipo protector, bases, raquetas y hasta uniformes más costosos. La acción constante del deporte, la facilidad de juego y economía singular seguramente atribuyen a la disponibilidad de canchas y la difusión general del baloncesto.

La calidad de la liga de baloncesto puertorriqueño siempre ha sido buena. Desde sus comienzos se ha ido desarrollando con tesón, con una competitividad feroz y ha contado con seguidores de gran afición y lealtad a través de los años. Todo ello se ha manifestado en grandes éxitos. Entre las gestas más sobresalientes que ha tenido el equipo nacional de Puerto Rico en su historia resaltan una cuarta posición en las Olimpiadas de Tokio, Japón de 1964, un cuarto lugar en el Mundial FIBA[386] de 1990 en Buenos Aires,

---

Recreación y Deportes de Las Marías, Puerto Rico. Realizada el 26 de febrero de 2018.

[386] FIBA - Federación Internacional de Baloncesto. Es el ente regulador de todos los eventos internacionales del deporte de

Argentina, medallas de oro en el Preolímpico de 1980 en San Juan, Premundial de 1989 en Ciudad de México, Juegos de la Buena Voluntad de 1994 en San Petersburgo, Rusia, Preolímpico de 1995 en Neuquén, Argentina y el derrotar al mejor equipo de baloncesto de Estados Unidos, conocido como el *"Dream Team"*[387] en las Olimpiadas de Atenas, Grecia del 2004.[388]

Pero desde "Atenas 2004", el equipo de Puerto Rico no

---

baloncesto. Fue fundada en el 1932 en la ciudad de Ginebra, Suiza con ocho naciones participantes: Argentina, Checoslovaquia, Grecia, Italia, Letonia, Portugal, Rumanía y Suiza.

[387] El *"Dream Team"* del baloncesto nacional estadounidense (NBA) es considerado como el primer "súper equipo" en la historia del deporte y el "mejor equipo de todos los tiempos". En las Olimpiadas de España de 1992 ganaron invictos la medalla de oro tras vencer en sus ocho partidos y promediar la marca de 117 ppj. Su desempeño en Barcelona marcó un momento histórico en el deporte del baloncesto, que a partir de ese momento se tornó global. De 23 jugadores de calibre internacional en Estados Unidos ese año, en 2016-17 sumaban 113. Los 12 jugadores del *"Dream Team"* de 1992 fueron los estelares Michael Jordan, Charles Barkley, Scottie Pippen, Patrick Ewing, Earvin "Magic" Johnson, Chris Mullin, Larry Bird, Karl Malone, David Robinson, John Stockton, Clyde Drexler y Christian Laettner.

[388] El *"Dream Team"* en las Olimpiadas de Grecia en 2004 estuvo compuesto por Allen Iverson, Stephon Marbury, Dwyane Wade, Carlos Boozer, Carmelo Anthony, LeBron James (con 19 años de edad), Emeka Okafor, Shawn Marion, Amar'e Stoudemire, Tim Duncan (capitán), Lamar Odom y Richard Jefferson. La escuadra boricua, conocida como los "12 Magníficos", estuvo compuesta por Rick Apodaca, Carlos Arroyo, Larry Ayuso, Eddie Casiano, Christian Dalmau, Sharif Karim Fajardo, Bobby Joe Hatton, Rolando Hourruitiner, José Rafael "Piculín" Ortiz, Peter John Ramos, Jorge Rivera y Daniel Santiago. Puerto Rico quedó en un honroso sexto lugar entre los doce equipos participantes.

ha podido regresar a unas Olimpiadas[389] y ni siquiera ha estado cerca de llegar a un resultado similar al que obtuvo cuando le ganó cómodamente a Estados Unidos en Grecia. En el Mundial de FIBA del 2014 en España, los "12 Magníficos"[390] decepcionaron al concluir en la decimonovena posición de entre 24 naciones, finalizando con marca de 1 victoria y 4 derrotas. No obstante, en certámenes regionales Puerto Rico sigue siendo considerado entre los mejores equipos de América, junto a Argentina, Brasil, Canadá, Estados Unidos, México, República Dominicana y Venezuela. Y más aún, al iniciar el año 2018 Puerto Rico se encontraba en la decimoquinta posición de los *rankings* masculinos mundiales, varios escalones por encima de su máxima posición olímpica cuando lograron la cuarta posición en los Juegos Olímpicos de 1964 en Japón.

Ciertamente el baloncesto puertorriqueño ha tenido sus altas y bajas, tanto en su desarrollo como en su participación en competencias internacionales. El destacado desempeño global demostrado a través de los años le ha brindado un buen nombre al país, especialmente cuando se toma en consideración el tamaño de una isla que cuenta con tan solo

---

[389] Para participar en las Olimpiadas en el deporte de baloncesto es requisito cualificar.
[390] Apodo afectivo del equipo nacional de baloncesto de Puerto Rico al componerse de 12 canasteros.

299

3.5 millones de habitantes, una población muy por debajo de lo usual en comparación con la mayoría de los otros países que se destacan en el baloncesto mundial y que cuentan con mayores recursos para desarrollar el deporte. Y en este visible escenario, de múltiples certámenes y triunfos del colectivo boricua, ha sido de vital importancia la integración y aportación de jugadores *nuyoricans*.

Llama la atención que aunque el baloncesto no es el deporte más popular en el Caribe o en América en general, en Puerto Rico sí lo es. En el Caribe, el béisbol "es rey"; y en América, principalmente América Latina, como en la gran mayoría de los países del mundo, el indiscutible deporte predilecto es el fútbol. Pero el básquetbol es posiblemente el segundo deporte más popular del mundo. Según el ex dirigente del equipo nacional de Puerto Rico y comentarista televisivo para ESPN Deportes Carlos Morales, "son cinco los países oficialmente reconocidos por la Federación Internacional de Baloncesto (FIBA) cuyo deporte nacional es el baloncesto: Filipinas, Lituania, Letonia, Estonia y Puerto Rico".[391] Entre las 212 federaciones nacionales de la FIBA está la de Puerto Rico.[392] La Federación de Baloncesto de

---

[391] Entrevista a Carlos Morales, ex dirigente del equipo nacional de Puerto Rico y comentarista televisivo de ESPN Latino. Realizada el 27 de junio de 2018.
[392] FIBA.basketball Official Database, "FIBA Family: National

Puerto Rico (FBPUR), fundada en 1969 es la entidad que rige el deporte del baloncesto en el país. Bajo su sombrilla vela por el desarrollo de las selecciones y ligas, tanto masculinas como femeninas, las categorías sub 20 y sub 22, ligas intermedias, juveniles e infantiles.

En China, Estados Unidos y Líbano el "básquet" también figura en la discusión de deporte más popular. Entre Lituania, Letonia, Estonia y Puerto Rico solo hay 10 millones de habitantes, pero si se suman las poblaciones de los países en cuestión, totalizarían aproximadamente 1.8 billones de personas apasionadas por el baloncesto. Para Puerto Rico figura impresionante estar entre los 8 países del mundo donde el baloncesto es el deporte mayormente disfrutado y ser una de las 5 naciones del mundo donde el baloncesto es oficialmente el deporte más popular en su país.

El BSN es la liga del Baloncesto Superior Nacional de Puerto Rico. Establecida en 1930, es la más alta de las ligas de baloncesto en el país y bajo la cual se celebran los campeonatos nacionales del baloncesto superior. En el 2015 el BSN contó con la participación de 12 equipos y hasta hubo contienda en la Liga de las Américas[393] con la representación

---

Federations",
http://www.fiba.basketball/national-federations (accedido el 10 de agosto de 2018).
[393] La Liga de las Américas es una competencia corta disputada entre

de los Capitanes de Arecibo. En el 2018 el BSN se jugó solo con 8 equipos debido al paso por la isla por el Huracán María. Pero a pesar de la devastación natural y los estragos económicos sufridos, el torneo del 2018 se jugó como indicativo de la importancia del deporte para la sociedad puertorriqueña en el siglo XXI. El baloncesto en Puerto Rico ha tenido un impacto muy fuerte en su historia, que va más allá del mero entretenimiento. El baloncesto le ha provisto al país grandes alcances económicos, políticos y sociales. En un reportaje del periódico *El Mundo* durante los Juegos Panamericanos de 1979 se describió la popularidad del juego: "El interés que se ha desarrollado en Puerto Rico por el baloncesto masculino es realmente increíble. Sin lugar a dudas, es el deporte de mayor penetración, el que más $$$ mueve y que más compatriotas nuestros siguen".[394]

Puerto Rico representa solo un micro ejemplo de la trayectoria del baloncesto en el mundo. El "básquet", de por sí, se inventó hace más de un siglo. Es un deporte que a la vez es un negocio. Existen ligas en sobre 150 países del mundo. La principal es la NBA,[395] que mercadea todo tipo

---

los respectivos campeones y mejores quintetos de las mejores ligas nacionales del baloncesto de América Latina.

[394] "La pasión por el baloncesto", *Claridad*, 13 al 19 de julio de 1979. 22.

[395] *National Basket Association*. Liga de baloncesto profesional en Estados Unidos de América. Cuenta con 30 equipos.

de parafernalia, realiza juegos en el exterior y genera billones de dólares anualmente. La franquicia promedio tiene un valor de $1.36 billones.[396] Los *Knicks* de Nueva York lideran las franquicias de mercado grande y su valoración oficial en 2017 fue de $3.3 billones.[397] El baloncesto también tiene el galardón de tener al segundo deportista mejor pagado del mundo: LeBron James. El astro de los *Lakers* de Los Ángeles ganó $86 millones en el 2016, solo superado por el futbolista portugués Cristiano Ronaldo.[398]

Con "una trapo 'e bola" el baloncesto se ha tornado en un deporte trascendental y global en el siglo XXI. Y Puerto Rico no ha sido la excepción. Dentro de todo lo que ha significado el baloncesto para la isla a través de su historia, es necesario hacer hincapié en el hecho de que detrás de todo el éxito ha existido un grupo de canasteros que comenzaron a transformar la afición baloncelística del pueblo puertorriqueño en la década de 1960: los llamados

---

[396] Kurt Badenhausen, "The Knicks and Lakers Top the NBA's Most Valuable Teams 2017", Feb 15, 2017. https://www.forbes.com/sites/kurtbadenhausen/2017/02/15/the-knicks-and-lakers-head-the-nbas-most-valuable-teams-2017/#659060f77966 (accedido el 13 de enero de 2018).
[397] Ibid.
[398] Chris Smith, "Lebron James Passes Cristiano Ronaldo on Forbes SportsMoney Index", Feb. 15, 2017. https://www.forbes.com/sites/chrissmith/2017/02/15/lebron-james-passes-cristiano-ronaldo-on-forbes-sportsmoney-index/#62766bf71388 (accedido el 13 de enero de 2018).

nuyoricans. Su historia es una muy conmovedora y de amplia aportación a la historiografía puertorriqueña. Al estudiarla podemos encontrar sub-temas relevantes como la identidad puertorriqueña, la nacionalidad, la diáspora, el orgullo patrio, la historia de la formación del deporte en la isla y hasta sobre la historia económica, política y social de Puerto Rico.

Por más que se destaque el baloncesto como uno de los deportes más populares del mundo, son muy pocos los países cuyo deporte nacional es el baloncesto. El mero hecho de que Puerto Rico esté en la lista de los mejores países baloncelísticos del mundo es significativo. Deporte nacional se refiere al deporte más popular, mayormente difundido, apreciado y mercadeado de un país. Aunque es difícil poder identificar oficialmente el deporte más popular de cualquier país, existen ejemplos en los cuales el baloncesto está definitivamente en la cúspide de la conversación: Lituania, Letonia, Estados Unidos, Estonia, Puerto Rico, China, Filipinas y Líbano. ¡No hay más!

Figura fascinante e impresionante el que Puerto Rico esté en la lista de las ocho naciones donde más se aprecia, se vive, respira y disfruta el baloncesto. Esto se ve reflejado en la gran cantidad de torneos o ligas donde Puerto Rico ha estado representado a través de la historia: Juegos Olímpicos, Juegos Panamericanos, Juegos Centroamericanos y del

Caribe, Mundiales de Baloncesto, el Baloncesto Superior Nacional (BSN) y Baloncesto Superior Nacional Femenino (BSNF), categorías menores y hasta la Liga de las Américas, liga de clubes campeones de todos los países de América Latina, donde han participado los Capitanes de Arecibo desde el 2010 y los Leones de Ponce desde el 2017. Ciertamente, a inicios del siglo XXI el impacto del baloncesto en Puerto Rico es uno muy fuerte y de gran alcance económico, político y social.

Conclusión

Una antigua leyenda griega sobre un acto heroico del soldado, mensajero y corredor de largas distancias, Filípides, demuestra ser una anécdota importante que explica el origen del emblemático evento deportivo griego: el maratón. Según la leyenda, los atenienses enfrentaban en su momento un escenario muy desalentador. En "juego" estaba su existencia, el futuro de la civilización griega y la cultura occidental. Frente a ellos, el impresionante ejército persa, en el poblado de Maratón, desplegaba ampliamente su ventaja militar. La batalla parecía perdida, pero los atenienses prevalecieron extraordinariamente. Filípides, corrió 25 millas sin parar desde Maratón hasta Atenas para llevar las buenas nuevas de victoria, exclamando *"Niké! Niké! Nenikekiam!"* (¡Victoria! ¡Victoria! ¡Regocijad, vencimos!). Inmediatamente, luego de cumplir su misión y pronunciarle las buenas noticias a los ciudadanos atenienses, Filípides colapsó del cansancio y murió. Pero su pueblo al menos, estaba a salvo.

¿Qué relación existe entre la leyenda griega y los *nuyoricans* en el baloncesto nacional de Puerto Rico? Su impacto. Durante la década de 1970 dos franquicias cambiaron la historia del baloncesto boricua para siempre: los Vaqueros de Bayamón y los Piratas de Quebradillas. Y las figuras más prominentes de estos equipos fueron *nuyoricans*. Ganaron múltiples campeonatos. Establecieron records en el Baloncesto Superior Nacional (BSN) y sus nombres resaltan entre los líderes de varias estadísticas individuales de la liga. Jugaron para el equipo nacional. Hicieron historia. Se convirtieron en verdaderas leyendas.

Para el verano de 1970 el equipo Pirata contaba con una oportunidad real para ganar su primer cetro de baloncesto en toda su historia. Existían buenas probabilidades porque los Piratas concluyeron la temporada regular del BSN con marca de 20 victorias y 6 derrotas. Como comentarista durante una transmisión radial de postemporada del equipo de Quebradillas se encontraba José Miguel Pérez, "El Olímpico", ex campeón de Puerto Rico en pista y campo intercolegial, esgrima y soccer. Pérez estaba tan entusiasmado con el equipo y deseoso de celebrar un campeonato que durante una de las transmisiones realizó un atrevido juramento en el cual prometió que si Quebradillas ganaba el torneo, ¡él vendría corriendo desde el municipio que fuese vencido en la final hasta el pueblo de Quebradillas!

Y sucedió que durante la noche del 21 de septiembre de 1970 los Piratas derrotaron a los Vaqueros de Bayamón 81-76 en un épico séptimo juego que rompió record de asistencia con 5,107 espectadores en la cancha municipal Pedro Hernández de Quebradillas. Al poco tiempo Pérez salió de

Quebradillas a cumplir su promesa viajando hasta Bayamón en una *station wagon* con 13 pasajeros que le asistirían en su encomienda. Su cometido comenzó a las 2 de la mañana en Bayamón. Corrió 9 horas consecutivas hasta llegar al pueblo de Quebradillas. A las 11 de la mañana fue recibido por miles de aficionados y residentes quebradillanos que habían festejado el título. Todo gracias a su amor por los Piratas... ¡y los *nuyoricans*!

Estas anécdotas son importantes porque representan muy bien lo que ha sido el legado de los *nuyoricans* al baloncesto nacional de Puerto Rico. El deporte es muy popular para los boricuas. Fuera del deporte, son muy pocas las instancias cotidianas que logran despertar en el puertorriqueño ese poderoso sentido de pertenencia e identidad nacional. Cada vez que los deportistas boricuas defienden sus equipos nacionales en el terreno de juego, la dignidad y el honor del país prevalecen. Parece que el pueblo se transforma en un estado de éxtasis colectivo. Concurro con las palabras de Luis Domenech: "Aunque suene contradictorio, el deporte se ha convertido en una especie de aliado de nuestra resistencia nacional ante la condición de subyugación política que nos ha tocado vivir por los pasados cinco siglos".

Los *nuyoricans* deben verse como protagonistas de una gran realidad. Se convirtieron en verdaderas leyendas por el gran impacto que tuvieron en las canchas del país. Desde que comenzaron a ser firmados consistentemente para jugar baloncesto en Puerto Rico a partir de 1965 ayudaron a llevar la puertorriqueñidad a otro nivel. Para colocarlo en perspectiva, en el BSN del 2018 participaron 8 franquicias: Bayamón, Arecibo, Quebradillas, Ponce, Fajardo, Aguada, San German y Humacao. Cada equipo contó con un total de 12 jugadores en su plantilla. Hubo un total de 35 canasteros con ascendencia puertorriqueña nacidos o criados en Estados Unidos activos con algún quinteto de la liga durante la temporada, lo que equivale a un promedio de 4.4 *nuyoricans* por equipo. Prácticamente, 1 de cada tres jugadores por equipo eran *nuyorican*. Esto fue el equivalente al 36% de la liga. Debido a la alta emigración constante de boricuas a Estados Unidos, el BSN vislumbra un patrón en el cual el baloncesto nacional de Puerto Rico seguirá incluyendo a un grupo considerable de *nuyoricans* por todo el futuro previsible.

El legado dejado por los *nuyoricans* es uno que trascendió el baloncesto nacional de Puerto Rico y se puede medir por medio de su impacto, resultados y logros. Los *nuyoricans* fueron mucho más que baloncesto; o sea, tuvieron un impacto fuera de la cancha, y al mismo tiempo hubo una relación mutua y ventajosa entre ellos y Puerto Rico. Muchos lo comentaron en las numerosas entrevistas realizadas. La relación de los *nuyoricans* con la isla fue "50-50" en términos de lo que le dieron al país y lo que recibieron a cambio. Hubo un beneficio recíproco; fue la experiencia de casi todos los *nuyoricans* que han jugado en el baloncesto nacional puertorriqueño.

Los *nuyos* dejaron una huella imborrable en las mentes de millones de compatriotas, pero de igual manera, agradecen al país por todo lo que ellos recibieron a cambio. Una de las razones por las cuales muchísimos canasteros *nuyoricans* se quedaron viviendo en la isla luego de retirarse del baloncesto fue precisamente por las carreras profesionales que pudieron formar. La gran mayoría de ellos eran jóvenes cuando vinieron a jugar a la isla. Se enamoraron de puertorriqueñas, contrajeron matrimonio, tuvieron hijos y formaron familias. Consiguieron buenos empleos y no sintieron la necesidad de regresar a Estados Unidos. Martín Anza, Alberto Zamot, "Tito" Ortiz, Raymond Dalmau, "Hanky" Ortiz, Rubén Rodríguez, "Charlie" Bermúdez, Luis Brignoni, Héctor Olivencia, "Georgie" Torres, "Willie" Quiñones, "Jimmy" Carter y Orlando Vega, entre otros, son algunos de estos *nuyoricans*. Su legado prevalece para la fecha de 2018, a medio siglo de la revolución *nuyorican*, por lo que le han devuelto al país. Inmiscuyéndose en la sociedad, trabajando, viviendo, enseñando y ofreciendo clínicas de baloncesto a niños y jóvenes puertorriqueños, la aportación de los *nuyoricans* en las primeras décadas del siglo XXI para el futuro del país ha sido de gran admiración y respeto.

El impacto de los *nuyoricans* sobre la cancha es indiscutible. Si se analiza el desempeño de los líderes de por vida en las estadísticas más importantes se encontrará a un *nuyorican* en el tope de los records de todos los tiempos. En anotaciones, el líder máximo es "Georgie" Torres, quien anotó 15,863 puntos (23.4 ppj). Raymond Dalmau, Rubén Rodríguez, "Willie" Quiñones, "Jimmy" Carter, "Wes" Correa y "Larry" Ayuso también están entre los 15 mejores anotadores en la historia del BSN, todos *nuyoricans*. En rebotes, el máximo líder es el refuerzo panameño Mario Butler, pero en segundo lugar está Rubén Rodríguez, con un total de 6,178 rebotes (9.8 rpj). Raymond Dalmau (10.6) y Charlie Bermúdez (11.6) también están entre los mejores 10 reboteros de todos los tiempos, y líderes en promedio de rebotes por juego.

En tiros libres anotados, los mejores tres son *nuyos*: "Georgie" Torres (3,098), "Jimmy" Carter (2,531) y 'Willy"

Quiñonez (2,491). En canastos de tres puntos, el máximo anotador es "Larry" Ayuso, con 1,658 tiros de larga distancia anotados y un promedio de 2.9 por juego. En bloqueos, Jeffrion Aubry hizo 642 en 94 partidos. Los *nuyoricans* Peter John Ramos, Carmelo Lee, Alphonse Dyer y Daniel Santiago también están entre los mejores diez taponeros en la historia del BSN. Finalmente, en asistencias, el líder indiscutible de todos los tiempos es "Jimmy" Carter, con un total de 3,025 (5.6 apj). Estadísticamente, el desempeño de los *nuyoricans* ha sido elite.

De igual manera, desde finales de la década de 1960 al presente, los *nuyoricans* han sido protagonistas en los equipos que se han proclamado campeones. Los Vaqueros ganaron múltiples campeonatos entre los años '60 y '70 gracias a Martín Anza, Alberto Zamot, Rubén Rodríguez, Rubén Montañez y Luis Brignoni. Los Piratas ganaron cetros en el '70 y del '77 al '79, liderados por Raymond Dalmau, Neftalí Rivera, Néstor Cora, César Fantauzzi, "Manny" Figueroa, "Tony" Babín y "Hanky" Ortiz. Estas dos franquicias revolucionaron la época del BSN. De 1967 a 1979 se combinaron para 11 títulos nacionales, en gran parte gracias a los *nuyos*. Eso es una realidad.

En términos a su aportación a la economía puertorriqueña, la asistencia de fanáticos a los juegos del

BSN incrementó considerablemente a partir de las décadas de 1960 y 1970. No es que anteriormente las canchas no se llenaran, esto ocurría, claro, pero el nuevo juego *fancy* y donqueos atractivos que trajeron los *nuyoricans* ciertamente atrajo un mayor número de fanáticos a los juegos. Eran una nueva atracción para el pueblo. Se convirtieron en astros del deporte y los entusiastas puertorriqueños querían verles jugar. Acudían en masa para ser entretenidos y deleitados por dos o tres horas. Los *nuyoricans*, en conjunto con los boricuas nativos, brindaron tremendos espectáculos. Fue por medio del deporte que muchos pudieron "hacer patria" porque de manera inesperada movieron las finanzas de pueblos relativamente pobres y de mercados pequeños como los de Quebradillas y San Germán.

En el caso específico de los Piratas de Quebradillas, por ejemplo, para la temporada de 1960, se registró una asistencia total de 3,414 fanáticos y un promedio total de 341 espectadores por encuentro. Una década después, cuando Quebradillas ganó su primer título nacional en el 1970, concluyeron la serie regular con la segunda asistencia más concurrida de la liga, superados única y precisamente por sus rivales Vaqueros de Bayamón. Casualidad no lo era; los dos equipos con mayor número de integrantes *nuyoricans* de la liga estaban dominando la competencia y los resultados se manifestaron en las asistencias a las canchas.

Quebradillas llevó 40,352 fanáticos a los juegos durante la serie regular de 1970. A esa cifra se le añadieron otros 29,200 que acudieron a la postemporada para un total de 69,552 fanáticos en toda la temporada. Quebradillas había sido un pueblo "de baloncesto" desde la década de 1930 y es una de las franquicias más populares del BSN; pero sin el *boom nuyorican*, no se hubiera desarrollado igual. Según el censo poblacional de 1970, Quebradillas tenía para ese año una población de poco más de 15,000 habitantes. Bayamón, su rival en la final, contaba con 156,192 residentes, prácticamente 10 veces la población de Quebradillas. Estas cifras son relevantes porque Bayamón lideró la liga en asistencia en 1970 con 75,548 fanáticos registrados y solo unos 6,000 fanáticos adicionales. Pero, los Piratas llevaron un mayor número de fanáticos a la serie final con Bayamón: 17,444 vs. 15,212. ¡Es como si absolutamente todo el pueblo de Quebradillas hubiera acudido a los partidos finales! Ciertamente impresionante. ¡Con razón Quebradillas continúa siendo reconocido como un pueblo de gran historia en el baloncesto puertorriqueño! Esto también es parte del legado *nuyorican*.

Los principales jugadores de los años principales de la rivalidad entre Quebradillas y Bayamón eran *nuyoricans*. Dos de ellos fueron homenajeados al adjudicársele sus nombres a dos coliseos municipales: el Coliseo Raymond Dalmau en Quebradillas y Coliseo Rubén Rodríguez en Bayamón. Esto también es representativo de una rivalidad épica. Dalmau debutó en el '66 y Rodríguez en el '69. Ambos fueron jugadores de impacto vitales. Desde 1969 hasta 1979 Quebradillas y Bayamón se dividieron 10 campeonatos nacionales en 11 años. Por eso, hace mucho sentido que estos dos grandes nombres del baloncesto puertorriqueño de la época hayan sido reconocidos con tal importante homenaje. Aquellos seguidores de Quebradillas y Bayamón que les vieron jugar en su *prime* nunca los olvidarán, y los que posteriormente asisten a las canchas como parte de la nueva generación de fanáticos del BSN, al menos serán alertados sobre el legado de Dalmau y Rodríguez, que muy bien deberían conocer.

Es importantísimo destacar que los *nuyos* también hicieron mejores jugadores de los nativos. Ejemplo de ello lo fue Mario "Quijote" Morales, posiblemente el mejor nativo de su era. José Ayala Gordián, en su artículo publicado en la prensa electrónica "*Nuyorican* Básket rendirá homenaje a una generación única", el 8 de julio de 2017, citó la experiencia de "Quijote", quien comenzó a jugar a los 17 años en el 1975:

En realidad al principio de los '70, cuando empezaron a llegar los *nuyoricans*, el baloncesto cambió en Puerto Rico. Se volvió un poquito más rápido, un poco más 'fancy', y yo en esos momentos me criaba, era un "fiebrú" del baloncesto y lo jugaba todos los días. Yo vivía en Bayamón, e iba a la cancha a ver a jugadores como "Tito" Ortiz en Bayamón, a Raymond [en Quebradillas] y a Héctor Blondet en Arecibo. Ellos causaron sensación cuando llegaron y los que jugábamos baloncesto imitábamos un poquito a esos jugadores porque era más "cool", por decirlo así, jugar de esa manera. Hasta la manera de caminar era diferente. El estilo de ellos era un poquito más rápido, más guerrilla, pero era lo que se jugaba en los parques en Nueva York. Yo aprendí con ellos y sí, se jugaba un poco más acelerado cuando entré al BSN. La llegada de estos jugadores [los *nuyoricans*] cambió el baloncesto a uno un poco más espectacular.

El legado de los *nuyos* también es marcadamente visible en los "12 Magníficos", los integrantes del equipo nacional de baloncesto. Apodados así por tratarse de 12 integrantes, embajadores del básquet en eventos internacionales donde Puerto Rico ha participado. Desde su arribo al BSN durante la década de 1960, han formado parte del equipo nacional de Puerto Rico en todas sus ediciones. Alberto Zamot y Martín Anza formaron parte de la segunda participación olímpica de baloncesto de Puerto Rico con el equipo del '64 que fue a Japón. El equipo de 1968 que fue a México igualmente contó con Alberto Zamot e incluyó a "Tito" Ortiz y a Raymond

Dalmau. A Munich, en el '72, fue un grupo significativo de *nuyoricans*: Héctor Blondet, Earl Brown, Raymond Dalmau, "Tito" Ortiz, Neftalí Rivera y Rubén Rodríguez. El resto del equipo lo completaban "Billy" Baum, nacido en Estados Unidos y de padres estadounidenses, "Ricky" Calzada, que estudió en Wyoming, "Jimmy" Thorsden quien nació en Estados Unidos, el ponceño "Joe" Hatton, el imponente centro Teófilo "Teo" Cruz de los Cangrejeros de Santurce y el alero Mickey Coll de los Gallitos de Isabela. Para Montreal, en el '76, también se formó un equipo de gran composición *nuyorican*: Héctor Blondet, Luis Brignoni, Earl Brown, Raymond Dalmau, "Tito" Ortiz, Neftalí Rivera y Rubén Rodríguez.

La selección nacional de Puerto Rico ha tenido representación en los juegos deportivos más grandes del mundo. Además de olimpiadas, ha participado en los Mundiales de la FIBA, Juegos Panamericanos, Juegos Centroamericanos y del Caribe y otros torneos regionales. Puerto Rico ha incluido a jugadores *nuyoricans* en todos los torneos desde la década de 1960 en adelante y ha ganado múltiples títulos. El equipo que participó en los Juegos Panamericanos de 1979 celebrados en San Juan, Puerto Rico, aunque no ganó el campeonato, su llegada a la final contra el equipo de Estados Unidos representó un hito en cuanto al legado *nuyorican*. La escuadra estuvo compuesta por 9 *nuyos*: "Georgie" Torres, Néstor Cora, Raymond Dalmau, Rubén Rodríguez, Charlie Bermúdez, César Fantauzzi, Roberto Valderas, "Willie" Quiñones y Ángelo Cruz. Al ser los juegos en la isla, hubo mucha euforia. Tanto Puerto Rico como Estados Unidos llegaron invictos a la final. Hubo mucha expectativa con el equipo local. Era la época cumbre de los *nuyos*.

Aunque los boricuas perdieron 113-94 en el juego final, por medio de su destacado desempeño se dieron a conocer como potencia de baloncesto. Fue un revés honroso porque los *nuyoricans* demostraron poder jugar de "tú a tú" con la "crema" del mundo. Optimistas, pusieron la mirada en las Olimpiadas de 1980 en Moscú, Rusia, como oportunidad dorada para medirse ante el mundo. No obstante, esa oportunidad nunca llegó. La participación boricua en las Olimpiadas de 1980 nunca se concretizó porque se desató un conflicto político entre Estados Unidos y la Unión Soviética por la invasión soviética a Afganistán. Tras el desempeño tan destacado por los puertorriqueños en los Juegos Panamericanos de 1979 y las altas esperanzas para las Olimpiadas de Moscú, Puerto Rico no pudo llevar su delegación a los Juegos Olímpicos. El Presidente James Carter proclamó un mandato de boicotear las Olimpiadas debido a las diferencias políticas con la Unión Soviética, decisión que fue acogida por el entonces Gobernador de Puerto Rico, Carlos Romero Barceló. Fue devastador para muchos canasteros y devotos fanáticos porque había grandes ilusiones con el talento boricua disponible para ese certamen.

La decisión del Presidente Carter y el apoyo del Gobernador Carlos Romero Barceló no solo afectaron la participación de los puertorriqueños en el deporte del baloncesto sino en todos los deportes. Jesús "Jesse" Vassallo, por ejemplo, ostentaba 3 marcas mundiales en 1979 y se esperaba que obtuviese 5 medallas de oro en Moscú. Esto no pudo ocurrir. De igual forma, cientos de atletas boricuas sufrieron la misma adversidad en sus respectivos deportes. Pero cabe señalar que algunos atletas puertorriqueños desafiaron el mandato político y antepusieron la lealtad al deporte. Ellos fueron Alberto Mercado, Luis Pizarro y José Molina, quienes asistieron a las Olimpiadas en el deporte de boxeo pero sin el aval del gobierno.

Puerto Rico no logró clasificar para el próximo ciclo olímpico: los juegos de Los Ángeles de 1984. Luego de una ausencia olímpica de 12 años, los baloncelistas boricuas lograron regresar a las Olimpiadas de 1988 en Seúl, Corea del Sur. La integración *nuyorican* a estos juegos fue notablemente menor a la que había tenido Puerto Rico en los

'70. Solo Ángelo Cruz formó parte del equipo. Para 1992 "Jimmy" Carter fue el único *nuyorican* en formar parte del equipo que participó de las Olimpiadas de Barcelona, España. Daniel Santiago y "Georgie" Torres fueron los únicos *nuyos* en ir a los Juegos de Atlanta en Estados Unidos en el '96. Para el 2000 Puerto Rico volvió a fallar a la clasificación como en el 1984 y cuando regresaron en el 2004 a las Olimpiadas de Atenas, Grecia, lograron la increíble hazaña de derrotar al *Dream Team* de Estados Unidos. En ese equipo olímpico de Puerto Rico participaron Rick Apodaca, Larry Ayuso, Sharif Fajardo, Peter John Ramos y Daniel Santiago. Desde entonces Puerto Rico no ha regresado a otras Olimpiadas y la realidad es que no ha tenido resultados de gran mérito como aquel que fue vislumbrado para las Olimpiadas de 1980.

La inclusión de los *nuyoricans* en el BSN y en el equipo nacional hizo que poco a poco se fuera integrando la cultura de comunicarse en inglés como idioma muy común entre los jugadores. Mientras más canasteros cuyo primer idioma fuese el inglés se integraban a un equipo, más probable era que los jugadores se comunicaran entre sí por medio del idioma que mejor conocían. Les era más fácil y así lo hicieron. Y más si el técnico del equipo era bilingüe. Para las clasificatorias de la FIBA para el Mundial de 2019, se escucharía claramente al técnico Eddie Casiano dirigiéndoles instrucciones a sus jugadores en inglés, no en español. En ese equipo, que jugó contra la selección de México el 1ro de julio de 2018 en el Coliseo Roberto Clemente en San Juan, solo cuatro canasteros de Puerto Rico eran *nuyoricans*: Ramón Clemente, Javier Mojica, John Holland y Chris Gastón. Los restantes ocho jugadores o nacieron o se desarrollaron en la isla.

Si el idioma principal y natural de los puertorriqueños es el español, ¿por qué la comunicación en inglés? Ciertamente no es común en los demás equipos hispanoamericanos, como por ejemplo en México, Argentina, República Dominicana o Venezuela. Interesantemente tampoco lo fue entre el *"Team Rubio"*, el equipo nacional de Puerto Rico de béisbol que representó a la isla en el Clásico Mundial de Béisbol (WBC) del 2017. Entre los integrantes de este equipo solo se escuchaba a los integrantes hablar español. Todo lo contrario a los "12 Magníficos". El *"Team Rubio"* del 2017 contó con 5 *nuyoricans* regulares en su equipo: Seth Lugo, T.J. Rivera, Emilio Pagán, Mike Avilés y Héctor Santiago, en comparación a los 4 de los "12 Magníficos" del 2018. La diferencia estriba en que el béisbol puertorriqueño nunca fue revolucionado por *nuyoricans* como sucedió con el baloncesto. Los principales jugadores del equipo nacional de béisbol en todas las ediciones del WBC, desde el 2006 hasta el 2017, fueron nativos: Iván Rodríguez, Carlos Delgado, Javier Vásquez, Carlos Correa, Javier Báez, Francisco Lindor, Yadier Molina, Carlos Beltrán y Ángel Pagán.

La respuesta entonces a la pregunta del por qué del uso del inglés entre los "12 Magníficos" puede contestarse como parte del legado *nuyorican* en el baloncesto nacional de Puerto Rico. No es que el idioma sea el componente único y singular de la puertorriqueñidad, pero sí es un ente que forma parte de; es un indicador de la conexión entre idioma e identidad. La comunicación se lleva a cabo de forma natural en el lenguaje principal de donde se es oriundo, a pesar de su fusión de culturas.

La llegada de los *nuyoricans* al BSN y su participación en el equipo nacional también fue sumamente importante porque abrió el camino para que otros *nuyoricans* representaran a la isla en deportes como el béisbol, pista y campo, voleibol, natación, baloncesto femenino, softball femenino y tenis. Pero es en el baloncesto donde más han abundado los *nuyoricans,* deportistas con raíces principalmente en Nueva York, de ascendencia puertorriqueña. En el 2018 se destacan atletas *nuyoricans* en programas nacionales de pista y campo con Jasmine

Camacho-Quinn, en la selección nacional femenina de baloncesto con Allison Gibson, Jennifer O'Neill, Ashley Pérez, Jazmon Gwathmey, Yolanda Jones y Tayra Meléndez, y con los ya mencionados Seth Lugo, T.J. Rivera, Mike Avilés, Emilio Pagán y Héctor Santiago en el *"Team Rubio"* del WBC del 2017.

Otros *nuyoricans* como Jarrod Arroyo y Kristen Romano representaron a la isla en los Juegos Centroamericanos y del Caribe 2018 en Barranquilla, Colombia; Maurice Torres juega en 2018 con la selección nacional de voleibol; la mayoría del equipo de softball femenino incluyendo a Xeana Kamalani Dung, Jaimie Hoover, Kayla Jensen, Quianna Díaz-Patterson, Taran Alelo, Elicia D'Orazio, Carsyn Gordon y Meghan King pueden todas ser consideradas *nuyoricans* por haber nacido y ser criadas en Estados Unidos pero con ascendencia puertorriqueña. Muchos de estos atletas no se conocen popularmente fuera de sus respectivos deportes pero representan a Puerto Rico a nivel internacional y han tenido sólidas aportaciones obteniendo medallas y conquistando triunfos significativos.

El legado *nuyorican* ha sido variado y muy significativo para Puerto Rico. En cuanto al baloncesto, en el 2018, es cierto que el deporte no atraviesa su mejor momento. No obstante, sigue siendo el deporte más popular en la isla y lo es debido al impacto que tuvieron los jugadores *nuyoricans* de 1965 a 1988. Sin su contribución, es evidente que existiría buen baloncesto en el país, pero jamás se podría contar la historia del baloncesto en Puerto Rico con la misma euforia y con tantos logros internacionales. Los *nuyoricans* fueron figuras claves que le trajeron mucha alegría y destaque al pueblo.

El éxito de los *nuyoricans* repercutió positivamente en la sociedad. Por ello, es importante que la juventud de nuestro país conozca el legado que dejaron. De seguro podrían así ser inspirados a conocer más sobre la historia puertorriqueña, a disfrutar más del deporte sanamente, a amar su patria y a motivarse a ser entes de cambio en un Puerto Rico que bien lo necesita. Los *nuyoricans* son y siempre serán parte de la historia social y cultural de la isla. Su historia es un reflejo de la realidad del país y a través de ella aprendemos todos.

Fotografías: Colección de imágenes de Ángel Colón

1. Raymond Dalmau (PUR) posa orgullosamente la camiseta del Equipo Nacional de Baloncesto de Puerto Rico, 1983.

2. El pequeño armador Ángelo Cruz (PUR) se encuentra con la defensa de Chris Mullin (USA) en el inicio de una penetración al canasto. Leon Woods (USA) observa la jugada. 1983.

3. El delantero César Fantauzzi, de los Piratas de Quebradillas, en un despegue de güira al canasto frente a Charlie Bermúdez de los Indios de Canóvanas, 1982.

4. Charlie Bermúdez y Georgie Torres, del seleccionado Nacional de Puerto Rico, en plena acción ofensiva durante los VIII Juegos Panamericanos de San Juan, Puerto Rico, 1979.

5. Charlie Bermúdez y Rubén Rodríguez (PUR), en su afán defensivo, bloquean el balón al jugador mexicano durante los Juegos Panamericanos de San Juan, Puerto Rico, 1979.

6. Georgie Torres, escolta de los Metropolitanos de Guaynabo, ejecuta su característico tiro libre, 1990.

7. Earl Brown, figura central de los Cardenales de Río Piedras, se dirige al canasto para donquear con su mano izquierda, 1980.

8. "Chiqui" Burgos, armador de los Piratas de Quebradillas es gardeado por Charlie Bermúdez, de los Leones de Ponce, 1982

9. James Carter (PUR) es defendido por Steve Nash (CAN) durante un partido del Torneo de Baloncesto Preolímpico de las Américas celebrado en San Juan, Puerto Rico, 1999.

10. Héctor Blondet, armador de los Cardenales de Río Piedras, es defendido por Manny Figueroa, centro de los Piratas de Quebradillas, mientras realiza un espectacular movimiento con el balón en mano, 1980.

11. El versátil alero-escolta-armador Mariano "Tito" Ortiz se distinguió por sus habilidades ofensivas y defensivas con los Vaqueros de Bayamón y el Equipo Nacional de Puerto Rico en las décadas de los 60 y 70.

12. Alberto Zamot, armador de los Vaqueros de Bayamón, detiene a su contraparte Juan López, de los Piratas de Quebradillas, antes de intentar un avance al canasto.

13. El escolta boricua Neftalí Rivera fue uno de los motores ofensivos del Equipo Nacional de Puerto Rico durante la década de los setenta. Aquí lo vemos en acción contra tres jugadores argentinos, 1980.

14. El escolta-armador Néstor Cora (PUR) penetra hacia el canasto burlando la defensa estadounidense durante los VIII Juegos Panamericanos de San Juan, Puerto Rico, 1979.

15. Raymond Dalmau, alero de los Piratas de Quebradillas, forcejea contra Earl Brown, centro de los Cardenales de Río Piedras, en su penetración hacia el canasto.

16. Rubén Rodríguez, delantero del Equipo Nacional de Puerto Rico, inicia su gestión ofensiva al canasto ante la defensa de los futuros NBA Ronnie Lester y Kevin McHale (USA) en el partido por la medalla de oro de los VIII Juegos Panamericanos de San Juan, Puerto Rico, 1979.

17. El delantero Rubén Rodríguez (PUR) efectúa su tiro al canasto con la zurda evadiendo la defensa de los brasileños Marcos Abdala, Oscar Schmidt y Adilson Nascimiento. Los boricuas Raymond Dalmau y Charlie Bermúdez observan la jugada en un partido del Torneo Mundial FIBA en San Juan, Puerto Rico, 1974.

18. En su gestión ofensiva, el escolta boricua Wes Correa es defendido por Leon Wood (USA). Al fondo, observa el alero Chris Mullin (USA). IX Juegos Panamericanos de Caracas, Venezuela, 1983.

19. Rubén Rodríguez, delantero del Equipo Nacional de Puerto Rico, logra llegar al canasto ante la defensa de Kevin McHale (USA). También, en la jugada Michael O'Koren (USA) y Georgie Torres (PUR) forcejean por la posición frente al canasto en el partido por la medalla de oro de los VIII Juegos Panamericanos de San Juan, Puerto Rico. 1979.

20. Willie Quiñones, delantero del Equipo Nacional de Puerto Rico, captura un rebote ante la escuadra estadounidense mientras Michael O'Koren (USA) y Rubén Rodríguez (PUR) pelean la posición debajo del canasto en el juego final de baloncesto de los VIII Juegos Panamericanos de San Juan, Puerto Rico, 1979.

RAYMOND DALMAU

338

341

343

RAYMOND DALMAU   **EARL BROWN**

Referencias

Fuentes primarias

Amdur, Neil. "Vassallo Brothers Fly Different Flags". *The New York Times*, July 6, 1979. https://www.nytimes.com/1979/07/06/archives/vass allo-brothers-fly-different-flags-frontpage-news-one-succ ess.html (accedido el 19 de noviembre de 2018).

Anuarios de Baloncesto de Sambolín. San Germán: Offset Rosado, 1960-1970.

Quinto Anuario, 1960; Sexto Anuario, 1961; Sétimo Anuario, "Cincuentenario del Baloncesto Puertorriqueño: 1913-1962", 1962.

Circuito de Baloncesto Superior

Octavo Anuario de Baloncesto de Sambolín, 1963.

Noveno Anuario de Baloncesto de Sambolín, 1964.

10mo. Anuario de Baloncesto de Sambolín, 1965.

11mo. Anuario de Baloncesto de Sambolín, 1966.

12mo. Anuario de Baloncesto de Sambolín, 1967.

13ro. Anuario de Baloncesto de Sambolín, 1968.

Federación de Baloncesto de Puerto Rico

14to. Anuario de Baloncesto de Sambolín, 1969.

15to. Anuario de Baloncesto de Sambolín, 1970.

Archivo Baloncesto Superior Nacional. www.bsnpr.com

"BoxRec". Boxing's Official Record Keeper. http://boxrec.com/en/boxer/3254 (accedido el 21 de enero de 2018).

Carta de Manuel González Mejías a Manuel Hernández, apoderado de los Piratas de Quebradillas. 25 de octubre de 1971. En Iván G. Igartúa Muñoz, *La Guarida del Pirata: 1823-1970* (San Juan: Bibliográficas, 2006), 27.

Constitución del Estado Libre Asociado de Puerto Rico, Según enmendada. Vigente desde 25 de julio de 1952, según enmendada hasta 1970. San Juan, Puerto Rico. http://www.ramajudicial.pr/leyes/Constitucion-Estado-Libre-Asocicado-PR.pdf.

FIBA. Basketball Official Database. "FIBA Family: National Federations". http://www.fiba.basketball/national-federations (accedido el 10 de agosto de 2018).

FJB. "Programa de actividades del jubileo de Baloncesto". *El Mundo,* 27 de agosto de 1938, p.11.http://www.puertadetierra.info/noticias/1938/pr ograma_jubileobalon cesto.htm (accedido el 25 de febrero de 2018).

Memoria. Séptimos Juegos Deportivos Centroamericanos y del Caribe, del 8 al 20 de marzo de 1954, México D.F., Comité Organizador de los Séptimos Juegos Deportivos Centroamericanos y del Caribe, http://com.org.mx/wp-content/uploads/centroamericanos/1954-Juegos-CAC/1954-Juegos-CAC.pdf (accedido el 18 de mayo de 2018).

Naismith, Jas. "Basketball". *The Triangle.* January 1892, I:10, 144-147. Springfield College Digital Collections.http://cdm16122.contentdm.oclc. org/cdm/ref/collection/p15370coll3/id/485 (accedido el 5 de marzo de 2017).

NBA Official Database. "All Time Leaders".

http://stats.nba.com/alltime-leaders/ (accedido el 3 de julio de 2018).

Olympic Games Official Archives. "Tokyo 1964 Basketball",https://www.olympic.org/tokyo-1964/ basketball (accedido el 16 de febrero de 2018).

Resolución Oficial de la FIBA. 18 de junio de 1932, Ginebra, Suiza. http://www.fiba.basketball/history (accedido el 23 de febrero de 2018).

Senate Resolution 301. Censure of Senator Joseph McCarthy. December 2, 1954. https://www.ourdocuments.gov/doc.php?flash=false &doc=86 (accedido el 16 de marzo de 2018).

Stanley, Alessandra. "GOODWILL GAMES; The Goodwill Games Begin: Now let the fans show up". *The New York Times*. July 24, 1994. 8008011. https://www.nytimes.com/1994/07/24/ sports/ goodwill-games-the-goodwill-games-begin-now-let-the-fans-show-up.html (accedido el 9 de octubre de 2018).

The Official Site of USA Basketball. "Official Basketball Box Score". August 15, 2004, https://web.archive.org/web/20111101085351/http:// www.usabasketball.com/seniormen/2004/04_moly1 _box.html (accedido el 26 de enero de 2018).

The Official Site of USA Basketball. "Third Pan American Games 1959". http://archive.usab.com/mens/panameric.n/mpag_19 59.html (accedido el 5 de marzo de 2018).

US Department of Commerce. 1970 Census of Population. Vol. 1: Characteristics of the Population, Part 53: Puerto Rico. 23.

Wimbledon. "Monica Puig".
http://www.wimbledon.com/enGB/news/articles/201
3 0624/20130624_ 201306241372088747346.html
(accedido el 26 de enero de 2018).

Prensa impresa

Álzaga, Raúl. "A Harkless le pica la curiosidad". *Primera Hora*, 20 diciembre de 2012. 66-67.

_____. ¡"Bendición, abuelo!: "Varios nietos de puertorriqueños podrán aspirar por primera vez a un puesto en el Equipo Nacional". *Primera Hora*, 9 de diciembre de 2008. 74.

_____. "Carmelo Anthony: El estelar jugador de Denver coquetea con la idea de unirse al equipo de PR". *Primera Hora*, 22 de diciembre de 2010. 96.

_____. "¿Se habrá incluido a todos lo que son?" *Primera Hora*, 18 de junio de 2008, 92-93.

Álzaga, Raúl, y otros. "¿Cuál equipo es mejor?: Comparamos las selecciones de los mundiales 1990 y 2010". *Primera Hora*, 17 de agosto de 2010. 1,75-77.

"Autorizan sustituir a Meyers". *El Mundo*, 13 de abril de 1965. 21.

Ayoroa Santaliz, José Enrique. "Galería de los Piratas de Quebradillas". *El Mundo*, 5 de julio de 1964. 23.

"Baloncesto da reunión el domingo". *El Mundo*, 10 de abril de 1965. 36.

"Basket Ball." *The Puerto Rico Eagle*. Sábado, mayo 13 de 1905. Colección personal de Benjamín Lúgaro.

Castro, Elliott. "Corta la memoria en el baloncesto

puertorriqueño". *Claridad*, 22 de diciembre-8 de enero de 1993. 43.

_____. "Nuestra soberanía deportiva". *Claridad*, 10 al 16 de agosto de 1979. 2.

_____. "Una sola nación y un solo equipo nacional". *Claridad*, 9 de febrero de 2012. 35.

Castro, Gabriel. "¿Está perdiendo nuestro baloncesto su identidad regional? *El Vocero*, 19 de agosto de 1989. 6.

Cepero, Juan. "A través de los años: Cuatro Equipos del Interior Superan Metropolitanos Asistencia Baloncesto". *El Mundo,* 4 de mayo de 1965, 39.

_____. "Loche Esperado Hoy: San Germán Pierde Tres Jugadores Enfermedad". *El Mundo*, 22 de mayo de 1965. 33.

_____. "Otro astro inactivo: Larry Gómez no jugará este año". *El Mundo,* 8 de mayo de 1965. 33.

_____. "Scott anota 27, Anza 25 y Ortiz 18". *El Mundo*, 14 de junio de 1965. 21.

Cepero, Juan. "Quebradillas inaugura..." *El Mundo*, 3 de junio de 1965. 50.

_____. "Quebradillas se prepara para lucha baloncesto". *El Mundo*, 5 de mayo de 1965, 37.

Chú García, "Etcétera", *El Nuevo Día*, lunes, 6 de junio, 1992. 5.

Colón Lebrón, David. "Baloncesto reflexión revaluación." *El Vocero*, 9 de septiembre de 1995. 8.

_____. "Nadie ha jugado más que Rubén...ni Teo Cruz". *El Vocero*, 1989. 8-9.

Colón, Rey. "Apoteósico recibimiento al equipo nacional".

El Vocero, 23 de agosto de 1990. 106.

Colón, Rey. "¿Racismo en la Selección Nacional?: Jugadores se dividieron en dos grupos". *El Vocero*, 26 de agosto de 1992. 56.

_____. "Apoteósico recibimiento al equipo nacional". *El Vocero*, 23 de agosto de 1990. 106.

Dávila, Norman H. "¡Cuidado el que tire la primera piedra!: ¿Desastre del balón?" *El Vocero*, 29 de marzo de 1995. 57.

Estadez Santaliz, Amelia. "Uno contra uno frente a Raymond". *El Nuevo Día*, domingo 21 de junio de 1992. 4-5.

García, Rai. "Ligera reconstrucción en el Equipo Nacional". *El Vocero*, 3 de diciembre de 1994. 1.

Garriga, Ray. "1990 cuando casi tocamos la gloria." *Primera Hora*, 20 de agosto de 2002. 60-61.

Figueroa, Alex. "Todos para unos y uno para todos". *Primera Hora*, 3 de julio de 2007. 84-85.

"Fue hace 27 años. X Juegos Centroamericanos y del Caribe". *El Nuevo Día*, 13 de junio de 1993, https://web.archive.org/web/20140112210333/http://www.puert adetierra.info/noticias/1993.htm (accedido el 3 de diciembre de 2018).

Hardt, Robert. "Intacto el orgullo boricua". *El Nuevo Día*, 13 de junio de 1994.

Huyke, Emilio. "El Baloncesto en Puerto Rico". *El Imparcial*, mayo-julio, 1955, 1. Colección privada de Benjamín Lúgaro.

_____. "La Liga Puertorriqueña de Baloncesto...". *Puerto Rico Deportivo*, agosto de 1949, 6. Colección privada de Benjamín Lúgaro.

Jiménez, Léster. "Crisis en la Selección Nacional". Primera Hora, 27 de agosto de 2007. 1, 86-87.

_____. "Debe su vida al baloncesto". *Primera Hora*, 29 de agosto de 2003. 92-93.

_____. "¿Es una buena idea la nacionalización?" *Primera Hora*, 14 de noviembre de 2007. 91.

"La pasión por el baloncesto", *Claridad*, 13 al 19 de julio de 1979. 22.

López, Josian. "¡Aquella escuadra invencible!" *El Vocero*, 17 de julio de 1993. 8.

Lugo Marrero, Richie. "¡Regresó Charlie!" *The San Juan Star*, 4 de agosto de 1996, 18-20.

Martínez, Hiram. "Béisbol y baloncesto siguen siendo reyes del deporte juvenil en PR". *El Vocero*, 12 de junio de 2011. 4-5.

Méndez, José "Cheo". "Asoma una nueva era." *El Nuevo Día*, 4 de octubre de 1992. 18-21.

Menéndez, Tony. "Pocos cambios en el equipo nacional de baloncesto". El Vocero, 3 de diciembre de 1994. 6-7.

_____. "Lenta la inmigración de los nietos". El Nuevo Día, domingo, 5 de mayo de 1991. 14-17.

"Monagas dio orden quitar los tableros". *El Mundo*, 11 de septiembre de 1953. 17.

Pagán Agosto, W. "A los héroes anónimos del baloncesto". Claridad, 10-16 de enero de 1992. 38.

Pérez, Raymond. "Flor; Una plataforma nacional. *El Nuevo Día*, domingo, 4 de octubre de 1992. 14-17.

_____. "Mal de fondo en la escuadra boricua". *El Nuevo Día*, lunes, 6 de julio de 1992. 3.

_____. "Neftalí Rivera trabajará de asistente con los

gigantes". *El Nuevo Día*, 13 de marzo de 1991. 156.

Pillot Ortiz, Víctor. "'Vago' el jugador boricua según Dalmau". *El Nuevo Día*, 17 de diciembre de 1992. 254.

Pont Flores, Rafael. "El Mundial es aquí". El Mundo, 25 de mayo de 1970, 4C.

_____. "Un Jeep entre Leones", *El Mundo*, 16 de junio de 1950. 17.

Redacción. "Conozca nuestro Equipo Nacional de Baloncesto". *El Diario*, 16 de julio de 1996, 36.

Rivera, Miguel. "Ponce decidió anoche retirarse del torneo de baloncesto", *El Mundo*, 10 de septiembre de 1953. 18.

_____. "San German ganó a Ponce, 70-69, con tirada libre de 'Pototo'". *El Mundo*, 7 de septiembre de 1953. 18.

Rivera, Rafael José. "La nueva era de Neftalí". *El Nuevo Día*, domingo, 17 de marzo de 1991. 22.

Rivera, Rafy. "Nostalgia de los '80: compara plantilla actual que ayudó a formar dos décadas atrás". *El Vocero*, 20 de julio de 2011. 48.

Rodríguez, Erick. "Hetin; No será considerado". *El Nuevo Día*, 9 de junio de 1990. 188.

Rodríguez Jiménez, Paquito. "Baloncesto puertorriqueño: desarrollo y evolución " *Claridad*, 13-19 de marzo de 1992. 36-37.

_____. "Carnets de identidad". *El Nuevo Día*, domingo, 4 de octubre de 1992. 12-13.

Romero Cuevas, Luis. "CBS ve hoy la apelación del caso Ortiz". *El Mundo*, 26 de mayo de 1965, 22.

_____. "Dice Lou Rossini: 'Para vencernos hay que fajarse". *El Mundo*, 27 de mayo de 1965, 55.

_____. "Elogian a Mariano Ortiz: 'No pude con él: Dice McCadney: 'Tengo las Herramientas': Robbins. *El Mundo*, 11 de junio de 1965. 51.

_____. "Mariano Ortiz Puede Jugar: CBS Decide Caso Favor Bayamón". *El Mundo*, 8 de junio de 1965. 21-22.

Talaveras, Pepo. "Baloncesto Superior". *El Mundo*, 3 de abril de 1965. 33.

_____. "Baloncesto Superior". *El* Mundo, 3 de mayo de 1965. 29.

_____. "Baloncesto Superior". *El* Mundo, 2 de junio de 1969. 3C.

_____. "Baloncesto Superior". *El Mundo*, 9 de junio de 1965. 18.

_____. "Bayamón, Río Piedras inician temporada Baloncesto Superior". *El Mundo*, 24 de mayo de 1968. 29.

_____. "Comienzos de nuestro baloncesto organizado", *Pivote*, año 1, octubre de 1971, 1, Colección privada de Benjamín Lúgaro.

_____. "Mariano Ortiz es inelegible". *El Mundo*, 24 de mayo de 1965. 21.

_____. "Resuelve M. Ortiz No Es Elegible". *El Mundo*, 28 de mayo de 1965. 23, 27.

_____. "Solicitaran Nueva Vista Caso Ortiz". *El Mundo*, 29 de mayo de 1965. 34.

_____. "Zamot Podrá Participar Inaugural". *El Mundo*, 25 de mayo de 1965. 21, 23.

Torres Leyva, Lionel. "¿Equipo de la Década?" *El Mundo,* 8 de junio de 1980". D6.

"Voy a hacer un mayor esfuerzo". *El Nuevo Día,* 28 de junio de 1998. D3.

Zúñiga, Ricardo. "Deserciones por razones políticos". *El Vocero,* 20 de julio de 1999. 3.

Entrevistas

Alberto Zamot, ex jugador *nuyorican* de los Vaqueros de Bayamón. Entrevista telefónica realizada el 3 de agosto de 2018.

Armandito Torres Ortiz, ex jugador, dirigente y apoderado de los Atléticos de San German. Realizada en San German el 4 de octubre de 2018.

Benjamín Lúgaro, ex jugador del Baloncesto Superior Nacional de Puerto Rico y Director de la Oficina de Historiadores Deportivos de Ponce. Realizada en Ponce el 10 de enero de 2018.

Carlos Emory, jugador *nuyorican* de los Santeros de Aguada. Realizada en Aguada el 27 de mayo de 2017.

Carlos Morales, ex dirigente del equipo nacional de Puerto Rico y comentarista televiso de ESPN Latino. Entrevista telefónica realizada el 27 de junio de 2018.

Carlos Ortega, fanático puertorriqueño residente en Miami. Realizada en Guadalajara, Jalisco, México, el 13 de marzo del 2017.

Carlos Rosa Rosa, Subeditor deportivo de GFR Media. Entrevista telefónica realizada el 8 de octubre de 2018.

Carlos Uriarte, periodista deportivo. Realizada en San Juan el 17 de marzo del 2017.

Chris Gastón, jugador *nuyorican* de los Santeros de Aguada. Realizada en Aguada el 27 de mayo de 2017.

Devon Collier, jugador *nuyorican* de los Caciques de Humacao. Realizada en Aguada el 27 de mayo de 2017.

Félix Huertas, historiador, profesor y autor del libro *Deporte e identidad: Puerto Rico y su presencia deportiva internacional (1930-1950)*. Realizada en Caguas el 20 de enero de 2017.

Flor Meléndez, ex jugador y dirigente del equipo nacional de Puerto Rico. Realizada en San Germán el 28 de junio del 2018.

Gerald Pérez, líder recreativo y colaborador de Comunidades Especiales del Departamento de Recreación y Deportes de Las Marías, Puerto Rico. Entrevista telefónica realizada el 26 de febrero de 2018.

Héctor Manuel "Hetin" Reyes Morales, ex apoderado de los Vaqueros de Bayamón de 1971 a 1981. Entrevista telefónica realizada el 28 de mayo de 2018.

Héctor Vásquez Muñiz, comentarista radial, periodista y analista deportivo. Entrevista cibernética realizada por Facebook el 16 de agosto de 2018.

Hiram "Hanky" Ortiz, ex jugador de los Piratas de Quebradillas. Realizada en Quebradillas el 13 de julio de 2018.

Hiram Manuel Gómez, ex apoderado de los Piratas de Quebradillas. Realizada en Quebradillas el 13 de julio de 2018.

Ibrahim Pérez, ex Director del Departamento de Recreación y Deportes y autor del libro *Los Héroes del tiempo: Baloncesto en Puerto Rico (1898-1950)*. Entrevista telefónica realizada el 5 de marzo de 2018.

Iván Igartúa Muñoz, ex jugador y dirigente del Baloncesto Superior Nacional de Puerto Rico. Realizada en Quebradillas el 18 de mayo del 2018.

Javier Mojica, jugador *nuyorican* de los Vaqueros de Bayamón. Realizada en Mayagüez el 31 de mayo de 2017.

John Holland, jugador *nuyorican* de los Cavaliers de Cleveland y del equipo nacional de Puerto Rico. Entrevista cibernética realizada por Instagram el 11 de enero de 2018.

Jorge Lamboy, narrador de los Atléticos de San Germán. Entrevista telefónica realizada el 7 de septiembre de 2018.

Jorge Francisco "Paquito" Rodríguez Jiménez, dirigente, narrador y líder de la Federación de Baloncesto de Puerto Rico. Realizada en Canóvanas el 28 de enero de 2018.

José "Fufi" Santori, ex jugador y dirigente del Baloncesto Superior Nacional. Realizada en Guaynabo el 27 de enero de 2018.

José Miguel Pérez, atleta quebradillano y medallista de los Juegos Centroamericanos y del Caribe. Realizada en Quebradillas el 13 de julio de 2018.

Orlando Vega, ex jugador *nuyorican* de los Piratas de Quebradillas. Realizada en Aguada el 27 de mayo del 2017.

Pedro "Pito" Vargas, agente de baloncelistas profesionales. Realizada en Mayagüez el 10 de noviembre de 2017.

Rafael Bracero, ex periodista y presentador de deportes para Wapa Televisión. Entrevista telefónica realizada el 6 de octubre de 2018.

Ramón Clemente, jugador *nuyorican* de los Vaqueros de

Bayamón. Realizada en Mayagüez el 4 de julio del 2017.

Renaldo Balkman, jugador de los Capitanes de Arecibo. Realizada en Quebradillas el 5 de agosto del 2017.

Yum Ramos, Presidente de la Federación de Baloncesto de Puerto Rico. Realizada en Aguada el 27 de mayo de 2017.

Fuentes secundarias

Artículos de internet

"100 años de baloncesto organizado en Puerto Rico". ELNUEVODIA.COM. 25 de marzo de 2013. https://www.elnuevodia.com/deportes/baloncesto/no ta/100anos debaloncestoorganizadoenpuertorico-1477374/ (accedido el 9 de febrero de 2018).

"1968 NBA All-Star recap", August 24, 2017. http://www.nba.com/history/all-star/1968 (accedido el 19 de noviembre de 2018).

Agorist, Matt. "The Real Story of Rosa Parks 62 Years Later". December 2, 2017. https://www.sott.net/art icle/369836-The-real-story-of-Rosa-Parks-62-years-later (accedido el 25 de julio de 2018).

Álzaga, Raúl. "Arecibo honra a Bill McCadney". 25 de febrero de 2016. http://www.indicepr.com/elnorte /noticias/2016/02/25/56379/arecibo-honra-a-bill-mccadney/ (accedido el 30 de junio de 2018).

_____. "Santurce vs Arecibo 2007 ¿La mejor final del BSN?". 24 de mayo de 2016. https://www.primerahora.com/deportes/baloncesto/n ota/santurcevsarecibo2007lamejorfinaldelbsn-

1154994/ (accedido el 12 de octubre de 2018).

_____. "Voces del básket: entre el 'Sensacional' y el 'Rico chachachá'". 10 de septiembre de 2013. http://www.primerahora.com/deportes/baloncesto/no ta/vocesdelbasketentreelsensacionalyelricochachach a-videos-952711/ (accedido el 28 de febrero de 2018).

Avilés, Gaby. "Soy boricua, ¿tú lo sabes?". http://www.80grados.net/soy-boricua-tu-lo-sabes/ (accedido el 12 de febrero de 2016).

Ayala Gordián, José. "*Nuyorican* Básket rendirá homenaje a una generación única", 8 de julio de 2017, https://www.elnuevodia.com/deportes/baloncesto/no ta/ nuyoricanbasket rendirahomenajeauna generaciónunica-2338512/.

"Baloncesto: El corazón deportivo de Puerto Rico". https://siemmmpresaludable.com/entretenimiento/ baloncesto-el-corazon-deportivo-de-puerto-rico/ (accedido el 19 de febrero de 2016).

Biografías y Vidas. "Teodoro Moscoso", http://www.biografiasyvidas.com/biografia/ m/moscoso_teodoro.htm, (accedido el 20 de marzo de 2017).

"BSN se queda en Wapa 2". ELNUEVODIA.COM. 9 de octubre de 2013. https://www.elnuevodia.com/deportes/baloncesto/no ta/bsnsequedaenwapa2-1615556/ (accedido el 8 de julio de 2018).

Cancel Sepulveda, Mario R. "La crisis del PPD (1960-1980: la política internacional". 8 de mayo del 2013. https://puertoricoentresiglos.wordpress.com/?s=196 0 (accedido el 13 de marzo de 2018).

Castro Ramos, Elga. "Amor ciego a la selección".

http://www.80grados.net/amor-ciego-a-la-seleccion/ (accedido el 12 de febrero de 2016).

"Celebra 50 años de su categoría mundialista". ELNUEVODIA.COM. 16 de enero de 2009. https://www.elnuevodia.com/deportes/baloncesto/no ta/celebra50anosde sucategoriamundialista-518544/ (accedido el 5 de marzo de 2018).

"Celebran 60 aniversario de la muerte de Hiram Bithorn". PRIMERAHORA.COM. 29 de diciembre de 2011. https://www.primerahora.com/deportes/beisbol/nota/ celebran60aniversariodelamuertedehirambithorn-597221/ (accedido el 9 de octubre de 2018).

Cubero, Wilfredo R. "Puerto Rico y su historia en los Preolímpicos". 31 de agosto de 2015. https://www.primerahora.com/deportes/baloncesto/n ota/puertoricoysuhi storiaenlospreolimpicos-1105548/ (accedido el 6 de octubre de 2018).

Cruz, Héctor. "Historia". Vaqueros de Bayamón. http://www.vaquerosahi.com/nueva/historia/ (accedido el 30 de junio de 2018).

Del Valle Hernández, Sara. "Wapa transmitirá nuevamente los juegos del BSN". 9 de octubre de 2013. http://www.primerahora.com/entretenimiento/tv/not a/wapatransmitiranuevamentelosjuegosdelbsn-960791/ (accedido el 16 de febrero de 2018).

"Deporte e identidad en Puerto Rico". http://www.enciclopediapr.org/esp/ article.cfm? ref=0902 1302 (accedido el 19 de febrero de 2016).

"Desaparece un ídolo del baloncesto". ELNUEVODIA.COM. 20 de septiembre de 2009. https://www.elnuevodia.com/deportes/baloncesto/no ta/desapareceunido lodelbaloncesto-792980/ (accedido el 8 de julio de 2018).

Díaz Torres, Rafael. "Atletas boricuas de la diáspora y su activismo: lecciones para Puerto Rico", 11 de noviembre de 2016, http://www.80grados.net/atletas-boricuas-de-la-diaspora-y-su-activismo-lecciones-para-puerto-rico/ (accedido el 23 de agosto de 2018).

"Documentado el Baloncesto Superior de los '50 y '60s". http://www.80grados.net/documentado-el-baloncesto-superior-de-los-50-y-60s/ (accedido el 12 de febrero de 2016).

"Documental cuenta historia de baloncelistas de Puerto Rico desarrollados en Nueva York". https://www.efe.com/efe/usa/puerto-rico/documental-cuenta-historia-de-baloncestistas-puerto-rico-desarrollados-en-nueva-york/50000110-2748629 (accedido el 20 de noviembre de 2017).

Domenech Sepúlveda, Luis. "El deporte como instrumento de liberación nacional". Mensaje grupal vía email, 7 de agosto de 2018.

Duany, Jorge. "La nación en la diáspora: las múltiples repercusiones de la emigración puertorriqueña a Estados Unidos". *Revista de Ciencias Sociales 17* 2007. 141. http://revistas.upr.edu/index.php/rcs/article/viewFile/7447/ 6064 (accedido el 26 de julio de 2018).

_____. "Los escritores *nuyoricans*". *ELNUEVODIA.COM.* 16 de febrero de 2017. https://www.elnuevodia.com/opinion/columnas/losescritoresnuyoricans-columna-2291650/ (accedido el 30 de marzo de 2018).

_____. "Nación, migración, identidad: Sobre el transnacionalismo a propósito de Puerto Rico". 62. http://biblioteca2012.hegoa.efaber.net/system/ebooks/11454/original/Trans nacionalismo_migracion _e_identidades.pdf (accedido el 14 de abril de 2017).

"En juego la soberanía deportiva". PRIMERAHORA.COM. 19 de marzo de 2011. http://www.primerahora.com/deportes/otros/nota/enj uegolasoberaniadeportiva-485306/ (accedido el 19 de febrero de 2016).

Figueroa Cancel, Axel. "La fiebre del Clásico agota toda la mercancía en la Isla". 14 de marzo de 2017.https://www.elnuevodia.com/deportes/beisbol/ nota/lafiebredelclasicoagotatodalamercancíaenlaisla -2300637/ (accedido el 13 de septiembre de 2017).

_____. "No se registran crímenes durante los partidos de #LosNuestros". 21 de marzo de 2017. https://www.elnuevodia.com/noticias/seguridad/nota /noseregistrancrimenesdurantelospartidosdelosnuest ros-2302764/ (accedido el 14 de noviembre de 2017).

"History of the Naismith Memorial Basketball Hall of Fame".http://www.hoophall.com/about/about-hall/ history/ (accedido el 19 de febrero de 2017).

Huyke, Emilio. "Historia del Baloncesto en Puerto Rico". http://www.bsnpr.com/ otros/historia.asp (accedido el 14 de febrero de 2018).

"Inolvidable triunfo de Puerto Rico ante el Dream Team". ELNUEVODIA.COM. 15 de agosto de 2014. https://www.elnuevodia.com/deportes/baloncesto/no ta/inolvidabletriunfodepuertoricoanteeldreamteam- 1834131/ (accedido el 21 de enero de 2018).

Inter News Service. "Wapa América en EE.UU. transmitirá los juegos del BSN". 27 de marzo del 2013. https://www.metro.pr/pr/deportes/2013/03/27/wapa- america-ee-uu-transmitira-juegos-bsn.html (accedido el 16 de febrero de 2018).

Koppett, Leonard. "The NBA—1946: A New League". December 7, 2007. http://www.nba.com/heritage week2007/newleague _ 071207.html (accedido el 23 de febrero de 2018).

Lamba Nieves, Deepak. "De cara al reto transnacional y la migración".http://www.80grados.net/el-reto-trans nacional/ (accedido el 12 de febrero de 2016).

"Las batallas en defensa de la soberanía". PRIMERAHORA.COM. 21 de marzo de 2011. https://www.primerahora.com/deportes/otros/nota/ lasbatallasendefensadelasoberania-485596/ (accedido el 10 de octubre de 2018).

Laughead, George. "History of Basketball: Dr. James Naismith, Inventor of Basketball". http://www.kansasheritage.org/ people/naismith.html (accedido el 5 de marzo de 2017).

Laviera, Tato. "Nuyorican". *American.* 1985, 53. https://enciclopediapr.org/encyclopedia/laviera-tato/ (accedido el 15 de abril de 2018).

La Vanguardia. "Mónica Puig: raíces catalanas en la final femenina". 12 de agosto de 2016, http://www.lavanguardia.com/deportes/olimpiadas/2 0160812/403888303001/monica-puig-primer-mujer-medalla-puerto-rico-rio-2016.html (accedido el 26 de enero de 2018).

"'Londres 1948' según Ramón Muñiz". Fundación Nacional para la cultura popular. 5 de octubre del 2012. https://prpop.org/2012/10/londres-1948-segun-ramon-muniz/ (accedido el 8 de octubre de 2018).

Marrero, Rosita. "Piden reorganización en el deporte nacional".http://www.primerahora.com/noticias/ gobierno-politica/nota/pidenreorganizacionenel deportenacional-1035730/ (accedido el 19 de febrero de 2016).

Maymí, Javier. "El día de la gran sorpresa". *ESPN Deportes.* 14 de agosto de 2014. http://espndeportes.espn.com/noticias/ nota/_/id/ 2155519/el-dia-de-la-gran-sorpresa-(accedido el 21 de enero de 2018).

Mejías Ortiz, Marcos. "La gesta dorada de Neuquén". 27 de agosto de 2015. https://www.primerahora.com/ deportes/balonc esto/ nota/lagestadoradadeneuquen-1104783/ (accedido el 7 de octubre de 2018).

Merlino, Doug. "Rucker Park, Harlem: The Wallstreet of PlaygroundBasketball".http://bleacherreport. com/articles/657703-rucker-park-harlem-the-wall-street-of-playground-basketball, 8 de abril de 2011 (accedido el 12 de marzo de 2018).

Minkoff, Randy. "College Basketball 1968: The Game That Started it All". *Los Angeles Times.* March 30, 1986. http://articles.latimes.com/1986-03-30/sports/sp-1813_1_college-basketball-s-popularity (accedido el 23 de febrero de 2018).

Modestti, Luis. "El BSN cumple 88 años". 11 de febrero de 2018. http://www.bsnpr.com/ noticias/detalles.asp?r=+16957#.WoED46inGUk (accedido el 11 de febrero de 2018).

Morales, Ed. "Boricua básket". http://www.80grados.net/boricua-basket/ (accedido el 12 de febrero de 2016).

Morales, Ed. "Claro que es hazy". http://www.80grados.net/claro-que-es-hazy/ (accedido el 12 de febrero de 2016).

Morales, Ed.. "My Life in New York". http://www.80grados.net/my-life-in-nueva-york/ (accedido el 12 de febrero de 2016).

Morell, Carlos. "100 años del baloncesto organizado en Puerto Rico". http://www.80grados.net/100-anos-del-baloncesto-organizado-en-puerto-rico/ (accedido el 12 de febrero de 2016).

_____. "Guía rápida a los 12 magníficos en el Mundial". http://www.80grados.net/guia-rapida-a-los-12-magnificos-en-el-mundial/ (accedido el 12 de febrero de 2016).

_____. "¿Hacia dónde vamos con el equipo nacional?" http://www.80grados.net/equiponacional-baloncesto/ (accedido el 12 de febrero de 2016).

_____. "Naufragio(s) en el baloncesto nacional". http://www.80grados.net/naufragios-en-el-baloncesto-naional/ (accedido el 12 de febrero de 2016).

"Muere el exbaloncelista Neftalí Rivera". ELNUEVODIA.COM. 23 de diciembre de 2017. https://www.elnuevodia.com/deportes/baloncesto/nota/muereelexbalon celistaneftalirivera-2384676/ (accedido el 16 de febrero de 2018).

Municipio de Trujillo Alto: Ciudad en el campo. "Manuel Rivera Morales, El Olímpico". 8 de febrero de 2013. http://www.gobierno.pr/TrujilloAlto/Sobre TrujilloAlto/Nuestra+gente/Biografias+de+Trujillan os+Distinguidos/Manuel+Rivera+Morales.htm (accedido el 1 de marzo de 2018).

"Notable aumento en la asistencia a los juegos del BSN". PRIMERAHORA.COM. 7 de mayo del 2013. http://www.primerahora.com/deportes/baloncesto/nota/notableaumentoenlaasistenciaalosjuegosdelbsn-918943/ (accedido el 9 de febrero de 2018).

"Orlando Vega: 20 años de libertad". ELNUEVODIA.COM. 16 de febrero de 2014. https://www.elnuevodia.com/deportes/baloncesto/no ta/orlandovega20anosdelibertad-1713099/ (accedido el 8 de septiembre de 2017).

Otero Garabías, Juan. "Boricua de Brooklyn: Juan! Juan!". http://www.80grados.net/boricua-de-brooklyn-juan-juan/ (accedido el 12 de febrero de 2016).

Pacheco Álvarez, Karla. "Viaje, cante y no llore si va para el Clásico Mundial de Béisbol". 23 de febrero de 2017. http://www.primerahora.com/deportes/beisbol/nota/ viajecanteynolloresivaparaelclasicomundialdebeisb ol-1207917/ (accedido el 13 de septiembre del 2017).

Penn State College of Earth and Mineral Sciences. "The Roots of Extremism: 1940s-1960's. https://www.eeducation.psu.edu/ geog571/node/323 (accedido el 16 de marzo de 2018).

Pérez, Raymond. "Puerto Rico fue un digno anfitrión del MundoBasket 1974". 3 de julio del 2017. https://www.elnuevodia.com/deportes/baloncesto/no ta/puertoricofueundignoanfitriondelmundobasket 1974-2336902/ (accedido el 11 de octubre de 2018).

_____. "San Juan le hizo frente al reto de los X Juegos Centroamericanos". 19 de junio de 2017. https://www.elnuevodia.com/deportes/otrosdeportes/ nota/sanjuanlehizofrentealretodelosxjuegoscentroam ericanos-2332467/ (accedido el 9 de octubre de 2018).

Pérez Rivera, Tatiana. "Seis décadas". 23 de marzo de 2014. http://www.puertadetierra.info/noticias /tv/ hist/historia_television.htm (accedido el 8 de julio de 2018).

Pillot Ortiz, Víctor. "Soberano orgullo por la bandera". 24 de octubrede2015.https://www.elnuevodia.com/deporte s/otrosdeportes/nota/soberanoorgulloporla bandera-2116695/ (accedido el 9 de octubre de 2018).

Play and Playground Enciclopedia. "Luther Gulick". https://www.pgpedia.com/ g/luther-gulick (accedido el 23 de febrero de 2018).

"Ponce se desborda en atenciones para Javier Culson". PRIMERAHORA.COM. 23 de agosto del 2009. http://www.primerahora.com/deportes/otros/nota/po ncesedesbordaenatencionesparajavierculson-325842/ (accedido el 17 de enero de 2018).

"Ramos se une a la 'Pasión'". ELNUEVODIA.COM. 15 de abrildel2009.https://www.elnuevodia.com/ deportes/balóncesto/nota/ramosseunealapasion-557062/ (accedido el 22 de febrero de 2018).

Rodríguez Deynes, Neysa. "Jesse Vassallo, World Champion Swimmer"2002.http://www.angelfire.com/ny/ conexion/ vassallo_jesse.html

Rosa Rosa, Carlos. "50 años de baloncesto de Raymond Dalmau".https://www.elnuevodia.com/deportes/ baloncesto/nota/50anosdebaloncestoderaymonddalm au-2167663/ (accedido el 28 de agosto de 2017).
_____. "Raúl 'Tinajón' Feliciano fue un revolucionario del baloncesto". 18 de julio de 2016. https://www.elnuevodia.com/deportes/baloncesto/ nota/raultinajonfelicianofueunrevolucion ariodelbaloncesto-2221772/ (accedido el 24 de febrero de 2018).

_____. "T.J. Rivera ansía representar a Puerto Rico". ELNUEVODIA.com, 29 de enero de 2016. https://www.elnuevodia.com/deportes/beisbol/

nota/tjriveraansiarepresentarapuertorico-2156440/ (accedido el 26 de enero de 2018).

_____. "Wes Correa pasa sus días ayudando a envejecientes en Nueva York. 24 de septiembre de 2016.https://www.elnuevodia.com/deportes/balonce sto/nota/wescorreapasasusdiasayudandoaenvejecien tesennuevayork -2244345/ (accedido el 8 de julio de 2018).

Rúa de Mauret, Milton. "La Calle Tanca: Donde nace la primera emisora de radio en Puerto Rico". *El Adoquín Times,* mayo 13 de 2016. https://eladoquintimes.com/2016/05/13/la-calle-tanca-donde-nace-la-primera-emisora-de-radio-en-puerto-rico/ (accedido el 23 de febrero de 2018).

Ruiz Kuilan, Gloria. "Hoy se cumplen 45 años del asesinato de Antonia Martínez Lagares". https://www. elnuevodia.com/noticias/politica/nota/hoysecump len45anosdelasesinatodeantoniamartinezlagares-2015027/ (accedido el 16 de marzo de 2018).

Sambolín, Luis F. "Bosquejo analítico del baloncesto en San Germán", en *Huellas: Boletín cultural del círculo de recreo.* 13 de febrero de 1982. http://www. atleticos.org/ histo07.htm (accedido el 9 de febrero de 2018).

Sánchez Fournier, José A. "James Carter es un 'soldado' al servicio de Guayama". 8 de abril de 2017. https://www.elnuevodia.com/deportes/baloncesto/no ta/jamescarteresunsoldadoalserviciodeguayama-2308823/ (accedido el 4 de julio de 2018).

Sánchez Korrol, Virgina. *From Colonia to Community: The History of Puerto Ricans in New York City.* Oakland: University of California Press, 1994. http://www.uhu.es/antonia.dominguez/pricans/puer

to_rican_migration.htm#_ftn1(accedido el 14 de abril de 2017).

"San Juan: Casa Olímpica". Grupo Editorial EPRL. 9 de abril de 2010. https://enciclopediapr.org/encyclopedia/san-juan-casa-olimpica/ (accedido el 5 de octubre de 2018).

Santori, Fufi. "El basket boricua", 15 de febrero del 2015. http://blogs.elnuevodia.com/la-batatita-de-fufi/2015/02/15/el-basket-boricua/ (accedido el 8 de julio de 2018).

Sotomayor, Antonio. "The Triangle of Empire: Sport. Religion and Imperialism in Puerto Rico's YMCA, 1898-1926". *The Americas: A Quarterly Review of Latin American History.* 74 (4). Cambridge, England: Cambridge University Press, 2017.

"Superada la migración boricua del 50". ELNUEVODIA.COM. 1 de mayo de 2016. http://www.elnuevodia.com/noticias/locales/nota/superadalamigracionboricuadel50-2193771/ (accedido el 20 de marzo de 2017).

"This Date in History: Naismith invents basketball on Dec. 21, 1981", McGill University, December 21, 2011. https://www.mcgill.ca/channels/news/date-history-naismith-invents-basketball-dec-21-1891-105868 (accedido el 19 de noviembre de 2018).

Torres, César. "Corrió por el prestigio de su país". *The Latin Americanist,* September 24th, 2013. *Vol.57 Issue 3,* 3. http://onlinelibrary.wiley.com/doi/10.1111/tla.12001/abstract (accedido el 26 de enero de 2018).

The YMCA de San Juan. "Historia: YMCA de San Juan". https://docs.wixstatic.com/

ugd/d971ed_03c4c67d0f10452d8fb330c3300f51f7.p
df (accedido el 23 de febrero de 2018).

Univisión y AP. "Escasea tinte rubio en Puerto Rico por la fiebre del Clásico Mundial de Béisbol". 22 de marzo de 2017. http://www.univision.com/puerto-rico/wlii/noticias/trending/escasea-tinte-rubio-en-puerto-rico-por-la-fiebre-del-clasico-mundial-de-beisbol (accedido el 12 de septiembre de 2017).

Uriarte, Carlos. "¿En qué deporte es mejor Puerto Rico?". http://www.elnuevodia.com/deportes/otrosdeportes/nota/enquedeporteesmejorpuertorico-2003645/ (accedido el 19 de febrero de 2016).

_____. "Una mirada desde Puerto Rico a los Juegos Olímpicos". http://www.80grados.net/una-mirada-desde-puerto-rico-a-los-juegos-olimpicos/ (accedido el 19 de febrero de 2016).

Vázquez Muñiz, Héctor. "Seth Lugo compartió con su sangre boricua en San Germán". 21 de marzo de 2017, https://www.quepalo.com/lugo-4423/ (accedido el 26 de enero de 2018).

"Vicéns Sastre, Juan 'Pachín'". Baloncesto Superior Nacional.http://www.bsnpr.com/jugadores/jugador.asp?id=1327&serie=3 (accedido el 24 de febrero de 2018).

Artículos de Revistas Profesionales

Alegi, Peter C. "Playing to the Gallery? Sport, Cultural Performance, and Social Identity in South Africa, 1920s-1945". *The International Journal of African Historical Studies* 35, no. 1, 2002: 17-38. DOI: 10.2307/ 3097364.

Bass, Amy. "State of the Field: Sports History and the 'Cultural Turn'". *The Journal of American History*,

Volume 101, Issue 1. 1 June 2014. https://doi.org/10.1093/ jahist/jau177.

Carrión Morales, Juan Manuel. *Voluntad de Nación: ensayos sobre el nacionalismo en Puerto* Rico. San Juan: Nueva Aurora, 1996.

Cronin, Mike. "Sport and Nationalism in Ireland: Gaelic Games Soccer and Irish identity since 1884". *The American Historical Review*, December 2000. 105 (5) DOI: 10.2307/2652168.

Klein, Alan M. "Culture, Politics, and Baseball in the DominicanRepublic." *LatinAmericanPerspectives* 2 2, no. 3, 1995: 111-30. http://www.jstor.org/stable/ 2634143.

Mangan, James Anthony. "Prologue: Guarantees of Global Goodwill: Post-Olympic Legacies- Too Many Limping White Elephants?". *International Journal of the History of Sport*, 25:14. December 2008. DOI: 10.1080/09523360802496148.

Park, Roberta J. "From *la bomba* to *béisbol:* sport and the Americanisation of Puerto Rico, 1898–1950". *The International Journal of the History of Sport*, Dec 11, 2011.28:17, 2575-2593, DOI:10.1080/09523367. 2011. 627199.

Pérez, Louis A. "Between Baseball and Bullfighting: The Quest for Nationality in Cuba, 1868-1898." *The Journal of American History* 81, no. 2, 1994: 493-517. DOI: 10.2307/2081169.

Sorek, Tamir. "Palestinian Nationalism Has Left the Field: A Shortened History of Arab Soccer in Israel." *International Journal of Middle East Studies* 35, no. 3, 2003: 417-37. http://www.jstor.org/stable/ 3880202.

"Yo soy Dominicano: Hegemony and resistance through

Baseball". (Sin autor) *Sport in Society*, Vol.10, No.6, November 2007. 916-946. DOI: 10.1080/174304307 01550355.

Comunicaciones personales

Luis Domenech Sepúlveda, "El deporte como instrumento de liberación nacional", Mensaje grupal vía email, 7 de agosto de 2018.

Documentales/Cine

Nuyorican básket: VIII Juegos Panamericanos, Puerto Rico, 1979. Dirigido por Julio César Torres y Ricardo Olivero Lora. 2016.

Libros

Acosta Lespierre, Ivonne. *El Grito de Vieques*. San Juan: Editorial Cultural, 2002.

_____. *La Mordaza: Puerto Rico 1948-1957*. Rio Piedras: Editorial Edil, Inc., 1998.

Alegría Ortega, Idsa E. *Contrapunto de género y raza en Puerto Rico*. Río Piedras, Puerto Rico: Centro de Investigaciones Sociales de la Universidad de Puerto Rico, 2005.

Anderson, Benedict. *Imagined Communities, Reflections on the Origin and Spread of Nationalism*. New York: Verso Books, 1983.

Bairner, Alan. *Sport, Nationalism and Globalization: Relevance, Impact, Consequences*. Tokio: Hitotsubashi University, 2008.

Barrenechea, Francisco J., René Taylor, Osiris Delgado y otros. *Campeche, Oller, Rodón: Tres siglos de pintura puertorriqueña*. San Juan, Puerto Rico: Instituto de

Cultura Puertorriqueña, 1992.

Benítez, Jaime. "Definiciones de cultura". En *Problemas de la cultura en Puerto Rico*: Foro del Ateneo Puertorriqueño. Río Piedras: Universidad de Puerto Rico, 1976.

Besnier, Niko, Susan Brownell and Thomas F. Carter. *The Anthropology of Sport: Bodies, Borders Biopolitics*. Oakland: University of California Press, 2018.

Bingham, Clara. *Witness to the Revolution: Radicals, Resisters, Vets, Hippies, and the Year America Lost its Mind and Found its Soul*. New York: Random House, 2016.

Bromber, Katrin, Birgit Krawietz and Joseph Maguire. *Sport Across Asia: Politics, Cultures, and Identities*. New York: Taylor & Francis, 2013.

Cronin, Mike and David Mayall. *Sporting Nationalisms: Identity, Ethnicity, Immigration, and Assimilation*. London: F. Cass, 1998.

Dietz, James L. *Historia Económica de Puerto Rico*. Río Piedras, Puerto Rico: Ediciones Huracán, 2007.

Duany, Jorge. *La nación en vaivén: identidad, migración, y cultura popular en Puerto Rico*. San Juan, Puerto Rico: Ediciones Callejón, 2010.

Figueroa Cancel, Alex. *El Camino al Cerro Pelado: La oposición del Gobierno de Puerto Rico a la participación de Cuba en los X Juegos Centroamericanos y del Caribe de 1966*. Create Space Independent Publishing Platform, 2016.

Flores, Juan. *National Culture and Migration: Perspectives from the Puerto Rican Working Class*. New York: Centro de Estudios Puertorriqueños, 1978.

_____. *Puerto Rican Arrival in New York: Narratives*

of the Migration, 1920-1950. Princeton, New Jersey: Markus Wiener Publishers, 2005.

_____. *The Diaspora Strikes Back: Caribe o Tales of Learning and Turning"*. New York: Taylor and Francis, 2008.

Eduardo Galeano. *El fútbol a sol y sombra y otros escritos.* Madrid: Siglo XXI de España Editores S.A., 1995.

García, Jesús. *FIBA Americas: We Are Basketball A La Carte.* San Juan, Puerto Rico: Model Offset Printing, 2006.

Gaztambide Géigel, Antonio. "Hablemos de Cuba". En *Historias vivas: Historiografía puertorriqueña contemporánea.* San Juan: Editorial Postdata, 1996.

_____. "La revolución cultural mundial". En *Historias vivas:Historiografía puertorriqueña contemporánea.* San Juan: Editorial Postdata, 1996.

Gellner, Ernest. *Cultura, identidad y política: el nacionalismo y los nuevos cambios sociales.* Barcelona, España: Gedisa Editorial, 1989.

González Cruz, Michael. *Nacionalismo revolucionario puertorriqueño, 1956-2005: la lucha armada, intelectuales y prisioneros políticos y de guerra.* San Juan, Puerto Rico: Editorial Isla Negra, 2006.

Hernández Colón, Rafael. "Sobre la naturaleza del Estado Libre Asociado III". En Neysa Rodríguez Deynes, ed. *Pensamientos y Reflexiones de Rafael Hernández Colón.* Ponce, Puerto Rico: Fundación Biblioteca Rafael Hernández Colón, 2010.

_____. *Vientos de Cambio: Memorias de Rafael Hernández Colón 1964- 1972.* Ponce: Fundación Biblioteca Rafael Hernández Colón, 2010.

Hobsbawm, Eric. *The Age of Extremes: A History of the*

World, 1914-1991. New York: First Vintage Books, 1996.

Huertas González, Félix Rey. *Deporte e identidad: Puerto Rico y su presencia deportiva internacional (1930-1950)*. Carolina, Puerto Rico: Terranova Editores, 2006.

Huyke, Emilio E. *Los deportes en Puerto Rico*. Sharon, Connecticut: Troutman Press, 1968.

Fernández Colón, José "Pepén". *Relación entre Política y Deporte*. Yauco, Puerto Rico: Jacanas Printing, 2015.

Igartúa Muñoz, Iván G. *La guarida del Pirata: 1823-1970*. San Juan, Puerto Rico: BiblioGráficas, 2006.

_____. *La guarida del Pirata: 1971-2013*. San Juan, Puerto Rico: BiblioGráficas, 2014.

Jackson, Phil. *Canastas Sagradas: Lecciones espirituales de un guerrero de los tableros*. México: Paidotribo, 2010.

Mora, Edwin Irizarry. *Economía de Puerto Rico*. México, D.F.: McGraw-Hill Interamericana, 2011.

Malec, Michael. *The Social Roles of Sport in Caribbean Societies*. New York: Psychology Press, 1990.

Marengo Ríos, Fermín. *Triste regreso: la diáspora puertorriqueña*. San Juan, Puerto Rico: Publicaciones Puertorriqueñas Editores, 2004.

Martínez-Rousset, Joaquín. *50 años de Olimpismo*. San Juan: Editorial Edil, 2003.

Mendoza Acevedo, Carlos y Walter R. Bonilla Carlo, editores. *La Patria Deportiva: Ensayos sobre historia y cultura atlética en Puerto Rico*. Aguadilla, PR: Editorial Arco de Plata, 2018.

Meynaud, Jean. *El deporte y la política*. Traducción de José A. Pombo. Barcelona, España: Editorial Hispano Europea, 1972.

Montesinos, Enrique. *Los Juegos Regionales más antiguos: Juegos Deportivos Centroamericanos y del Caribe*. San Juan: Organización Deportiva Centroamericana y del Caribe (ODECABE), 2009. https://web.archive.org/web/_20120327083307/

Mrozek, Donald J. *Sport and American Mentality 1880-1910*. Knoxville, Tennessee, 1983.

Muriente Pérez, Julio A. *La guerra de las banderas: La cuestión nacional en Puerto Rico*. San Juan, Puerto Rico: Editorial Cultural, 2002.

Ocasio, Marcial E. *Estados Unidos: Su trayectoria histórica*. San Juan: Editorial Cordillera, Inc., 2010.

Ozkirimli, Umut. *Theories of Nationalism: A Critical Introduction*. London, Macmillan Education UK, 2017.

Passalacqua, Juan Manuel. *La alternativa liberal*. Río Piedras: Editorial Universitaria, 1974.

_____. *La séptima guerra: Memoria de la Revolución Cubana al Grito de Vieques*. San Juan, Editorial Cultural, 2000.

Pérez, Gina. *The Near Northwest Side Story: Migration, Displacement and Puerto Rican Families*. Oakland: University of California Press, 2004.

Pérez Ibrahim. *Los héroes del tiempo: un recuento histórico del desarrollo y evolución de nuestro baloncesto, nuestros torneos nacionales, nuestras participaciones internacionales y los héroes que trazaron el camino entre 1930 y 1966*. San Juan, Puerto Rico: Editorial Deportiva Caín, 2011.

_____. *Los Héroes del tiempo: Baloncesto en Puerto Rico (1951-1966)*. Santo Domingo: Serigraf, S.A., 2014.

Picó, Fernando ed. *Luis Muñoz Marín: Perfiles de su Gobernación 1948-1964*. San Juan, Puerto Rico: Fundación Luis Muñoz Marín, 2003.

Pierre-Charles, Gerard. *El Caribe contemporáneo*. México: Siglo XXI Editores, 1983.

Rodriguez, Clara E. *Puerto Ricans Born in the U.S.A.* Boulder, Colorado: Westview Press, 1991.

Rodríguez Deynes, Neysa. Curaduría Museo Fundación Biblioteca Rafael Hernández Colón. Ponce, Puerto Rico, 2015.

_____. *El Estado Libre Asociado de Puerto Rico: lo que es y lo que no es*. Ponce, Puerto Rico: Professional Editions, 2016.

_____. "La 936". Ponce, Puerto Rico: Curaduría Museo Fundación Biblioteca Rafael Hernández Colón, 2012.

_____. "La nueva agricultura". Ponce, Puerto Rico: Curaduría Museo Fundación Biblioteca Rafael Hernández Colón, 2012.

Rodríguez Vera, Aníbal. *Quebradillas*. Quebradillas, Puerto Rico: Imprenta San Rafael, 2015.

Román Rodríguez, Ángel L. *A canastazo limpio: Trivias de los Piratas de Quebradillas*. Quebradillas, Puerto Rico: Imprenta San Rafael, 2015.

Ruiz Pérez, José J. *Toño Bicicleta: Hombre, mito y leyenda*. Caguas: Publicaciones KALH'EL, 2016.

Sambolín, Luis F. *Sétimo Anuario de Baloncesto de Sambolín*. San Germán, Puerto Rico: Offset Rosado.

Sánchez Korrol, Virgina. *From Colonia to Community: The History of Puerto Ricans in New York City*. Oakland: University of California Press, 1994.

Santori, Fufi. *Baloncesto: los fundamentos*. Aguadilla: Quality Printers, 1984.

_____. *El Basket Boricua: 1957-62*. Tercer tomo. Aguadilla, PR: Quality Printers, 1987.

_____. *Tiempo y escoar*. Mayagüez: Antillean College Press, 1987.

Scarano, Francisco A. *Puerto Rico: Cinco siglos de historia*. México: McGraw-Hill, 2004.

Severino Valdez, Carlos E., César Solá García y otros. *Puerto Rico: raíces y evolución*. San Juan, PR: Editorial Norma, 2009.

Sotomayor, Antonio. *The Sovereign Colony: Olympic Sport, National Identity and International Politics in Puerto Rico*. Lincoln: University of Nebraska Press, 2016.

Stewart, Raymond. *El baloncesto en San Germán*. Santo Domingo, República Dominicana: Talleres Gráficos Sócrates Durán Genao, 1994.

_____. *El baloncesto en Mayagüez*. Santo Domingo, República Dominicana: Talleres Gráficos Sócrates Durán Genao, 2014.

Tugwell, Rexford G. *The Stricken Land*. Garden City, New York: Doubleday & Co., Inc.1947.

Ubarri, José L. *El deporte ayer y hoy*. Hato Rey, Puerto Rico: J.L.U., 1989.

Uriarte González, Carlos. *80 años de acción y pasión, Puerto Rico en los Juegos Centroamericanos y del Caribe, 1930 al 2010*. Bogotá: N.p: Nomos Impresores, 2009.

_____. *De Londres a Londres*. San Juan:

PR, Editorial Deportiva Caín, 2012.

_____. *Puerto Rico en el Continente 1951-2011: 60 años de los Juegos Panamericanos.* Bogotá: N.p: Nomos Impresores, 2011.

Varas, Jaime. *La verdadera historia de los deportes puertorriqueños: 1493-1904.* Volumen I. Hato Rey, PR: Ramayo Bros Printing Inc., 1984.

_____. *La verdadera historia de los deportes puertorriqueños: 1905-1919.* Volumen II. Hato Rey, PR: Ramayo Bros Printing Inc., 1985.

Podcasts

Desde las gradas pr. "Conversamos con un fanático deportivo boricua en Orlando". 9 de febrero del 2014. http://hwcdn.libsyn.com/p/f/6/0/f60623af89fd32e6/3 2_Desde_Orlando.mp3?c_id=6809310&expiration =1455332574&hwt=96a6f861feb7a8053e450a7ffae a7b13 (accedido el 12 de febrero de 2016).

Tesis

Acevedo, Gladys. "A look at how mainland Puerto Ricans believe themselves to be perceived by their island counterparts and its impact on their ethnic self-identity and group belongingness". PhD diss., City University of New York, 1994.

Bogdanov, Dusko. "Influence of National Sport Team Identity on National Identity", PhD Diss.,Tallahassee: Florida State University, 2011.

Campbell, Susan Marie. "Nuyorican resistance: Fame and anonymity from civil rights collapse to the global era". PhD diss., University of Minnesota, 2005.

Case Haub, Brandyce Kay. "Together we stand apart: Island and mainland Puerto Rican independentistas". PhD

diss., The University of Iowa, 2011.
http://dissexpress.umi.com/dxweb/results.html?Qry
Txt=nuyoricans&By=&Title=&pubnum=&start=30
(accedido el 12 de febrero de 2016).

Griffin, Rachel Alicia. "White eyes on Black bodies: History, performance, and resistance in the National Basketball Association". PhD diss., University of Denver, 2008.

Lorenzo, José. "Nuyoricans in Puerto Rico: A study of social categorization". PhD diss., City University of New York, 1996.

Niedziolek, Richard C. "National culture and work-related values of Puerto Rico". PhD diss., Capella University, 2005.

Ningham, Daniel Clyde. "Ethnically heterogeneous high school boys' basketball: An investigation of unity in diversity. PhD diss., University of Northern Colorado, 2009.

Sánchez, Luis. "Puerto Rico's 79th municipality: Identity, hybridity and transnationalism within the Puerto Rican diaspora in Orlando, Florida". PhD diss., The Florida State University, 2008.

Schmitke, Alison L. "Triple threat: the intersection of race, class and gender on the high school basketball court". PhD diss., The University of Alabama, 2008.

Vega, Kimberly Ann. "La isla de mi encanto: Nation, language and geography in the literary development of Puerto Rican identity". PhD diss., University of Virginia, 2006.

Videos

"El Primero: The Story of the First Hispanic Player in the NBA".https://www.youtube.com/watch?v=vsSajNZ JeQc (accedido el 8 de septiembre de 2018).

"Nuestras Leyendas: Tito Ortiz". https://www.youtube.com/watch?v=wuwRvON35 KM&t= 412s (accedido el 31 de mayo de 2017).

Made in the USA
Las Vegas, NV
03 November 2022

58642135R00226